U0910015

中共江门市委宣传部资助出版
2021年度江门市社会科学规划课题成果

以创复刊号为介
——概览五邑侨乡变迁

余卓锋◎著

中国华侨出版社
·北京·

图书在版编目（CIP）数据

以创复刊号为介：纵览五邑侨乡变迁 / 余卓锋著. — 北京：中国华侨出版社，2022. 8

ISBN 978-7-5113-8650-2

Ⅰ. ①以… Ⅱ. ①余… Ⅲ. ①华侨—报刊—研究—江门 Ⅳ. ①Z62

中国版本图书馆CIP数据核字（2021）第 203101 号

●以创复刊号为介：纵览五邑侨乡变迁

著　　者 / 余卓锋
责任编辑 / 高文喆　桑梦娟
封面设计 / 毛　增
书名题字 / 童志雄
经　　销 / 新华书店
开　　本 / 710毫米 × 1000 毫米　1/16　印张/25. 75　字数/340 千字
印　　刷 / 北京天正元印务有限公司
版　　次 / 2022 年 8 月第 1 版　2022 年 8 月第 1 次印刷
书　　号 / ISBN 978-7-5113-8650-2
定　　价 / 88. 00元

中国华侨出版社　北京市朝阳区西坝河东里77号楼底商5号　邮编：100028
发 行 部：（010）64443051　传　真：（010）64439708
网　　址：www.oveaschin.com　E-mail：oveaschin@sina.com

如发现印装质量问题，影响阅读，请与印刷厂联系调换。

中共江门市委宣传部
江门市社会科学界联合会 联合出品

前言

讲好中国故事，方法多种多样。江门作为中国一个地级市，讲好江门故事，是讲好中国故事的一部分；而江门又作为中国第一侨乡，祖籍江门的港澳台同胞和海外侨胞近 400 万人，遍布全球 107 个国家和地区，讲好江门故事，对传播好中国声音显得尤为重要。

2019 年 2 月，中共中央、国务院印发了《粤港澳大湾区发展规划纲要》（简称《规划纲要》），并发出通知，要求各地区各部门结合实际认真贯彻落实。《规划纲要》提出了要“推动中外文化交流互鉴。发挥大湾区中西文化长期交汇共存等综合优势，促进中华文化与其他文化的交流合作，创新人文交流方式，丰富文化交流内容，提高文化交流水平”，“支持江门建设华侨华人文化交流合作重要平台”。

开展文化交流，形式也多种多样。以华侨们十分喜欢的“集体家书”的创复刊号为介，来撰写一本反映侨乡建设、宣传江门形象的书，不失为一种好方法。

我市住建局退休干部余卓锋，十多年来利用业余时间和个人力量收藏数十种五邑侨刊乡讯创复刊号，并于退休后，利用私人时间到五邑各市、区档案局、图书馆、侨刊社和个人藏者中搜寻其他侨刊乡讯创复刊号，集我市侨刊乡讯创复刊号之大成，写成《以创复刊号为介——纵览五邑侨乡变迁》(以下简称《纵览》)一书。该书就是以讲故事的形式，来传播江门人民自中华人民共和国成立以来，特别是改革开放以来，如何取得辉煌成就和过上幸福生活的。

在《纵览》一书里，余卓锋共引用自清末以来我市各地出版的侨刊乡讯创复刊号158份，是对我市侨刊乡讯创复刊号最全面、最集中的一次大展示，成为五邑侨刊乡讯创复刊号的“掌上博览馆”，填补了江门作为中国第一侨乡在侨刊乡讯创复刊号研究方面的历史空白。

今年，欣逢中国共产党成立100周年，举国上下普天同庆。中共江门市委宣传部、江门市社会科学界联合会对《纵览》一书的出版工作给予了高度重视和支持，并将此事纳入今年工作计划，主要领导亲自过问，相关科室密切配合，及时解决《纵览》一书在出版过程中出现的各种问题。如果此书出版后，能在讲好江门故事，传播好中国声音方面起到一定作用，无论是作者，或者是相关机关团体，都知足矣。

2021年8月13日

序

五邑侨刊乡讯是江门五邑地区极富侨乡特色的文化产物，有逾百年的历史，曾对五邑侨乡与海外侨胞的联络发挥过无可替代的作用；改革开放后，因其是研究近现代侨乡社会变迁，及海外乡亲与侨乡关系的史料宝库，逐渐受到海内外学术界的关注和讨论。清末至1949年，是五邑侨刊乡讯发源、发展的繁盛时期，然而，由于年代久远，五邑侨刊乡讯历经战火和政局变动、停刊复刊，时至今日，无人能讲得清那个时期江门五邑到底有多少种侨刊乡讯，也没有一种侨刊乡讯能期数完整地保存下来，至今尚存的一部分散落于海内外多个图书馆、档案馆、科研机构、社团组织以及私人手中。

余卓锋先生是江门开平人，对江门五邑地区有深厚的感情，对文物收藏也有浓厚的兴趣。十多年来，他四处寻找、收集五邑侨刊乡讯的创刊号和复刊号，了解现存每一种侨刊乡讯的历史和相关人事，费了不少苦心，并将其心得写成《以创复刊号为介——纵览五邑侨乡变迁》一书。

《以创复刊号为介——纵览五邑侨乡变迁》并非专门讨论五邑侨刊乡讯，而是以五邑侨刊乡讯的创复刊号为切入点，尽可能全面地介绍江门五邑地区的历史沿革、风土人情、人物典故、建设成就等。此书是面向大众的普及性读物，因而没有一般学术性书籍的晦涩难懂。关注侨刊乡讯者，可由此书读明今日正在发行的五邑侨刊乡讯的前世今生和创办者的艰辛付出；关切江门五邑者，则可从中获知五邑各地的本末源流和侨乡人的辉煌劳绩。

姚 婷

2021 年 7 月 29 日

于五邑大学

目录

市　直

蓬江区

江海区

新会区

台山市

开平市

恩平市

鹤山市

附　录

市直

江门侨报 / 五邑侨报

《江门侨报》创刊于 1984 年 8 月，是原江门市侨务办公室主办的一份地市级侨报。

创刊前，1984 年 2 月至 7 月，曾出版过 5 期试刊，时间分别为 2 月 1 日、3 月 1 日、4 月 16 日、5 月 16 日和 7 月 1 日，8 月 2 日正式创刊。刊号为 CN–44 第 0108 号。主要报道江门市政治、经济、社会等方面的重大新闻，宣传江门市投资环境，以及旅外乡亲的爱国爱乡事迹。栏目主要有《侨乡侨情》《社会风物》《祖国纵横》《华人动态》《社会聚焦》《桑梓情》《信息窗》等。

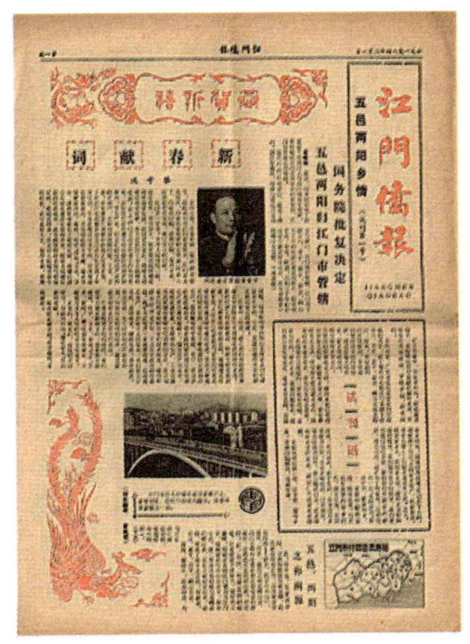
江門僑報
五邑两阳乡情
新春献词
国务院批复决定
五邑两阳归江门市管辖

《江门侨报》试刊第一号（1984.2）

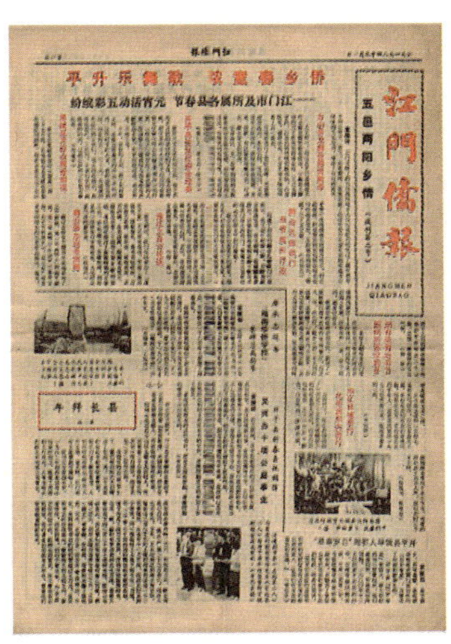
江門僑報
五邑两阳乡情
侨乡春意浓 歌舞乐升平
——江门市及所属各县春节 元宵活动五彩缤纷

《江门侨报》试刊第二号（1984.3）

《江门侨报》原为四开四版半月小报，1993 年，扩大为对开四版半月大报；1994 年，再次扩大为对开四版周大报；1998 年 6 月，开始延长出版周期。后改名为《五邑侨报》。刊名由江门市著名书法家黄兆纪[①]先生题写。曾获“广东省侨刊乡讯评比”一等奖。于 2000 年 3 月 30 日停刊。

关于《江门侨报》创刊时的简况，据《江门文史》介绍：

初开办时只有三几个人，试刊了三四期。办公地点附（设）在堤中路市文联办公室。后来陆续增加到 18 人，迁往市府大院，此时也办起了《江门报》，即《江门侨报》与《江门报》合起来工作，一套人马，两个牌子。

江門僑報
五邑两阳乡情
JIANGMEN QIAOBAO
五邑大学奠基典礼隆重举行
可以树碑立传·千古流芳
—五邑大学筹建情况—

《江门侨报》试刊第三号（1984.4）

《江门侨报》的发行销售范围涵盖 32 个国家和地区，及江门市城区、郊区、当时所辖七县。在市邮局订阅与零售。

通讯组织，各县设有新闻秘书，另通讯员共 160 多人。[②]

当时的江门市，管辖的地域包括“五邑两阳”，是江门市有史以来管辖范围最广的时期。1983 年 6 月，广东省实行市管县行政机构改革，撤销了佛山、湛江等地区，原由佛山地区管辖的县市划分由佛山、江门两市管辖。

---

① 黄兆纪（1911—2000 年），在江门长期从事教育工作。20 世纪 60 年代在市群众艺术馆当干部，负责艺术创作和辅导。历任江门市第三届、第四届文联副主席。曾任中国书法家协会会员、广东书法家协会理事、江门市书法家协会主席、中国书画函大江门分校名誉校长、澳门中国画院荣誉院长。传略辑入《中国当代艺术界名人录》等。出版有《黄兆纪书法作品集》。

② 《江门文史》第 25 期第 35 页：《江门报业今昔概况》，1992 年 10 月。

同时，江门升级为地级市，下辖新会、台山、恩平、开平、鹤山五个县和原由湛江地区管辖的阳江、阳春两个县，简称“五邑两阳”。关于“五邑”的来源，据《五邑侨史》介绍：

邑，即县也。东晋武帝时，分南海地区为南海郡，此乃新会之始。后由新会分为四邑——新会、新宁（台山）、恩平、开平，继而又增设鹤山县，再后又将台山县东南近海处分出赤溪县，这就成为古冈州六邑。不论四、五、六邑，均属古冈州地域，只是期间不同而已。随时光之推移，原新会县的江门镇划为江门市，而赤溪县与台山县合并，称台山县。曾一度合并高明称为高鹤县的鹤山县，近年又被划分出来。这样，形成了现今之五邑：即新会、台山、恩平、开平、鹤山五县。①

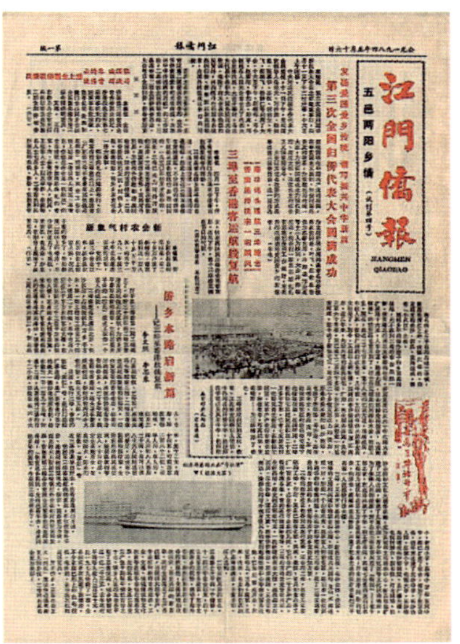
江門僑報
五邑两阳乡情
JIANGMEN QIAOBAO

《江门侨报》试刊第四号（1984.5）

“两阳”则指阳江、阳春两地。为与五邑提法对称，故将阳江、阳春合称为“两阳”。实行新的行政体制后，江门市政府立即提出了“振兴五邑两阳经济，建设富裕文明侨乡”的号召。

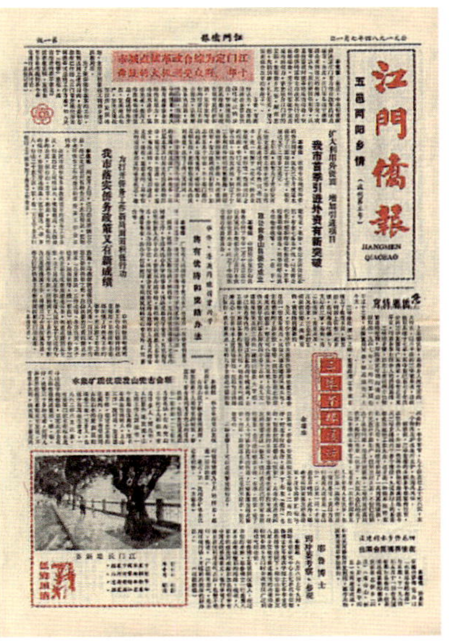
江門僑報
五邑两阳乡情
JIANGMEN QIAOBAO

《江门侨报》试刊第五号（1984.7）

江门升格为地级市后，为适应形势

① 《五邑侨史》创刊号第4页：《五邑之称溯源》，1985年冬。

的发展，市侨务办随即创办了《江门侨报》，并在每一期的《江门侨报》刊名左侧，都标有“五邑两阳乡情”6个字。

江门是中国华侨之乡，历届政府对做好华侨工作都十分重视。为加强与广大港澳同胞和海外侨胞的联系，提供舒适安全的接待场所，在党的十一届三中全会召开后不久，江门市就开始筹建侨联大厦，并于1980年1月8日破土动工，1981年5月16日正式落成，成为我国建设侨联大厦较早的城市之一。

改革开放后，海外联系逐渐得到恢复，广大港澳同胞和海外侨胞纷纷回乡探亲。不少港澳同胞和海外侨胞纷纷提议，采取捐赠的方式，集资筹建侨联大厦，用作港澳同胞家属和归侨、侨眷开展各项活动，以及港澳同胞和海外侨胞回乡探亲访友的联络场所。这一提议，立即得到各界人士的大力支持。特别是以欧阳瀚先生为代表的江门市旅港乡亲，在香港成立了“旅港同乡筹建江门市侨联大厦联络小组”，欧阳瀚先生亲自任组长，并带头捐款，带动了许多乡亲和各界人士的热心赞助，捐款捐物达110多万元，为筹建侨联大厦发挥了重要的作用。时任江门市委书记、市长李天才曾发对港澳同胞和海外侨胞的爱国爱乡热情十分赞赏，积极支持，责成市归国华侨联合会与市有关部门积极磋商，择址筹建，从而保证了侨联大厦基建工程的顺利完成。

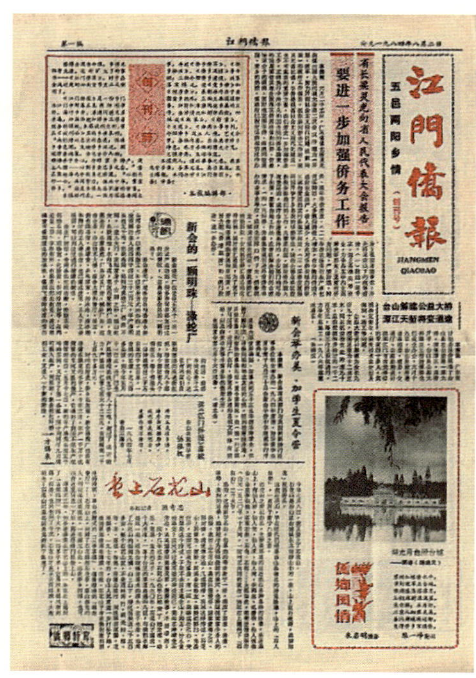
江門僑報
五邑两阳乡情
JIANGMEN QIAOBAO
创刊词
要进一步加强侨务工作
新会的一颗明珠——涤纶厂

《江门侨报》创刊号（1984.8）

江门侨联大厦位于江门市建设一路中段，占地面积5亩多，建筑面积2620平方米，主楼共五层。落成初期，一楼为办公和公共活动场所，二楼至五楼为客房，并设有餐厅、礼堂、接待室、文娱室、书报阅览室、花园、水池、凉亭等设施。由于大厦地点适中，交通方便，环境优美，为广大港澳同胞和海外侨胞所赞誉。

江门市政府对侨联大厦的建成寄予厚望，曾发市长在侨联大厦开幕典礼上说：

希望新建成的侨联大厦，真正办成“归侨侨眷之家”，在市侨联会的领导下，主动与海外侨团加强联系，热诚接待归国旅游、观光、探亲的广大旅外同胞，使之成为我们与广大侨胞、港澳同胞之间加强联系的一座友谊之桥。①

在江门，讲起对港澳同胞和海外侨胞工作的重视，我们不能不说黎子流；而讲起黎子流，我们又不能不说五邑大学，因为黎子流特别重视港澳同胞和海外侨胞工作，而五邑大学是黎子流在江门执政6年间的最得意之作。同时，广大港澳同胞和海外侨胞对五邑大学的顺利建成也做出了极大贡献。

1983年4月，黎子流调任江门市委书记，成为江门升格为地级市后的第一任市委书记。他到江门后，首先做的是落实华侨政策，恢复华侨对家乡的信心；其次是筹建江门华侨大学，要使升格为地级市后的江门有一所与之相称的大学。

1983年9月初，召开了“江门市第一届归侨、侨属代表大会”。会上，澳门企业家叶汉首先提议筹建江门华侨大学，随后获得全体代表的热烈拥护，并于9月5日向全市人民和广大五邑籍的港澳同胞和海外侨胞发出《关于筹建江门华侨大学的倡议书》。会后，全体代表和新选举成立的江门市侨联会的成员，积极宣传关于筹建江门华侨大学的意义。1983年11月

① 《江门市侨联大厦开幕纪念特刊》第3页：《江门市市长曾发同志讲话》，1981年。

2 日，江门市政府向广东省政府提交了《关于筹建江门（华侨）大学的请示》；12 月上旬，江门市第八届人民代表大会提出开办江门华侨大学的设想，得到了全体与会代表和列席政协委员的高度赞扬和热烈支持。11 月 22 日，广东省人民政府批准江门筹建大学，但根据学校的招生对象、培养目标和开办大学的有关规定，将校名定为五邑大学。

此后，全市广大干部、群众热情高涨，表示要共同努力办好五邑大学。1984 年 3 月 6 日，五邑大学奠基礼在江门市区近郊东成村隆重举行，参加典礼的有广东省有关部门的领导、港澳同胞和海外侨胞代表、江门市委市政府的领导和有关部门负责人共 300 多人。奠基礼由江门市副市长汪清主持，江门市委书记、五邑大学筹建委员会主任黎子流在会上讲话，要求全市人民和广大港澳同胞、海外侨胞内外合力，尽快建成和办好五邑大学，为我国社会主义建设培养新型人才。

1984 年，江门市在当时经济还相当困难的情况下，仅筹集到 2000 万元就开始兴建五邑大学的教学大楼了。同时，黎子流还请来了在北航任副校长的顺德籍教授叶家康，告诉他三个基本原则：一是我们投资办大学，你来管理；二是你有什么事随时找我们，我们帮助解决；三是你要是不干我们欢送你，也就是你来去自由。在黎子流的真情感动下，叶家康成为五邑大学第一任校长。

五邑大学的建校工作得到了广大港澳同胞和海外侨胞的鼎力支持。他们成立了以全国政协委员、香港厂商会主席司徒辉为首的“海外华侨、港澳同胞响应筹建五邑大学委员会”，为支援学校建设开展了卓有成效的募捐工作。利国伟、司徒辉、陈经伦、吕志和、林文恩、陆容章、张子芳、黄球等一大批五邑籍港澳同胞和海外侨胞，以及香港利希慎基金会、陆海通有限公司、五邑发展公司等捐赠了巨资，建设起伟伦图书馆、伟伦建筑馆、吕志和礼堂、陈瑞祺科学馆、鹤山楼、新会楼、江门楼、侨英楼等配套建筑。

1986年，五邑大学在建设的同时开办了一个小型专业班，算是正式开学了。当时，刚刚落成的五邑大学主楼一时成了“五邑两阳”地区面积最大的建筑物。市委、市政府专门组织了市直和五邑各地机关干部前往参观。五邑大学教学主楼位于校园中心主轴上，总建筑面积4.6万平方米，中部10层，两翼6层，楼内有大小课室100多间，可供4000多人同时上课。

校园建设起点虽然较高，但如果没有雄厚的师资储备，也只能成为空中楼阁。刚上任不久的叶家康校长从事教育工作30多年，深谙此道理，马上利用其关系从全国各地广揽人才。叶家康校长说：

我们首先得到了北京航空学院、北京大学、上海交通大学、华中工学院及中山大学等国内著名高等学校的大力支持，他们向我们输送了一批骨干教师，组织起我校最初的一支教师队伍。我们还采用推荐、考察、逐个调进的办法，北自黑龙江、南到海南岛、西起青海西宁市，东到上海市，从全国十多个省市广聘人才，形成了南北精英荟萃，东西人才聚集，群贤济济共襄义举的局面。①

经过30多年来几代人的不懈努力，五邑大学得到了空前发展。据五邑大学官网介绍：

五邑大学现占地面积1000余亩，总建筑面积近70万平方米，环境优美，基础设施齐全，办学条件良好，已经成为一所以工科为主的多科性大学，是广东省较早获得硕士、学士学位授予权的地方高校，具有接收港澳台侨学生、国际学生资格和优秀应届本科毕业生推荐免试攻读研究生资格，成为广东省高水平理工科大学建设高校。学校现有在职教职工1300余人，其中专任教师近1000人。专任教师中高级职称占比近50%，博士学位占比达48%；拥有国家级高层次人才27人（其中包括院士4人、长

① 《五邑大学校刊》第4页：《回顾与展望》，1987年1月。

江学者 3 人、国家“杰青”4 人、海外“杰青”1 人、国家“优青”2 人、中科院百人计划特聘教授 1 人，国家“万人计划”入选者 1 人等），省级高层次人才 12 人，海外各类优秀人才 60 人。现有各类在籍学生 2.4 万余人，其中全日制本科生 1.9 万余人，研究生近 500 人。学校设有 17 个教学机构，77 个本科专业（方向），涉及工、理、经、管、文、法、艺术等 7 个学科门类，理工类专业（方向）占比 65%。现有国家级特色专业、国家级专业综合改革试点共 5 个，省级重点（名牌）专业、省级应用型人才培养示范专业等共 34 个，国家级大学生校外实践教育基地 1 个，省级大学生实践教学基地 19 个，省级实验教学示范中心 14 个；建有轨道交通综合实验中心、化学与环境工程实验中心、光机电工程教育中心、现代纺织工程实验中心、艺术设计综合实验中心等一批工科实验实训基地，其中轨道交通综合实验中心是目前全省该类专业规模最大、综合性最强、功能最全的实验实训大平台。学校现有 10 个省级重点学科，8 个一级硕士学位授权点和 3 个独立二级硕士学位授权点和工程硕士、教育硕士两个类别共 9 个专业硕士授权领域，硕士授权覆盖学校所有理工科专业。学校拥有省级新型研发机构 1 个、省级工程技术研究中心 8 个、省级人文社科研究基地 2 个、省级非物质文化遗产研究基地 1 个，市厅级科研平台 47 个。其中“广东省侨乡文化与遗产协同创新发展中心”成为省首批认定的 20 个协同创新平台之一。广东侨乡文化研究中心（院）作为主要学术支持、首席专家单位，为广东省获得第一个世界文化遗产——开平碉楼与村落及世界记忆遗产——侨批档案做出杰出贡献，研究中心在文化遗产挖掘与保护的研究水平和成果转化能力居全国领先水平，在国际上也具有较大的影响力。

五邑大学自建校始就十分重视华侨历史和侨乡文化的研究。1994 年，成立“五邑文化与华侨研究室”；1996 年，将“专门史（即华侨史）”列为校级重点扶持方向，1999 年升为重点扶持学科，2003 年升为校级重点学科；2006 年，在原“五邑文化与华侨研究室”的基础上，成立“五邑大学侨乡文化研究所”。与此同时，五邑大学与江门市委宣传部、江门市社科联共同成立了“广东侨乡文化研究中心”，作为产学研的平台。同年 11 月，经广东省哲学社会科学规划办公室考察评审，广东省社会科学界联合会批准“广东省侨乡文化研究基地”落户五邑大学，成为江门市委宣传部、江门市社科联、五邑大学联合共建的省级学术研究基地，以开展侨乡研究，为文化大省建设提供直接的科研支持。2020 年 10 月，“广东侨乡文化研究中心”正式升格为“广东侨乡文化研究院”。

五邑侨史

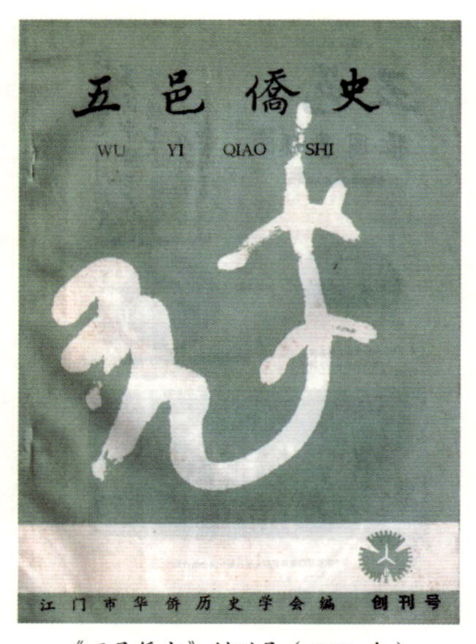

《五邑侨史》创刊号（1985. 冬）

《五邑侨史》创刊于1985年冬，由江门市华侨历史学会创办，江门市归国华侨联合会出资出版，是江门市华侨历史学会的会刊。刊号为广东侨刊登记号第68号，创刊时主编吴淡初，刊名由新会旅澳著名人士崔德祺[①]先生题写。

五邑华侨史是中国华侨史的一个重要组成部分。由于它形成时间长，涉及内容广，一般人要想详细了解它并不容易。本来，要想了解五邑华侨史，五邑侨刊乡讯是一个很好的切入点。五邑首份侨刊《新宁杂志》自清末创刊以来，其他侨刊乡讯如雨后春笋，累计创办过数百种。这些侨刊乡讯以介绍五邑侨情乡情为主，是五邑华侨史最好的见证物之一。但是，由于五邑侨刊乡

① 崔德祺（1912—2007年），曾任澳门特别行政区筹备委员会委员、澳门基本法协进会会长、澳门立法会议员及副主席、澳门市政执行委员会委员及副主席、广东省第一届至第七届政协委员/常委、澳门基本法起草委员会委员、澳门基本法咨询委员会主任、澳门中华总商会副会长。

讯数量庞大，前期出版的又散失得比较严重，特别是民国时期出版的，五邑各地档案馆、图书馆也只是收藏了其中一小部分，而且束之高阁，普通人难以接触。如果想对五邑华侨史有个大概了解，可去参观一下江门五邑华侨华人博物馆。那里的华侨史料十分丰富，并且经过精心布展，形象生动，引人入胜，扣人心弦，一定会令你有所收获。

江门五邑华侨华人博物馆坐落于江门市五邑华侨广场内，筹建于 2002 年 5 月，并于同年举办过馆藏文物汇报展，2010 年 11 月 6 日全面落成并开放。该馆建筑面积约 9000 平方米，由三个馆舍（台山会馆、恩平会馆、鹤山会馆）组成，整个展览分“金山寻梦”“海外创业”“碧血丹心”“侨乡崛起”“侨乡新篇”“华人之光”六个部分，展现了五邑籍华侨华人在海外的艰辛创业以及回报家乡的感人故事。该馆至今共征集到华侨实物 4 万余件，馆藏文物之多，内容之丰富，价值之高，位居全国同类博物馆前列。

走进五邑华侨华人博物馆，迎面而来的是让人浮想联翩的四个大字：“根在五邑”。之所以说它令人浮想联翩，是因为这个“根”字，是“落地生根”的根，也是“叶落归根”的根。五邑广大华侨一部分是从本地移民出去的，另一部分是先辈移民到海外后生育的，按照“落地生根”或“叶落归根”的说法，他们的根就在五邑。而江门五邑华侨华人博物馆，正是讲述华侨历史的地方，所以“根在五邑”这四个大字，非常切合主题，也最容易让人浮想联翩。再往前看，六大部分的内容就像放电影一样呈现在人们面前。其中：

“金山寻梦”主要讲述 19 世纪中叶，当时国内经济萧条，而北美发现金矿以及太平洋铁路修建急需大量劳动力，使得五邑人特别是台山人兴起了一波出国掘金潮。他们移民到北美各国，成为当地生产发展的主要劳动力。

“海外创业”主要讲述五邑人去到国外以后从艰辛追梦到艰苦创业过

程的转变。他们经历了无数苦难，从外出谋生到落叶生根，并形成了具有中国特色的唐人街区，开拓出唐人街经济发展新模式。

“碧血丹心”主要讲述近代以来，海外华侨华人关注祖国和民族的命运，甚至直接参与中国的政治运动，希望帮助改革中国社会，实现民族独立，奠定建设现代化国家的基础。

“侨乡崛起”主要讲述清末民初时期，五邑华侨聚沙成塔，集腋成裘。在家乡踊跃举办公益，投资实业，使侨乡迅速进入高速发展势态。

“侨乡新篇”主要讲述改革开放后，侨务政策得到不断落实，海外侨胞更加愿意回乡投资办实业，更加乐意捐款支持公益事业，使侨乡建设得到翻天覆地的变化。

“华人之光”主要讲述五邑广大华侨经过几代人的艰苦创业，很多人取得了骄人成绩，从中走出一批批侨界领袖、政治精英、事业家、企业家、艺术家、慈善家等。他们爱国爱乡，为祖国和家乡建设贡献力量。

在这里，有一组叫“卖子救国”的文物：一张主人公的照片，一件中山装和一个棕色旧布袋。那发黄的布袋已有些破损，上面工工整整地写满了字。清晰可辨的“远走天涯、为国效劳”等字样，敲击着每位参观者的心。据展馆资料记载，1937 年，抗日战争全面爆发，牵动着全世界华侨华人的心。广大五邑华侨华人为了支持国内抗战，纷纷以不同的方式参与抗日救亡运动。当时南洋地区有一个穷小贩叫郑潮炯，穿着照片上的这件衣服，肩搭布袋，背着儿子郑社心，从 1937 年起，在北婆罗洲及沙捞越各埠义卖瓜子筹款，用 5 年时间共筹得义款 18 万元。其间（1939 年），郑潮炯还把自已刚出生的孩子卖掉，筹得款项 80 元。郑潮炯把义卖瓜子和卖子所得的款项悉数捐给了南洋华侨抗日筹赈总会。这一义举震动了整个南洋，激励着各地华侨纷纷投身到祖国的抗日救亡运动中，掀起了一股新的抗日救国热潮。这件衣服、这个布袋，凝聚着广大华侨华人的爱国之心。

在这里，我们可以看到一个脚戴锁镣，两手各提着一个用于提取和盛装橡胶器具的老华工照片。那锁镣有十多公斤重。西方工头因为害怕华工逃跑，以至于开工时都要用锁镣将他们锁住。透过这张照片，我们可以感受到，早期以“卖猪仔”方式去国外谋生的老华工的艰辛。更加可以感受到，如果国家积贫积弱，国民就会受尽欺凌，所以国家繁荣富强是何等重要。

在这里，我们还可以看到一个身穿清朝官服，紧抿的嘴角显得有些刚毅，迷茫的眼神夹杂一丝忧郁的老华侨的照片。他叫陈宜禧，在五邑大地上兴建了第一条由中国人自己集资、设计、施工的民办铁路，但这条铁路最终废于日本军队的铁蹄底下。这里展出的还有众多有关新宁铁路的股份证、各站候车室图片、曾经使用过的筑路工具等珍贵物品。

在这里，曾经展出过很多海外银信，也即是侨批。这些银信是海外华侨华人寄回家乡的一张张汇票，里边夹附着短信。不要小看这银信，家乡妻儿父老因它而心安，视它为安全贴；因它而建起了新屋，改善了生活；因它而牵肠挂肚，勇敢地活下去。也因为这些银信，于 2013 年 6 月 19 日在韩国召开的世界遗产大会上，被正式列入世界记忆名录，成为我国第八项“世界记忆”遗产，是江门市继“开平碉楼与村落”之后，产生的又一项世界级文化遗产。

在这里，还曾举办过“雷洁琼生平事迹展”。2019 年 11 月，雷洁琼的侄女雷浣妍教授向民进江门市委员会捐赠了 400 多件由其保管的雷洁琼的遗物，其后民进江门市委员会为了更好地保护和利用这批物品，将其全部捐赠给江门市博物馆。通过举办展览，向观众全面展示了这些见证雷洁琼光辉一生的物品。

雷洁琼（1905—2011 年），祖籍台山市大江镇，出生于广州。著名的社会学家、法学家、教育家，中国民主促进会创始人及卓越领导人之一，中国共产党的亲密朋友，中国人民政治协商会议第六届全国委员会副主席，第七、第八届全国人民代表大会常务委员会副委员长，中国民主促进会第七、第八、第九届中央委员会主席和第十、第十一届名誉主席。

雷洁琼从小受新思想、新文化熏陶，并曾在国外留学。青年时期，怀抱救国理想，积极参加五四运动和抗日救国运动。她向往民主进步，参与发起中国民主促进会，与中国共产党风雨同舟、荣辱与共。中华人民共和国成立后，她以强烈的爱国热忱投身到国家建设中，为社会主义现代化建设和多党合作事业贡献了毕生精力和智慧。作为学者，她矢志不移地坚持以自己的学识报效祖国，服务人民。

雷洁琼经历了 106 载的岁月沧桑，是中国革命、建设和改革开放伟大实践的亲历者和见证人。

江门画报

《江门画报》创刊于1987年9月，是江门市政协主办的一份四开四版全色彩印的一份地市级综合性侨刊。刊号为CN-44（Q）第0096号。主要栏目有《乡镇建设》《侨乡集锦》《耕耘》《五邑风情》《友好往来》《兴学育人》《旅外社团活动》《五邑掌故》等；刊名由新会旅澳著名人士崔德祺先生题写。

江门畫報

1987年9月28日（創刊號） 月刊

創刊詞

振興五邑兩陽經濟建設富裕文明僑鄉

城市新貌

《江门画报》创刊号（1987.9）

《江门画报》属月报，于每月28日出版。创刊初期在钓台路59号办公，后迁到东华路政协新办公楼。办刊经费主要由港澳政协委员和海外读者赞助。创刊初期内容涵盖“五邑两阳”，“两阳”划出江门管辖后则只涵盖“五邑”，以“宣传五邑侨乡经济建设和社会发展新成就，让华侨、港澳台同胞更加了解江门、认识江门、投资江门、发展江门为办报宗旨”，主要反映当时江门市委、市政府重点工作和市人大、市政协重要活动，江门市经济、政治、社会、文化等方面的建设成就，对外友好往来和侨务工作，港澳台同胞和海外侨胞爱国爱乡重要活动，江门五邑侨乡风土人情等。以赠阅的方式发送到中国港澳台地区和美国、加拿大、澳大利亚、新加坡等 30 多个国家的社团、社会知名人士和五邑籍乡亲的手中，深得广大港澳台同胞和海外侨胞的欢迎。

2019 年 7 月，广东省期刊协会侨刊乡讯专业委员会林干专门率队到市政协开展调研，了解《江门画报》的发展现状和面临的新情况，共同探讨新时代侨刊的创新发展。调研组一行认真听取了相关负责人关于《江门画报》采编、出版、发行等情况，以及如何突出政协特色开展对外宣传工作的情况介绍，充分肯定了《江门画报》三十多年来所取得的成绩，并希望江门市政协坚守画报定位，发挥画报形式传播性更强的优势，借用摄影家协会等社会组织力量，进一步突出“画”的特点。在栏目设置上更加注重突出地方特色，充分展示江门人和海外华侨日常生活以及五邑地区文化民俗等，打造品牌栏目，将《江门画报》越办越好。

《江门画报》所报道的每一则新闻或每一件事件，都配有精美的照片，让人有亲临其景之感，一目了然。三十多年来在江门五邑大地上所发生的每一项记录在案的政治、经济和文化活动，都图文并茂地跃然纸上，毫无保留地呈现在广大读者的眼前，真不失为江门侨乡建设发展的最好见证。比如在创刊号上：

第一版刊登了标题为“城市新貌”的照片 10 张，其中江门市区 3 张，“五邑两阳”七县各 1 张。透过这些照片，我们可以回顾“五邑两阳”在 1987 年时的市区面貌，更可以把这些照片拿来和现在的市区现状对比，看看哪些地方发生了变化，考验一下你的判断力。

第二版刊登了标题为“交通建设掠影”的照片 6 张。我们可以从中看到当时南海县九江大桥和江门市外海大桥在建时的状况，这是不可多得的历史资料；“今日崖西”照片 7 张，我们从中又可以了解到，当时崖西是新会县一个镇，1982 年工农业总产值 1600 万元，人均年收入 170 元，但到 1986 年工农业总产值已达 7100 万元，人均年收入 781 元，四年间两者都翻了两番多；江门北街港澳码头、开平三埠港、台山公益大桥、江门铁桥等照片多张，这些交通设施，曾经成为江门经济建设的先进代表，有的现在还在发挥着重要作用，但个别已不复存在，如江门铁桥已于 2021 年 2 月 27 日正式拆掉了。

第三版刊登了标题为“友谊之花”的照片 3 张，分别讲述了江门市政协主席李立峰应邀参加香港五邑工商总会 66 周年纪念暨第 18 届理事就职典礼，并向大会赠送了纪念品的情况；以台山县人民政府县长黄抗健为团长的台山文化贸易代表团于 1987 年 7 月应邀参加加拿大台山乡亲举办的“中国台山日”的情况；穗港九澳巴士司机“交通杯”小足球赛于 1987 年 9 月 10 日 ~11 日在江门体育场举行的情况。刊登了标题为“美国、加拿大华裔青年学生夏令营活动剪影”的照片 10 张，介绍了美国、加拿大华裔青年学生回到五邑各地开展夏令营的活动情况；刊登了标题为“外国朋友在江门”的照片 3 张，讲述了江门市丝绒染织厂引进 20 世纪 80 年代有国际先进水平的全套丝绒生产设备，法国 SACM 公司于 1987 年 1 月派技术人员柯都夫和柯曼来江门丝绒染织厂指导设备安装工程的情况。

第四版刊登了标题为“侨乡风光”的照片 3 张，分别介绍了开平翠园、台山下川岛、阳春鱼王石风光；刊登了江门酒店外貌的照片 10 张，但当时这些可登大雅之堂的酒店现已显得落后或已部分拆除了。如：江门画舫，原建于蓬江区堤中路蓬江河边，外形酷似一条游船，招牌大字由江门市著名书法家黄兆纪先生书写，外涂红漆，古色古香，甚是惹人喜爱，但后来因排污问题影响了蓬江河的水质，被拆除了；江门梅园宾馆原建于江门市政府西园里出入口内侧，楼高二层，园林式设计，白墙绿瓦，里面走廊九曲连环，还配建有游泳池，专门用于接待国内外来宾，后由于市政府扩建而拆除；江门园林宾馆，原建于东湖公园正门口左侧，也是二层园林式设计，白墙黄瓦，后由于东湖公园改造已拆除。另外，江门侨联大厦（花园酒店）现已改造为“宜家”全国连锁酒店，蓬江宾馆（原江门市政府接待处办公地和专用接待酒店）已改制和改名为大雄鹰宾馆，江门大厦（原江门市饮食服务公司直属）已改制和改名为新港城酒店，江门蓬莱大酒店、江门宏发大酒店业已改制和多次改名，东湖宾馆（原江门市中国旅行社直属）、江门国营商业大厦（原江门市商业局直属）则已停业荒废。

如在第二期里，我们可以了解到第六届全运会游泳比赛江门赛区的比赛花絮、江门市乡镇企业香港洽谈会的签约情况；在第三期里，我们可以看到开平水口镇乡镇企业的繁荣景象、新会能源建设的特大喜讯；在第四期里，我们可以了解到第六届全运会排球比赛台山赛区的比赛盛况、鹤山县 12 项工程落成剪彩的动人场景；在第五期里，我们可以知道香港侨港新会商会代表团回乡观光的行程、新会县沙堆镇第二产业的发展方向……

所有这些，生动地再现了江门市近 30 多年来所取得的巨大成就和发生的可喜变化，很有史料价值，成为广大港澳同胞、海外侨胞了解江门、亲近江门的一个重要窗口，以及广大作者描绘江门、宣传江门的一个文化阵地！

五邑乡情

《五邑乡情》是由中共江门市委统一战线工作部主管，江门五邑海外联谊会创办的一份市级侨刊，创刊于1989年7月。刊号为CN–44（Q）第0115号。创刊时社长何适莹，编辑钟华。

《五邑乡情》创刊号（1989.7）

《五邑乡情》刊名有两种表现形式。一种是书法题写的，另一种是刻章盖印的。书法由江门市著名书法家薛剑虹[①]先生题写，印章由江门市著名书法家吕祖铭[②]先生刻制。

江门五邑海外联谊会成立于

---

① 薛剑虹（1933—），中国书法家协会会员，香港书法家协会顾问，中国古陶瓷研究会会员，广东省康梁研究会副会长。曾任江门市文联主席，江门市书法家协会主席，被江门人尊称为薛主席。薛主席因其艺术个性独特，被称为江门艺坛“八怪”之一。他善用茅龙、鸡毫，专于行草，书法讲究线条变化，流畅飘逸。出版有《薛剑虹书法集》。

② 吕祖铭（1924—2004年），曾任中国民主同盟会会员，中国书法家协会会员，长期免费为徒授课。现在江门很多篆刻专才都出自吕老师门下。

1989 年，会长何适莹。同年创办《五邑乡情》，作为该会会刊。江门五邑海外联谊会是由江门市相关代表人士、港澳同胞、台湾同胞和海外侨胞的代表人士自愿组成，具有独立法人地位的联谊性社会团体，接受中共江门市委统战部业务指导。

创刊时，荣任首届江门五邑海外联谊会名誉会长、《五邑乡情》社名誉社长的邹时广先生说：

《五邑乡情》与江门五邑海外联谊会一样，旨在“广交朋友，增进友谊，密切联系，促进海内外友好活动和事业合作，振兴江门五邑经济，建设富裕文明侨乡”。她将以诚恳、客观的态度，通过文字、照片，介绍江门五邑各方面的情况，让海内外乡亲和朋友更好地知家乡事、叙家乡情，更加亲密无间地合作共事。

据此，《五邑乡情》辟《邑情近闻》《联谊之声》《五邑民风》《亲情之页》四个栏目，邑情主要是介绍江门五邑经济、政治、文化的要闻近事以及五邑侨乡经济建设和其他各项事业发展的政策、措施、要求和做法；友情着重报道海内外乡亲、著名人士在经济、政治、文化、教育、科技、体育、卫生、学术等方面的合作交流和友好往来；民情集中反映五邑乡亲物质文化生活、道德风尚、社会风气、治安公德的新情况、新气象、新风貌以及人民大众思想观念、生活习惯的变化；亲情则主要刊登旅外乡亲回乡观光、探亲、寻根问祖的活动情况和观感。考虑到有的乡亲、朋友的爱好，我们还另辟《诗坛艺苑》专栏，让那些喜欢吟咏的乡亲、朋友在这个园地里互相唱和，而擅长书、画、摄影艺术的乡亲、朋友也可以在这个专栏里一展所长，让刊物佳作纷呈，多姿多彩，生动活泼。①

所谓“乡情”，即是指发生在家乡的事情。五邑是中国的著名侨乡，是广大五邑人的共同家乡，所以“五邑乡情”就是指发生在五邑大地上的

① 《五邑乡情》创刊号第 5 页：《创刊词》，1989 年 7 月。

所有事情。这样，《五邑乡情》的报道面就非常广。但《五邑乡情》作为一本季刊，版面有限，所报道的内容如何取舍，将直接影响到其发展和未来。故此，《五邑乡情》在创刊时，编辑们经过精心策划，决定以立足本土，辐射世界各地华侨朋友为己任，在栏目设置上做到精心策划，得到了广大海内外乡亲的喜爱。曾获“广东省侨刊乡讯评比”市刊二等奖，并先后选送到北京参加全国首次期刊展览和到意大利参加“中国期刊展览”。后来，根据形势发展，《五邑乡情》在原有栏目的基础上，又增加了《五邑规划》《五邑建设》《经济报道》等栏目，使其生命力更强，影响力更大。

《五邑乡情》每期60个版面，大16开铜版纸全色彩印，图文并茂，内容丰富多彩，被海外乡亲誉为五邑侨刊中的精品。

2016年10月11日，美国夏威夷五邑海外联谊会创会会长、夏威夷华人联合总会创会主席团成员、夏威夷华文月刊《海外通讯》主编何庆任先生与夫人甄小平，女儿何向红、何春玲等专程莅临江门五邑海外联谊会，拜访《五邑乡情》编辑部同仁。江门市委统战部副调研员方光更、潘静桦，《五邑乡情》原主编黄华龙等对何庆任一行的到来表示热烈欢迎，并共同探讨了关于海内外传媒共筑平台，新闻信息互助共享的做法和经验。在座谈中，方光更和潘静桦等领导代表江门五邑海外联谊会和《五邑乡情》社，衷心感谢何先生多年来对《五邑乡情》的关注和支持，特别是经常及时把夏威夷侨界的新闻信息提供给本刊刊登，他本人也经常主动撰写文情并茂的文章交由该刊发表，堪称是该刊在海外得力、忠实、优秀的“编外记者”，并向何先生赠送了《五邑乡情》近两年杂志。何先生则向《五邑乡情》社赠送了美国夏威夷五邑海外联谊会会旗。

炎黄天地

《炎黄天地》创刊于1997年1月，是江门（五邑）炎黄文化研究会主办的一份市级侨刊。创刊时主任梁振权，总编辑梁振权、叶柏洲（执行）；栏目主要有《炎黄新语》《五邑长廊》《说天谈地》《赤子丹心》《侨乡风姿》《人物春秋》《书法钩玄》《民俗风情》《侨乡览胜》《文物大观》《民间茶座》《文林点翠》《艺苑之花》等；刊名由开平旅港名人利国伟[①]先生题写。

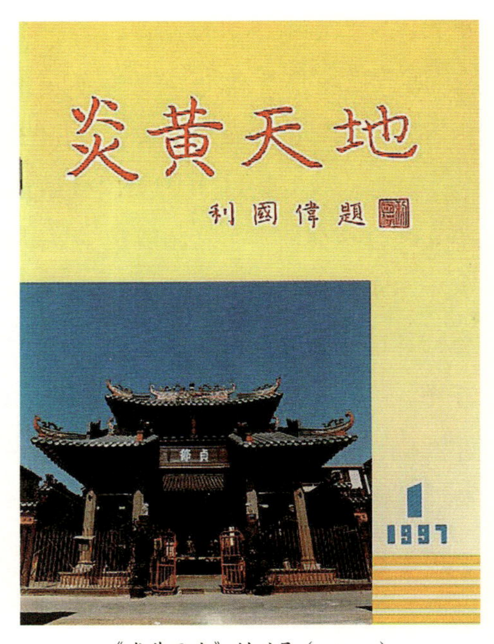

《炎黄天地》创刊号（1997.1）

创刊以来，《炎黄天地》坚持

① 利国伟（1918—2013年），香港银行家、政治家及教育家，爵士，大紫荆勋章获得者。1983—1997年任恒生银行董事长，1968年和1976年先后两届获香港特区政府委任为行政及立法两局非官守议员，1978年退出两局后，于1983—1988年再事行政局，并于1982—1997年任香港中文大学校董会主席。利国伟不仅是一位著名的金融家，而且是一位热心公益事业的社会活动家。他的捐赠从家乡开平市开始，逐步扩展到江门、广州及全国许多地区。在家乡五邑地区捐款达2.2亿港元之多。

以“反映侨情乡音、弘扬中华文明，贴近俚俗民风，包容多元文化”为特色，立足江门五邑侨乡，面向海内外；以“侨”文化为中心，以炎黄文化为红线，多方面、多渠道、多形式地宣传侨乡先进文化。

“炎黄”是传说中上古中国的两个部落领袖。炎是炎帝，黄是黄帝。炎、黄两帝被认为是华夏文明的始祖，而汉族（汉朝前为华夏族）则被称为炎黄子孙。炎帝姓姜，是炎帝族的首领；黄帝姓公孙、号轩辕氏，是黄帝族的首领。他们均居住在中原。其时，炎帝族与以蚩尤为首领的九黎族发生长期部落间冲突，最后被迫逃避到涿鹿，后得到黄帝族援助，攻杀蚩尤。最后，炎帝、黄帝两族联盟打败了蚩尤族，正式定居中原地区。因此，“炎黄”成了中华民族祖先的代表。而炎黄文化不但源远流长，还派生了许多宗枝、奕叶。广东有极具特色的“岭南文化”，其中在江门，有明代中叶陈献章（白沙）始创的“江门学派”以及江门先祖创造的具有侨乡特色的本土文化。创建本刊，就是旨在弘扬炎黄文化，沟通海外乡亲，同心协力建设富裕文明新侨乡。

《炎黄天地》从1997—2007年为内部刊物，2008年起被正式批准为国内外公开发行的侨刊。自创刊以来，《炎黄天地》紧扣炎黄文化这个主题，突出五邑作为中国第一侨乡这个特质，思想性、知识性、趣味性兼收并蓄。同时，把学术研究作为工作重点，每期都刊登几篇具有一定深度的学术研究文章，使《炎黄天地》越来越受到读者的喜爱。

江门（五邑）炎黄文化研究会成立于1995年10月21日。为弘扬优秀传统文化和侨乡文化，着力办好《炎黄天地》，自成立以来，该会积极挖掘江门优秀人文历史，为江门建设“文化名市”提供了丰富史料和基础依据，同时进一步提高了中国侨都的城市文化品位。2004年、2012年、2013年，该会先后三次被评为全国大中城市社科系统先进学会。例如，深入开展陈白沙、梁启超学术思想研讨活动。陈白沙是我国明代著名理学家、教育家、诗人。为发掘和整理陈白沙先生的学术思想，该会于1998

年12月在江门举办了“陈白沙与江门学派”学术研讨会。2010年9月，该会又邀请广东省社科院黄明同教授来江门作“擦亮白沙文化品牌，建设江门特色文化”专题学术讲座。2010年始，该会连续三年协助白沙街道办举办陈白沙文化节。后于2013年，为提高白沙文化节档次，该会积极向市领导提出建议，并促成陈白沙文化节交由蓬江区政府举办。2013年11月25—27日，该会在陈白沙纪念馆又举办了全国性陈白沙思想学会研讨会。

为彰显侨乡文化遗产和文化名人效应，该会还结合江门五邑籍名人，如陈白沙、梁启超、陈垣、冯如等诞辰纪念日，先后开展各种理论研究和学术研讨活动，鼎力打造具有侨乡特色的名人文化。另外，在纪念辛亥革命百年之际，该会得知孙中山的孙女孙穗芳博士捐赠百座孙中山铜像，经过多方联系，最终促成孙中山铜像落户江门中山公园。

20年来，《炎黄天地》的理事们由于潜心学术研究，至今已结出累累硕果：

据不完全统计，该研究会出版专著的有张国雄、刘兴邦、张运华、欧济霖合编的《五邑文化源流》，梅伟强、张国雄合编的《五邑华侨华人史》，张运华撰写的《白沙心学与道德思想》、章继光撰写的《陈白沙诗学论稿》、梁丙尧编著的《陈白沙传略》、李日明撰写的《开平碉楼文化探源》等等。不少理事作品频频出现在省、市的报刊之中，还有不少理事的学术论文获得了省、市的奖项。这些专著丛书的出版，在学术界引起了广泛关注，成为展现江门五邑侨乡历史文化研究水平的璀璨果实。[①]

① 《侨都新观察》：《追寻历史凭证留存文化记忆——记江门（五邑）炎黄文化研究会成立20周年》，2015年10月。

中国侨都

《中国侨都》是江门市外事侨务局主办的一份地市级侨刊，创刊于2007年4月，是江门五邑唯一一份国字号侨刊。刊号为CN-44（Q）第1124号。创刊时社长张国富，主编刘治平（兼）。栏目主要有《江门略览》《时讯聚集》《侨务时空》《商讯纵横》等。2018年9月，荣获广东省期刊协会颁发“广东省优秀侨刊奖”。

《中国侨都》创刊号（2007.4）

《中国侨都》秉承“以侨为缘，与侨为伴”的办刊宗旨，坚持为侨服务，弘扬中华民族传统文化，反映侨乡侨情，传递五邑各地投资环境、优惠政策；加强海内外乡亲的经济文化交流，为海内外乡亲与五邑侨乡搭建沟通交流的桥梁。经过不断地完善、创新和提升，如今，《中国侨都》已成为一份独具特色的侨乡刊物。该刊除向江门五邑地区党政机关、企事业单位、侨资企业和全国侨务系统免费赠阅外，还在海外设立了107个发放点，向全球侨胞赠阅。受众群体包括全球华侨华人、华侨社团组织，国家、省、市各级政府和领导、为侨服务部门、社会组织，全国外资、侨资企业等，深受海内外华侨华人、社团、企业的喜爱，被亲切地誉为“来自家乡的精神食粮”“五邑家书”。

江门市位于珠江三角洲西部，濒临南海，毗邻港澳；地貌特征北低西高，属亚热带季风气候。现辖4个县级市和3个市辖区，简称“四市三区”，俗称“五邑”，总面积9505平方公里，常住人口456.17万人（2018年）。关于江门名称的由来和江门历史简况，据《今日江门》介绍：

江门市区地处西江与其支流蓬江汇合处，蓬江北面的蓬莱山与江南的烟墩山对峙似门，故名“江门”。明朝初时，江门已成西江流域商业重镇。1904年，江门设立海关，成为中国沿海重要的对外通商口岸。1925年、1951年曾两次设为省辖市。1983年，设立地级市，实行市管县体制。①

江门作为广东省辖地级市，粤港澳大湾区重要节点城市，珠江三角洲西部中心城市，处于“承东启西”的位置，与广佛都市圈、深港经济圈两大龙头的陆路距离均在100公里左右，构成了粤港澳大湾区的“黄金三角带”，近年来对珠西区域经济发展的“引擎”作用越发明显 。

作为“中国第一侨乡”的江门，有着悠久的历史和灿烂的文化，江门籍港澳台同胞及海外侨胞近400万人，遍布全球107个国家和地区，享有“世界侨乡、侨乡世界”“世界广侨之都”等美誉。

改革开放以来，江门市在“侨”字上做文章，落实各项侨务政策，激发了港澳台同胞和广大华侨爱国思乡的情怀，出现了自觉捐资为家乡办公益事业的热潮。1989年3月，江门市曾举办“江门市改革开放十件大事”评选活动，其中“华侨、港澳台同胞热心捐办公益事业”以第二高票当选。据《今日江门》介绍：

华侨爱国爱乡，通过捐助公益、投资兴业等方式帮助家乡发展。截至

---

① 《今日江门》第3页：《历史沿革》，2018年。

2017 年底，为家乡捐资赠物合计 75.45 亿港元，回乡投资累计 282.17 亿美元。为表彰在促进我市社会文明、发展慈善公益事业、对外友好交往、经济科技建设等方面做出贡献的海外侨胞、外籍人士和国内人士，江门设立“荣誉市民”授荣制度。自 1993 年以来，先后共授予了 9 批 727 位海内外人士“江门市荣誉市民”称号。[①]

与此同时，江门市扎实推进“侨”文化事业稳步发展，开创了“侨”文化建设工作新局面，形成了以世界文化遗产——开平碉楼与村落、江门五邑华侨华人博物馆、江门市星光公园等为代表的侨情文化；以《新宁杂志》《开平明报》《新会侨刊》《恩平公报》《鹤山乡讯》《五邑乡情》《中国侨都》等为代表的侨刊文化；以《五邑华侨华人史》《〈新宁杂志〉历史文化论》《五邑侨刊图志》《五邑侨史》等为代表的侨研文化；以台山广东音乐、新会葵艺、白沙茅龙笔、蔡李佛拳、江门礼乐龙舟、鹤山咏春拳等非物质文化遗产为代表的乡情文化；以新会宋元崖门海战古战场、蓬江棠下良溪“后珠玑巷”、恩平歇马“举人村”等为代表的侨史文化；以陈白沙祠、梁启超故居、陈垣故居等为代表的人文文化；以周文雍陈铁军烈士陵园、周恩来总理视察新会纪念馆、广东人民抗日解放军司令部驻地旧址等为代表的红色文化；以中国（江门）侨乡华人嘉年华为代表的节庆文化。同时，还有世界江门青年大会、赤坎影视城、《根系五邑》电视专题系列片等各具特色的文化品牌，特色鲜明，交相辉映着五邑侨乡大地。

江门是“一带一路”海上丝绸之路的重要节点。早在北宋时期，江门是广州通海夷道上的“放洋”之地、国外朝贡船只停靠之地；位于台山市上川岛东面的乌猪山曾是明清时期海上丝绸之路的重要航标；上下川岛是葡萄牙人早期对华贸易的据点，当年分布在今天台山、新会沿海的一些卫所营寨守护着海上丝绸之路的安全。其中，从明初设置的广海卫到沿用至

① 《今日江门》第 13 页：《中国侨都》，2018 年。

近代的新地天主堂，涵盖了川岛、广海一带的明清历史，见证了“广府华人华侨海上丝绸之路第一港”的历史辉煌。

世界遗产研究专家、五邑大学教授张国雄说：“除了商贸往来，早期广东的华侨移民到东南亚大多也都是沿着这条海上丝绸之路过去的，江门也是如此，所以说这也是一条移民迁移之路。同时，沿着这条道路，文化得以不断交流和融合。例如，西班牙传教士方济各当年到上川岛，客观上促进了中西方文化的交流。沿着这条海路，汉文化也被输送到了东南亚等地。如越南现存的四位女性海神之一，人物原型就是在南宋崖山海战后蹈海的杨太后。”

广东省人民政府特聘参事、中山大学教授、广东省珠江文化研究会会长、广东省广府学会会长、广东省海上丝绸之路研究开发项目组组长黄伟宗表示：“华人华侨之路本身就是海上丝绸之路，华人华侨就是沿着海上丝绸之路出去又回来的。广东侨乡有三种楼：一是开平碉楼，二是台山侨墟，三是客家排屋楼，这三种楼就是海上丝绸之路的标志。开平碉楼、台山侨墟等，是海上丝绸之路在江门的重要文化遗存。”

江门五邑山清水秀，人杰地灵，孕育了明代著名理学家、教育家陈白沙，近代维新派代表人物、国学大师梁启超，中国画坛巨擘李铁夫，与孙中山齐名的“四大寇”之一陈少白，中国摄影大师沙飞等著名人物，以及中国致公党创始人、著名侨领司徒美堂，中国第一个飞行师冯如等著名华侨华人。在这片风水宝地上，32 名五邑籍或出生于江门五邑的“两院”院士以杰出的贡献，阐释了五邑深厚的文化底蕴，梁氏一门三院士——梁思成、梁思永和梁思礼，更堪称中国学术界的家族传奇。

江门拥有众多在中国电影和文艺史上留下盛名的人物，也有一批广东及东南亚观众所熟悉的江门籍香港知名演员。据江门市档案局调查，目前可考究的最早的江门籍香港演艺界人士是出生在新会区的黎民伟，他是香港影视界的“开山鼻祖”。出生在 1893 年的黎民伟拍摄了第一部香港出品的故事短片，创立了香港第一间电影制作公司，被称为“香港电影之父”。之后，几乎每个年代的香港影视界都有江门人的身影。包括周润发、梁朝伟、刘德华、甄子丹、谭咏麟、陈剑声、陈宝珠、黄百鸣、容祖儿等演艺界人士在内的“江门方阵”，至今仍是国际华语影视圈的顶梁柱。

为展示江门五邑籍演艺界人士在文化艺术上所取得的骄人成就和对家乡建设所做出的卓越贡献，2010 年，江门决定建立“江门五邑籍歌影视明星主题公园”。同年 11 月 6 日下午，耗资 1000 多万元兴建的“星光园”明星主题公园举行开园仪式，刘德华、梁朝伟等江门籍香港知名演员回到江门，亲自见证了“星光园”的开园庆典。

江门“星光园”位于北新区元宝山公园内，占地面积 21 亩，采用塑像、浮雕、星光幕墙和手印等形式，展示 100 多位江门五邑籍演艺界人士的艺术成就、迷人风采与独特魅力。首批入园的，有著名粤剧表演艺术家红线女、“中国舞蹈之母”戴爱莲，以及刘德华、谭咏麟、黄百鸣、容祖儿等一批江门五邑籍香港演艺界人士。

蓬江区

棠下侨刊

《棠下侨刊》是蓬江区棠下镇侨联会主办的一份镇级侨刊，创刊于1987年9月。刊号为CN-44（Q）第0043号。创刊时社长李池，主编张麟、陈志元；栏目主要有《乡音简讯》《教育剪影》《侨情报道》《各地通讯》《名人轶事》《地方掌故》《诗书画廊》等。曾获“广东省侨刊乡讯评比”一等奖。

《棠下侨刊》创刊号（1987.9）

1988年，香港新会棠下同乡会在香港正式成立。为联络港澳及海外乡亲，支持家乡建设，香港新会棠下同乡会主动向《棠下侨刊》赞助经费，共筹得基金100万元，确保了《棠下侨刊》每年出版发行的费用所需。为促进家乡的文明建设和经济发展，香港新会棠下同乡会自成立以来，一直坚持以“团结乡亲、繁荣香港，建设侨乡”为宗旨，在历届会长、总监督和全体会董的领导下做了大量工作。积极组团回乡观光、访问，参加各项联欢、庆典活动；每年周年志庆都邀请新会区、镇领导参加，欢聚乡情。同时，香港新会棠下同乡会全体会员关心桑梓，热心家乡的建设，慷慨解囊，在家乡捐资兴建学校、幼儿园、图书馆，大大改善了家乡的教学环境；捐资兴办医疗卫生事业，改善家乡的医疗条件；捐资建桥筑路，水电工程等，改变家乡的村容村貌；2001 年，还为筹建新会体育馆，捐款 50 万元。他们为区、镇、村的文明建设做出了巨大的贡献。

棠下镇位于蓬江区北部，东临西江。1952 年属第三区，1955 年为棠下区，1958 年为棠下公社，1984 年改区，1986 年撤区设镇，镇政府驻棠下墟。现辖 24 个村（居）委会，总面积 131.02 平方公里，总人口 105863 人（2017 年），港澳台同胞、海外侨胞 6.07 万人。

2002 年 9 月，新会撤市设区，同时将原由其管辖的棠下镇、荷塘镇、杜阮镇划转蓬江区管辖。2015 年 3 月，江门市滨江新区和棠下镇合署办公，新调整后的管理体制，保留滨江新区管委会委托蓬江区管理，并与棠下镇党政机构合署办公，同时撤销江沙示范园区管委会、江沙示范园建设协调小组等，原职能由滨江新区管委会和棠下镇管理。滨江新区纳入棠下镇管理后，成为江门市未来城市发展新区、主中心，划分为天沙片区（金融商务会展中心）、江沙片区（滨江新城产业园）和天河片区（生态风景区）。

关于棠下镇名称的由来，据《棠下侨刊》介绍：

棠下之得名，源出于人名。相传宋代末期，南雄珠玑巷人迁居于此，其中一姓甘名棠下的，在圩地（现棠下镇）开设一小商店，经营山货杂物，店旁设有一茶亭，为顾客及过往行人免费供茶，深受欢迎，小商店亦生意兴隆。后来聚居者渐众，此处成为山货杂物集散的圩地，四乡人们常到此趁圩，说成是去“棠下”。久而久之，棠下由此而得名。①

1958 年，周恩来总理曾在棠下周郡视察，挥笔写下了“冲天干劲周郡社，英雄人物数今朝”的光辉题词，勉励棠下人开拓进取，再创辉煌。

近年来，棠下镇的城镇建设得到了较大变化。外观新颖、功能齐全的江门市滨江体育中心就建设在棠下镇域内，项目总建筑面积约 21.59 万平方米，用地面积约 40 公顷，总投资约 29.3481 亿元（其中建安费为 20.218 亿元），包括体育场一座（固定座位 2.5 万个）和训练场一个（固定座位 2000 个），建筑面积共约 4.69 万平方米；体育馆一座（固定座

---

① 《棠下侨刊》创刊号第 6 页：《“棠下”的由来》，1987 年 9 月。

位6000个，活动座位2500个）和训练馆两座（其中一座设置活动座位800个），建筑面积共约4.84万平方米；游泳跳水馆一座（固定座位2000个），建筑面积约2.84万平方米；展览馆一座，建筑面积共约3.56万平方米，现已成为滨江新区南部的地标性建筑和城市中心。

位于棠下镇境内的良溪古村，是“蓬江十景”之一。北与鹤山市雅瑶镇接壤，面积7.56平方公里，常住村民500多户，1600多人。村庄坐北朝南，沿着隐龙山聚落而建，村东南高、西北低，民居分布由东向西成牛角形状走向，其讲究“青龙骑白虎”的风水布局。它毗邻西江，青山依傍，老宅井然，老榕新枝，翠映池塘。2006年，被省历史学家誉为“后珠玑巷”，2008年9月入选首批“广东省古村落”。据调查，良溪古村有80%是罗姓，少数是谢姓和何姓。据史书记载，南宋绍兴元年（1131年），南迁始祖罗贵带领36姓共97户人家携妻带子，从南雄珠玑巷南迁至良溪村安家落户，其子孙又在江门五邑及珠三角周边地区繁衍。据专家考证，江门五邑移居海外的华侨华人中，很大一部分都可以从随罗贵南迁良溪的36姓中找到自己的祖先。因此，罗贵率众南迁，成为我国两宋时代，继南雄珠玑巷之后一次较大规模的移民南迁活动。

位于棠下镇西南乐溪村小蓬莱山上的公坑寺禾雀花是“江门八景”之一。公坑寺，又名天成寺。此地浓荫蔽日，怪石嶙峋，羊肠曲径，泉水淙淙，是一处天然的避暑胜地。山中长有外形酷似禾雀的花儿，俗称禾雀花。每年清明节前后，漫山的藤蔓挂满了一串串的花朵，仿佛一群群黄色的小麻雀栖息于树上，栩栩如生，蔚为奇观；花朵从外形到个儿的大小，就像一只只嗷嗷待哺的小禾雀；花托似禾雀头；两旁各有一粒眼珠似的小黑点；花开四瓣，就像鸟儿的翅膀，正中的一瓣，弯弓似雀背，两侧的花瓣似雀翼，花瓣后伸部分就像尾巴。禾雀花全身呈乳白色，采摘后两三个小时就会变成褐色，更像禾雀。如果不小心损伤了花瓣，便有像鲜血一样的红色汁液流出，世人称奇，闻名中外。另外，在寺的左侧有一巨岩，形如龙头，裂开了一个口子，就像龙头张开了巨口，人称“龙口”。泉水从龙口奔涌而出，长流不息，用来泡茶，味道甘甜。

杜阮乡情

《杜阮乡情》创刊号（1992.8）

《杜阮乡情》是蓬江区杜阮镇侨联会主办的一份镇级侨刊。创刊于 1992 年 8 月。刊号为 CN–44（Q）第 0135 号。创刊时编委主任王杰保，主编余俊民；主要栏目有《乡情报道》《侨情通讯》《诗书画园地》《家乡风貌》等。曾获“广东省侨刊乡讯评比”表扬奖。

杜阮镇位于蓬江区西部，西接鹤山市，南倚广东省级风景名胜区新会圭峰山国家森林公园。隋以前为盆允县治，方言“盆允”与“杜阮”谐音，故称“杜阮”。唐开元二十三年（735 年），为新会县县治。清朝属新会县归德都，民国时属新会县第三区，1952 年属新会县第十二区，1955 年改名杜阮区，1958 年 10 月为杜阮公社，1984 年后恢复杜阮区，1986 年建镇，2002 年 9 月并入蓬江区，镇政府驻杜阮墟。现辖 23 个村（居）委会，总面积 80.52 平方公里，总人口 115873 人（2017 年）。

杜阮镇工业发展迅速，实现了外资企业、民营企业和个体工商户等多元化发展的格局，共有外资、民营企业近600家，个体工商户2000多家，已形成了五金铸造、水暖卫浴、化工建材、灯饰玩具、印刷包装等支柱行业，2003年由中国建筑材料工业协会和中国建筑卫生陶瓷协会授予“中国五金卫浴产业基地”称号。

杜阮盛产凉瓜，至今已有上百年的历史。由于杜阮一带的土壤多为沙质，十分适宜种植凉瓜，所产凉瓜瓜型肥大，平顶粒粗，肉厚色绿，当地人称之为大顶瓜或“柿饼蒂”，吃起来微苦带甘，爽脆无渣，慕名前来品尝的人不计其数。为树立“杜阮凉瓜”优质品牌，杜阮农业办为“杜阮凉瓜”注册了商标，致使“杜阮凉瓜”声名鹊起，先后获得“国家农产品地理标志”和“中国地理标志证明商标”等称号。

杜阮镇有一所中学，原叫杜阮中学，始建于1969年3月，后由于长期得到港澳同胞和海外侨胞的资助，于1989年改称为杜阮华侨中学。1985年，镇政府决定对原杜阮中学的全部砖瓦平房校舍进行重建改造，要求建筑楼房化，环境美绿化，分期实施。第一期工程，建设教学大楼两幢，占地面积645平方米，建筑面积1851平方米，总造价人民币32.80万元，1987年初动工，1988年初竣工。第二期工程，由侨港杜阮同乡会发动旅港同胞捐建师生宿舍楼一幢，占地面积276平方米，建筑面积710平方米，总造价人民币20.5万元。第三期工程，旅港同胞黄成广先生捐资68万港币，建造“碧泉图书馆”和“祖慈纪念堂”，占地面积466平方米，建筑面积891平方米。1990年动工，1991年9月竣工。第四期工程，由旅港同胞黄泽霖先生捐资32万港币，建造教师宿舍——黄祝南纪念楼，1991年动工，1992年3月竣工。重建时，杜阮华侨中学还得到不少其他港澳同胞和海外侨胞的捐助。如：黄成广夫人王凤珍女士捐赠图书1万册；侨港杜阮同乡会会长黄锦华先生捐赠学生桌椅500套；黄成广、黄泽霖先生捐资置办设备齐全的化学实验室和物理实验室；李庚先生捐资建设水泥校道和花圃等，使杜阮华侨中学在较短的时间内改变了校容校貌，成为新会建筑规模较大、招生人数较多的一所镇办学校。

杜阮镇有一处五邑人特别喜欢去游览的名胜古迹——叱石风景区。该风景区位于蓬江区杜阮镇的羊石坑，是圭峰山绿护屏向东北延伸的一条支脉，海拔 380 米，山上有一座 300 多年历史的叱石寺，是新会五大禅门之一。叱石山山势峻峭，万松竞秀，幽谷鸣泉，被称为“一天秀色叱石岩”。有叱石松涛、叱石成羊、一洗红尘、观音岩、黄公辅祠、黄大仙祠、大雄宝殿等著名景点。

此处之所以被称为“叱石”，原来与一个美丽的传说有关：

昔有少年名初平，年仅十四，好神仙。一日牧羊山中，遇道士引至金华石室中，其兄因弟不返，往寻之，遇于山中，问羊群何在？初平乱指石曰：“羊群在此。”乃大叱一声，石皆为羊。①

由此，便有黄初平叱石成羊之说。后来，黄初平在金华得道升仙，世人称为黄大仙，并将叱石寺“大雄宝殿”的左厅定名为“小金华”，同时在其旁边建造“黄大仙祠”。明朝亡后，遗臣大司马黄公辅拥着太子南奔到此，见到此地乱石无数，状如山羊，赞叹不已，遂据“神仙传”中黄初平叱石成羊的故事，将此山改名为“叱石”，一直流传至今。

---

① 《江门风光》第 29 页：《叱石》，1985 年。

江海区

江海侨刊

《江海侨刊》创刊号（2011.2）

《江海侨刊》创刊时由江海区外侨局主办，后改由江海区统战部主办，是一份县市级侨刊，创刊于2011年2月。创刊时主编刘小明；栏目主要有《卷首语》《家乡近闻》《同乡会简介》《联谊之声》《侨界人物》《江海风俗》《影像江海》《诗词书画》等。

1984年7月，广东省人民政府批准成立江门市城区人民政府和郊区人民政府，为县级建制的市辖区。1994年8月，城区更名为江海区，郊区更名为蓬江区。

1994年8月至1995年4月，江海区下辖外海、礼乐两镇和江南街道，共辖43个管理区、14个社区（社区设居民委员会）。其中，外海镇19个管理区（含滘头、滘北），1个社区；礼乐镇24个管理区，2个社区；江南街道11个社区。

1995年5月，经省民政厅批准，外海镇的滘头、滘北管理区升格为滘头、滘北行政街道，分别设置街道办事处，为区政府派出机构。至此，江海区下辖外海、礼乐两镇和江南、滘头、滘北3个街道。共16个社区，其中外海1个、礼乐2个、江南11个、滘头2个；55个管理区，其中外海17个、礼乐24个、滘头10个、滘北4个。

1999 年 4 月后，撤销管理区，改称行政村。是年末，全区共有 55 条行政村、20 个社区。之后，江南社区多次调整，由原 15 个撤并为 6 个。至 2002 年 7 月，全区共有 11 个社区、55 条行政村。

2004 年 8 月，经省民政厅批准，外海镇、礼乐镇建置改制，由镇改为行政街道，设立街道办事处，并开展“村改居”工作。

2013 年 6 月，江门（国家）高新区、江海区合署办公，从此掀开了江海区发展的历史新篇章。

2015 年 12 月 22 日，全球华侨华人创新产业聚集区——“侨梦苑”在江门高新区创业创新广场举行揭牌仪式，标志着继天津武清区、河北秦皇岛、福建福州、江西南昌后，由国务院侨办重点支持的“侨梦苑”正式落户江门，其核心区为江门高新区。此后，《江海侨刊》专门开设“侨梦苑”专栏，专题报道“侨梦苑”发展大计和发展情况，至今不辍。

2016 年 7 月 15 日，全国博士后创新（江门）示范中心落户高新区（江海区）。至此，共有 5 个国家级创新平台落户江门高新区。其他 4 个分别为：全国小微企业创业创新基地示范城市核心区、珠三角（江门）国家自主创新示范区、国家创新型特色园区、国家知识产权试点园区。

2019 年 7 月 25 日，由香港东区青年交流促进会、香港青年创新企业家协会、香港物联网商会、香港网商会联合搭建的“香港青年创业起步基地”正式落户江海区，旨在为江海区，乃至整个五邑地区输送香港优秀人才，助力香港青年到江门市创业就业。

目前，江海区下辖外海、礼乐、江南 3 个街道，共 34 条行政村，29 个社区，总面积 109.16 平方公里，常住人口 26.46 万人（2018 年），港澳台同胞、海外侨胞 7 万多人。

江海区是江门市新兴的制造业基地，是国家电子信息产业基地、广东省电子信息材料专业区、广东中小型电机产业基地。全区已形成电子信息、机电、化工等优势产业。一是摩托车及其零配件制造业，共有整车生产企业和零部件生产企业 30 多家，具有年产 100 万辆摩托车整车和 150 万台发动机的生产能力。二是电子信息制造业，共有企业 100 多家，主要产品有覆铜板、电路板、电子器件等。三是化学原料及化学制品制造业。四是电气机械及器材制造业。五是现代物流业。包括规划占地 9660 亩的位于礼乐的江门市先进制造业现代物流产业园区，还有广东德隆国际物流等较大规模的物流服务公司。

目前，共有 5 家世界 500 强工业企业落户江海区，分别是艾默生网络能源（江门）有限公司、赫克力士化工（江门）有限公司、西铁城精电科技（江门）有限公司、江门市福宁电子科技有限公司和三菱重工金羚空调器有限公司。

同时，江海区拟打造为广东绿色光源（LED）产业基地。绿色光源（LED）产业基地核心园区规划占地面积为 4 平方公里，是广东省火炬计划半导体绿色照明特色产业基地，由广东省经济和信息化委、江门市政府共建的全省首个战略性新兴产业（绿色光源）基地。

江海区农业以粮食作物、甘蔗、蔬菜等为主。2018 年，江海区全年粮食作物播种面积 727 亩，甘蔗种植面积 7731 亩，蔬菜种植面积 28946 亩。全年粮食产量 173 吨，果蔗产量 42615 吨，蔬菜产量 41400 吨。

江海区有两大著名特产，一是麻园荔枝，二是滘头果蔗。

麻园荔枝是“三月红”早果，每年农历四月中下旬成熟。因其上市早，肉质好，果粒大，味甘甜而为大众所喜爱。采食麻园荔枝，民间有一诀窍：“生中寻熟、熟里求生。”意思是说，当一枝荔枝的果大多是生的时候，要寻那些熟了的来吃；而当一枝荔枝的果大多熟了的时候，要找那些还是生的来吃。

关于麻园荔枝为何会成为“三月红”早果呢？坊间有这样一个传说：

麻园荔枝过去与其他荔枝并无区别，五、六月成熟。那时，每当荔枝成熟时，古兜山一只猿猴精总要来掠果，民众深受其害。后麻园有一女子名叫绿翘的，历尽艰辛，到圭峰山龙潭取回仙水，倒在麻园附近的小河山溪中，村民以此水淋种出来的荔枝，三月就成熟上市了。猿猴精知道后大为恼火，遂提前来掠夺荔枝，经绿翘与村民合力，以铜币击毙了猿猴精，为民除了害。传说现在的古猿洲（在江门北街海面）就是猿猴精的尸体所化，古猿洲的黄沙就是猿猴精的魔袋中流出来的。和猿猴精搏斗过的牛和鸡力竭而死，它们的尸体就是现在麻园附近的牛山和鸡山。绿翘用来装仙水的葫芦则成了麻园附近的龟山。击落猿猴精的铜币跌落麻园村中心而成为现今之钱山。①

滘头果蔗已有百多年的种植历史。滘头乡地势平坦，河冲纵横，鱼塘满布，土壤疏松肥沃，腐殖质丰富，是种甘蔗的理想之地。百多年来，滘头乡人民不断总结经验，选育良种，培育出一种色泽鲜明，皮红褐似玉（故又称玉蔗），尾部紫红，蔗茎粗壮饱满，蔗汁含量高，入口清甜，肉脆而纤维少的果蔗，因此远近驰名。有人说，滘头果蔗从高处跌下，必然一断为三。由于滘头果蔗脆而甜，因此深受广大民众欢迎。

江海区是辛亥革命先驱“国叔”陈少白先生的故乡，其故居被定为省级重点文物保护单位。区内有佛教名寺茶庵寺（六祖寺），被联合国教科文组织誉为人与自然最佳结合林的主灌河生态防护林、白水带旅游度假区等名胜古迹。

茶庵寺又名六祖寺，坐落于江海区五马归槽山麓，始建于明代万历年间。唐代高僧一行禅师，曾在此结庵小住，名曰“茶庵”。茶庵建成后，历来供奉着六祖惠能大师、观音、伽蓝等塑像。寺前筑有“洗衲池”“关刀池”“拜佛亭”“化字炉”以及一石门牌坊。牌坊前面刻有“小朱明洞”四字，后面刻有“佛境”二字，都出自清代名人手笔。茶庵寺后山，有辛亥革命四杰之一陈少白先生之墓。20世纪80年代初期，江门市政府十分重视这一文物古迹的保存，把茶庵风景区命名为“茶庵公园”，列为“江门八景”之一。

---

① 《江门土特产》第32页：《麻园荔枝》，1985年。

新会区

新会侨刊

《新会侨刊》是新会区侨联会主办的一份县市级侨刊，创刊于 1958 年 12 月，创刊初期为不定期出版，1959 年 9 月出版至第四期后宣告停刊。

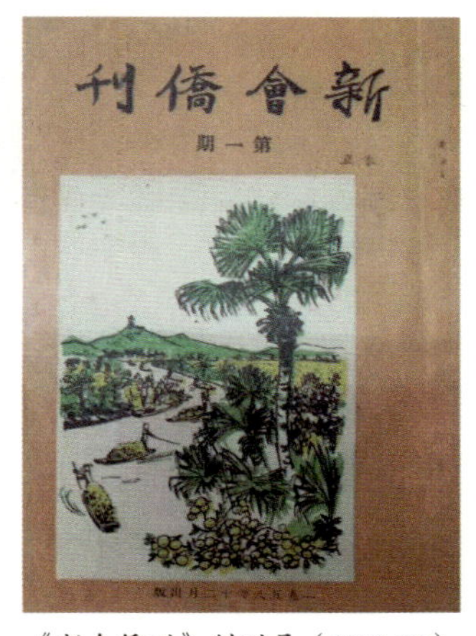

《新会侨刊》创刊号（1958.12）

1961 年重阳节期间，新会归侨和港澳同胞很关心该刊的出版问题，并提出复刊希望，于是，新会侨联会即着手复刊工作。经过一段时间筹备后，《新会侨刊》于 1962 年 6 月正式复刊，并确定为季刊。至 1966 年 4 月，共出版了 23 期。同年 6 月第 24 期刚排版付印时停刊。1980 年 12 月再度复刊，依次应是总第 24 期，但误作总第 23 期，以后便按此顺序沿袭下来，没有再更正。刊号为 CN-44（Q）第 0037 号。复刊时主任唐珍琰，总编辑谭仲川，栏目主要有《本县新闻》《简讯》《葵乡新貌》《归侨与侨眷》《交通消息》《新人新风赞》《服务台》《新会特产》《地方文物》《通讯特写》《葵荫逸话》《地方掌故》《冈州诗坛》等，刊

《新会侨刊》复刊号（1962.6）

名由中国著名书法家秦咢生[①]先生题写。曾获“广东省侨刊乡讯评比”二等奖。

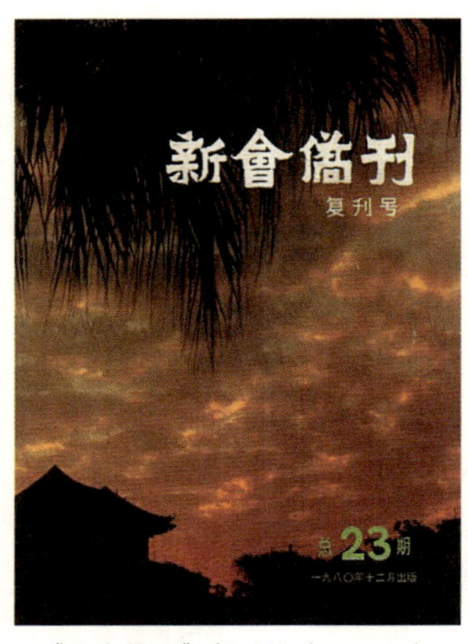

《新会侨刊》复刊号（1980.12）

新会是全国华人华侨人数最多的地区之一，全国著名侨乡。据统计，祖籍为新会的华人华侨逾 70 万人，足迹踏遍全世界，主要集中在中国港澳地区、东南亚各国、美国等地，与新会本土居民人口总数接近，因而有人戏称“海外也有一个新会”。新会侨胞对家乡的捐助极多，对新会的基础设施建设、文化环境建设和经济发展起到了非常重要的作用。例如，新会华侨中学由多位祖籍新会的香港实业家捐资建成；国家一级图书馆新会景堂图书馆由著名爱国华侨冯平山于 1925 年捐资建造，并由他的后人于 1986 年捐资扩建；香港华侨唐珍琰女士捐资建造了新会少年宫；联通会城与双水的重要交通要道的黄克兢大桥，由有“光学大王”之称的香港著名实业家黄克兢先生捐资建成；等等。

关于新会区的历史沿革，据新会区人民政府介绍：

据新会区会城街道都会村罗山咀贝丘遗址、古井镇长沙村象边山沙丘遗址的考古发现，今新会地，6000 多年前的新石器时代中期已有人类聚居，3000 年前的周朝时期已存在颇具规模的“古国”。

晋恭帝元熙二年（420 年），即南朝宋武帝永初元年，分南海、新宁两郡地立新会郡，郡治设在盆允县（今蓬江区杜阮镇一带），辖 6 个县。“新

① 秦咢生（1900—1990 年），广东惠州惠城区桥西姚屋巷人。原名寿南，字古循，初名岳生，嗣改译生，后以《说文》无谔字，更曰咢生，别号古循，号路亭。中国著名书法家、印学艺术家，中国书法家协会理事，广东省书法家协会主席，秦派书法创始人。历任广东文史馆副馆长、中国书法家协会广东分会主席。

会”之名自此始，沿用至今。

隋文帝开皇十年（590 年），撤新会郡，置封州，把盆允、宋元、新熙、永昌、始成、招集 6 个县合并为新会县，县治设在原盆允县，封州辖新会、义宁、封乐、封平 4 个县，州治设在封乐县。新会由郡名改为县名，自此始。开皇十一年（591 年），封州改名允州，州治设在原盆允县。开皇十三年（593 年），允州改称冈州。隋炀帝大业元年（605 年），撤冈州，把封乐县并入新会县。

唐高祖武德四年（621 年），复置冈州，恢复封乐、封平县，辖新会、义宁、封乐、封平 4 个县。唐太宗贞观十三年（639 年），撤冈州，把封乐县并入新会县、封平县并入义宁县，至此，原新会郡所辖 12 个县正式归并为新会、义宁 2 个县；同年复置冈州，辖新会、义宁县，州治改设在今会城街道，故历史上新会又有“冈州”的雅称，会城又名“冈城”。唐玄宗开元二十三年（735 年），撤冈州，新会县治改设在今会城街道。天宝元年（742 年），改置义宁郡。唐肃宗乾元元年（758 年），复置冈州，辖新会、义宁县。唐德宗贞元二十一年（805 年），撤冈州，新会、义宁县改属广州。

新会县，宋属广州。宋太祖开宝五年（972 年），义宁县并入新会县，这是新会县境最大时期，县境又恢复至新会郡境（辖 12 县）全部，也是隋、唐两朝的冈州全境。开宝六年（973 年），复置义宁县。宋高宗绍兴二十二年（1152 年），划新会县东部的古镇和东南濒海地区的乾务、黄梁及东莞、番禺、南海部分县地置香山县（今中山市）。宋帝昺祥兴元年（1278 年）六月，太傅张世杰奉宋少帝昺移驻新会崖山，建行宫，升广州为翔龙府，新会县当时属翔龙府。

新会县，元属广州路，明、清属广州府。民国二年（1913 年），属广阳绥靖处。民国三年（1914 年），属粤海道。民国九年（1920 年），属广东省中区委员公署。民国十四年（1925 年）起，先后属西江善后委员公署、督办委员公署、第四区绥靖公署。民国二十五年（1936年），属广东省第一区行政督察专员公署。民国三十八年（1949年）4月至9月，属第十区行政督察专员公署。

1949年10月底，新会解放，属粤中专区。1950年5月，将县辖江门镇及第二区所辖的紫莱、水南、白沙、石冲4个乡划并为粤中专区直辖江门镇。1951年1月，江门镇升格为省辖地级市。1952年5月，新会县属粤中行政区（粤中行署）。1952年12月，滘头乡划归江门市。1956年2月起，新会县先后属佛山专区、江门专区、肇庆专区，1963年6月起，属佛山专区（地区）。1983年6月，实行市管县体制，新会县属江门市。1992年10月8日，新会撤县设市，为省直辖县级市，由江门市代管。2002年6月22日，新会撤市设区，属江门市，区治会城镇。①

2002年9月，原属新会区管辖的棠下镇、荷塘镇、杜阮镇划归蓬江区管辖。同时，新会区也调整了自身的行政区划。崖南镇、崖西镇合并成为崖门镇，小岗镇并入双水镇，牛湾镇并入罗坑镇。2005年，会城镇改为街道办事处。新会现辖11个镇（街），总面积1354.71平方公里，户籍总人口765313人（2019年）。

新会是一座有着近1800年历史的广东历史文化名城，素有“东莞拳头新会笔”之美誉，是岭南学派和岭南琴派的发源地，有“海滨邹鲁”之称，是中国曲艺之乡、中国楹联文化之乡、广东摄影之乡。

新会是广东省第一个绿化达标县。早在20世纪50年代，新会县委县政府结合实际提出了“四变”，即“稻田变粮仓，河流变鱼塘，荒山变果林，农村变花园”。历经几代人的艰苦努力，1989年7月，被广东省委省政府批准为全省第一个绿化标准县。同年12月，国家林业部授予新会县为“全国平原绿化先进单位”。

① 新会区人民政府网：《新会简介》，2021年4月。

新会作为四邑地区一直以来的中心，综合实力雄厚，在2002年“第二届全国县域经济基本竞争力百强县（市）”评比中，居第34位；2018年列“全国综合实力百强区排行榜”（亦称“全国百强区”）第50位。

新会工业基础较强，是“中国五金不锈钢制品产业基地”“中国船舶拆解基地”“中国食品工业生产基地”“中国电能源产业基地”。美国柯达，日本松下、丸红、住友和爱普生，瑞士ABB等世界500强企业和香港宝源、李锦记，重庆力帆等大集团均在新会设厂，如今已形成五金不锈钢、化纤纺织、电力电器、钢铁、集装箱、造纸及纸制品、食品、摩托车八大优势工业产业。年超10亿元产值的企业有：新会中集集团公司、广东新会美达锦纶股份有限公司、维达纸业（广东）有限公司、新会双水拆船钢铁有限公司、新会日新不锈钢材料厂有限公司、新会江裕集团公司等。其中，维达纸业是全国最大的生活用纸生产企业，美达锦纶是全国最大的锦纶生产企业。同时拥有“维达纸业”“千色花”“彩艳及图”三个中国驰名商标和“李锦记”中国名牌产品。

新会农业基础较好，全年粮食种植面积43.42万亩。其中水稻种植面积36.40万亩，甘蔗种植面积8614亩，蔬菜种植面积10.84万亩，水果种植面积8.92万亩。成功举办了首届新会陈皮文化节，启动新会柑（陈皮）GAP产业园建设，2011年被中国药文化研究会命名为“中国陈皮之乡”和“中国陈皮道地药材产业之乡”。

新会的著名特产陈皮，全国闻名，被称为广东三宝“陈皮、老姜、禾秆草”之首，也是“十大广药”之一，由新会所产的大红柑的干果皮制成。由于它具有很高的药用价值，又是传统的香料和调味佳品，所以向来享有盛誉。新会陈皮味苦、辛，性温，有理气、健脾、燥湿、化痰功能。用于胸脘胀满、嗳气呕吐、食欲不振、咳嗽痰多等。新会陈皮味醇香，略甜带辛微辣，用它做原料或调味品烹饪的食品，不但甘香醇厚，齿颊留香，还可以除腥膻。

新会陈皮业已成为新会的一张城市名片。在2013年新会陈皮村建成后，新会陈皮进入了快速发展通道。陈皮村以“新会陈皮”为核心，致力打造产业、文化、餐饮、养生四大平台，集陈皮交易、特色餐饮、休闲养生、文化旅游于一体，成为中国首个大型特色农产品商业文化综合体。首届新会陈皮博览会于2013年召开。2015年，第三届中国·新会陈皮文化节在北京人民大会堂召开新闻发布会，在会上宣布京东集团将与新会人民政府合作，在新会区打造京东集团华南农村电商2.0首个示范点，全面促进新会陈皮与电商交融发展。

新会柑普茶是新会陈皮的衍生品，亦称新会陈皮普洱茶，采用正宗的新会陈旧陈皮和纯正云南普洱茶按（传统同创新）普洱茶制作工艺制作，茶叶清香甘爽，疏肝润肺、消积化滞、宜通五脏，维生素含量丰富，是润肺、健胃、降脂、解酒、解烟毒、美容、减肥的首选佳品。茶性温和甘醇，老少皆宜，特别适合中老年人养生常饮。

新会旅游资源十分丰富，自明朝以来，就曾评有“新会八景”。1988年4月，新会县人民政府重新命名了“新会八景”，亦即“新八景”。

“新八景”中的“小鸟天堂”原名“罗星凸”，位于新会区城南10公里的天马河中，占地面积18亩，远看极像一片浮动的绿舟，实际上是一棵独木成林的古榕，距今已有400多年的历史。关于“小鸟天堂”的由来，据传：

天马村在宋朝时才建村，到明朝景泰二年（1451年），因人口逐渐增多，运输和吃水均感不便，故在村前开挖了一条大河（即现在的天马河）。后来，因连年灾荒，人民困苦。一些迷信的人认为这条河不吉利，会使村里的人财流空。于是在景泰末年（1457年），由村民集资在河口处建了一座塔（在民国初年已倒塌了）。过两年，村民的景况未见有什么变化，村里的族长在一个风水先生的鼓吹下，说要在天马河中垒起一个“罗星凸”，挡住河水的直流，才能添丁生财。于是由大家出钱买了两只船，盛满泥土，凿沉于河中，再行填土，叠成一个土堆。“罗星凸”就这样形成了。

在叠泥的过程中，有一个农民把一条榕树枝插在土堆上，用来牵绑运泥小船，后来没有拔掉，于是这条榕树枝在这块肥沃的土堆中生根发叶长大，青翠异常。一些迷信的人说这是“仙树”“风水树”，倡议村民凡行船经过这里时，应投上一撮土。这样，天长日久，日积月累，土堆就不断扩大，加上河泥冲积，约经过20年，这个土堆的面积扩大到一亩多了。那株榕树也越长越茂盛，就成了鸟类优越的栖身之所。这时又有人说，树越茂，鸟越多，丁财就越旺。由于人们一方面喜爱这些鸟群，另一方面更希望它能给人们带来幸福，便相约对它们加以保护，在三公里的范围内不许射猎，让它们得以安居。从此，树越长越大，鸟越来越多，人们就称之为“鸟墩”。①

1933年春夏之交，著名作家巴金来新会，与朋友一起划艇到鸟墩游览。后来他写了一篇名为《鸟的天堂》的散文，发表在上海的《文学》季刊上，后又收入他的《旅途随笔》一书中。1982年6月29日，《羊城晚报》转登了此文，从此，人们就把此地叫作“小鸟天堂”了。

在“小鸟天堂”栖息的多数为白鹭和灰鹭。白鹭朝出晚归，灰鹭暮出晨归，一早一晚，相互交替，盘旋飞翔，嘎嘎而鸣，蔚为奇观。

著名剧作家田汉到此处游览后，作《游小鸟天堂》一诗：“三百年来榕一章，浓荫十亩鸟千双。并肩只许木棉树，立脚长倚天马江。新枝还比旧枝壮，白鹤能眠灰鹤床。历难经灾从不犯，人间毕竟有天堂。”

著名画家吴冠中曾以此为题材，作巨幅彩墨画《小鸟天堂》。1992年，英国大英博物馆打破只展出古代文物的惯例，首次为在世画家吴冠中举办“吴冠中——二十世纪的中国画家”展览，并收藏了吴冠中这幅巨作。

① 《江门风光》第23页：《小鸟天堂》，1985年。

新会画刊 / 新会画报

新會畫刊

（第1期）

1984年10月25日

万众欢腾庆国庆

《新会画刊》创刊号（1984.10）

《新会画刊》是新会区委、区政府领导下出版的侨刊，直属区委宣传部管理，创刊于1984年10月25日，于1992年5月28日发行至第89期时改名为《新会画报》，刊号为CN–44（Q）第0132号。创刊时为4开2版黑白印刷，后改为4开4版彩色印刷。纵观其创刊号，无创刊词，无社长、总编辑等类记录。创刊号刊名由江门著名书法家薛剑虹先生题写，改刊后的《新会画报》刊名则由新会籍旅港著名商人黄克兢①先生题写。

---

① 黄克兢（1906—1996年），原名祖雷。1906年生于香港，童年时曾居泰国，11岁返港，在圣士提反书院读中学。毕业后，从事树胶工业。历任香港宝源基业有限公司董事长、香港东华三院及保良局总理、中华厂商会会长，曾荣获英女皇颁授CBE勋衔，并获得香港大学荣誉法学博士学位。他投巨资兴办了宝源（新会）光学有限公司，对促进家乡经济发展起着重大作用。他在家乡捐建黄克兢大桥、新会一中黄克兢博士教育大楼、玉台寺部分殿宇，捐资建设五邑大学、新会中医院等，为家乡人所乐道。

《新会画刊》创刊号第一版刊登新会各界“热烈庆祝中华人民共和国成立三十五周年”图片和简单文字说明，第二版刊登新会县工会第十次代表大会开幕盛况；县科委、科协等单位邀请本县知识界人士250余人召开座谈会情况，以及新会县容志刚家庭引进港资办儿童玩具加工厂情况。栏目分类比较简单，只有后两项才作专题报道，栏目为《新闻侨报》《劳动致富》。

虽是画刊、画报，但历年所出版的《新会画刊》和《新会画报》，其报道内容多以政治、经济等新闻居多，风光图片则较少，这未免是一件憾事。因为自明朝以来，新会就评有“新会八景”，也叫旧八景：“古冈独松、象山秋月、黄云樵笛、紫水渔舟、江门晚渡、熊子归帆、崖门春浪、圭峰瀑布。”1988年4月19日，新会县人民政府重新命名了“新会八景”，亦即新八景：“圭峰叠翠、小鸟天堂、叱石松涛、公坑雀花、象山秋月、葵湖春晓、银洲塔影、崖门览胜。”这些景点，很多都值得大书特书的。

新會畫報
XINHUI PICTORIAL
改革開放創偉業
更名啓事

《新会画报》改刊号（1992.5）

比如，新旧八景中都有的“象山秋月”，其所指的象山现仍留有诸多古迹，记录着新会历史文化的传承与演绎。

象山，位于新会会城西北，因其形如蹲在地上的大象而得名。象山过去是会城居民每年中秋赏月的胜地，故有“象山秋月”的美称。据《新会县志》象山的记述：

隆兴观山越平田，复起为象山。

在县治西，形如蹲象。明万历初，筑外城，跨山腰。相传昔为石矾，名象山角，舟人视为险滩。今山麓居民浚井，犹见断缆、折樯之属。一名金牛山，昔有渔人见金牛带索出浮水面，惊遁入石。

山麓有金牛古庙，庙左数十步，有天后宫。旁有大井，居民仰汲于此，岁旱不竭。山石巉削，耸出环堵，上有张撝洗砚池。迤西为文昌宫，下瞰二三丈，累阶数十级，谓之百步梯，文人多结社于此。二月三日神诞，官为致祭，阖邑为文酒之会焉。山麓有象山禅院、白衣庵。

自山腰循城而西，有山坡一所。中秋夕，人聚于此望秋月，盖周遭皆村树，惟此缺处。东望数百里，直至大海，汪洋无际。申刻，月从海中吞吐而上，最称奇观。惟天极净时始见。

文昌宫东有黄淳定帆亭，今废。亭下有鸣山洞，又东有壮哉亭，今废。亭下为三广公祠。①

张撝，会城濠桥街人。自幼聪颖，师从新会古冈书院夫子、诗人罗蒙正，很受罗蒙正器重，但因患脚病，一心在家专心钻研学问，不愿从政。知县谢景旸仰其学问，常向他征询政事，并请他出来辅政，张撝以脚有病行走不便为由作拒。谢景旸无奈，但又不想白白浪费人才，便在象山山麓建造一间园林式学堂，请张撝在那里讲学，专心培育人才。谢景旸还为此学堂题“象山书院”四字，书轩题“养拙”二字，又在书院旁建一石池，名曰“洗砚池”。张撝深受感动，便专心在此讲学，自号“象山拙叟”。此后，前来求学的学子遍布四面八方，数以千计，皆尊称其为“象山先生”。那时的象山就是文人墨客常聚的地方，有碑文“明初张象山先生讲学兹山之麓”为证。古之新会，文化繁荣，号为“海滨邹鲁”，可见名不虚传。

民国八年（1919 年），冈州中学校长李淡愚倡议建“象山公园”，既为缅怀象山先生，又可供市民游览。这一倡议立即得到港商及邑人响应，慷慨捐资在象山修筑了秋月台、海月奇观亭、榕台、仰溪台、养拙亭、仰山

---

① 《新会县志》卷二：《舆地·山川》，1841 年。

亭、延月亭、半山亭、亦台等，山脚还建有“象山公园”石牌坊。这些亭台设施，记载了会城数百年历史文化，可供后辈仔细阅读，意义重大。当年旅港乡亲对象山公园建设的鼎力支持，更印证了新会侨乡文化之浓厚。

过去，人们谈到新会旧八景，不免要提到“黄云樵笛”。关于“黄云樵笛”的来历，《新会侨刊》这样说：

“黄云樵笛”故址，在会城北较场附近的黄云山上。据说，这里曾是古代的野生林。山下有唐代黄云古寺，山上有砍柴的城里贫民。这些贫民，每当林间休息，就吹起自制的芦笛。笛声凄厉，悲恻动人，“雅士”之流，跟它起个名堂，叫做“黄云樵笛”。明弘治进士李之世，还写了一首“深山不见人，隔林闻笛声，踏破黄云堆，樵子闲来往”的《黄云樵笛》诗。这种荒凉悲恻的境界，很受“高人雅士”的欣赏，把“黄云樵笛”列入新会八景，争相品趣。

到了康熙年间，山下黄云古寺，恶僧因强奸妇女，杀人灭尸，激起民愤，把寺门拆掉。咸丰以后，黄云山下的北较场，已改作刑场；四山林木，屡经破坏，亦已荡然无存。从此，“黄云樵笛”徒具虚名，只留下刑场附近的“万骨坟场”，依然在荒烟蔓草中伴着鸦啼日暮。①

中华人民共和国成立后，人们从1950年开始，便在黄云一带的群山重新种上了林木，山丘也辟作果园。1959年，新会县政府在黄云山上建立烈士纪念碑，对在中国共产党的领导下，在抗日战争和解放战争中，为中国人民解放事业做出牺牲的新会子民作永久纪念。

1924年，中共江会支部成立，领导工会、农会开展反帝反封建的斗争，并支援省港大罢工和北伐战争。1927年12月，中国工农红军广东中路纵队新会总队建立。为响应广州起义，总队战士和工农武装在会城北较场举行誓师大会，不料，国民党反动军队遣兵会城。新会革命武装坚决反

① 《新会侨刊》总第14期：《漫说黄云樵笛》，1964年11月。

击，此后，党组织转入地下活动，经历了极其残酷而艰苦的岁月。1936 年 10 月，重建中共新会县组织，恢复有领导的斗争。发动群众，开展统一战线，掀起抗日救亡运动，抗击日寇，保卫乡土，坚持到抗战胜利。解放战争时期，党领导新会人民进行反内战、反饥饿、反迫害的斗争。新会革命青年参加了新鹤人民游击总队。其后，新会人民武装组织组建中国人民解放军粤中纵队新会独立团，穷追国民党反动军队，全歼逃敌。1949 年 10 月 30 日，新会全境解放。

在长期的革命斗争中，许多同志坚忍不拔，英勇不屈，前仆后继，英勇就义，立下了不可磨灭的光辉业绩。

除上述两景外，新会旧八景中其余六景也堪称传奇。

“古冈独松”：新会旧人民医院前面有座小山，叫古冈山。古时山上有一棵大松树，阅历千年仍茂密非常，常有白鹤飞来栖息，故有“孤松千岁苍，仙人常下降”之说。

“紫水渔舟”：传说宋朝时，会城西边的沙堤河曾一时期出现过紫色河水，故称紫水。百十渔舟，出海捕鱼归来，夜泊堤边，渔舟晚唱，响穷紫水之滨。又传说，沙堤河水底有一块巨石，酷似鲤鱼，是鲤王。大群鲤鱼从老远赶来朝拜鲤王。河里多鲤鱼，每日都有数十渔舟在紫水桥下捕鱼。

“江门晚渡”：民国之前，江门一直属新会管辖。每当黄昏，蓬江河上的彩船画舫，云集长堤岸边。浓妆女子，轻叩阑桡，莺声唤渡。有诗曰：“江门风景好，好景在长堤。蛋女争招客，娇声起日西。”

“熊子归帆”：新会茶坑村背后的凤山之上有一座七层高的古塔，称熊子塔，又叫凌云塔。每当日落，登熊子塔远望，但见银洲湖上归帆点点，大有驾一叶扁舟，凌万顷茫茫之慨。

“崖门春浪”：崖门海口狭窄，下有“门限石”长一里余。每逢春天，风浪极大，一排排白浪涌向崖门，被“门限石”激起的浪花数丈高，声如巨雷，大有钱塘观潮之感，人称“崖海三春浪，钱塘八月潮”。

“圭峰瀑布”：圭峰山绿护屏有一条宽阔的溪涧，与圭峰、云峰的泉水汇合于峡谷，从一个缺口一泻而下，形成飞瀑百尺，注入龙潭，水花四溅，响声隆隆，十分壮观。有诗赞曰：“飞泉挂碧峰，欲起潭中龙；南方无重雪，疑是白云封。”

至于新八景，其中“小鸟天堂”在《新会侨刊》一文中已有介绍，“象山秋月”与旧八景共有，其余六景在这里就不多说了，还是让读者们亲自去体验一下吧。除此之外，新会还有周恩来总理视察新会纪念馆、梁启超故居等人文景观，都是缅怀先人、陶冶情操的好去处。

自古以来，旅游的兴起与繁荣，交通是前提和基础。2020 年 11 月 15 日，随着珠西综合交通枢纽江门站的开通，江门进入了一个交通旅游发展新时代。

据悉，江门站位于江门新会区，总投资约 40 亿元，总建筑面积 25.45 万平方米，其中站房 5.45 万平方米，规模 8 台 20 线，设计最高日旅客发送量达 7.15 万人次，汇聚了既有的江湛铁路、广珠城际、广珠铁路，以及在建的深江铁路、拟开工的珠肇铁路和规划中的深南高铁、广佛江珠城际等众多线路，成为名副其实的珠西交通枢纽。

沙堆侨刊

《沙堆侨刊》复刊号（1981.9）

《沙堆侨刊》是新会区沙堆镇侨联会主办的一份镇级侨刊，前身为《公安月刊》，创刊于1922年，1931年改名为《侨安月刊》，抗日战争爆发后停刊。抗战胜利后复刊，后又因故停刊。

1981年夏，全省侨刊工作会议在开平三埠召开。沙堆公社领导对复办侨刊工作高度重视，遂指派侨联会主席曾纪云负责此事。当时，廖龙业老师退休后，参与沙堆公社地名普查，熟悉地方掌故，便与同事曾景霖一起找曾纪云，提了不少好建议，推举德高望重的廖北和老先生为社长，曾文光老师为主编，建议将复办刊物定名为《沙堆侨刊》。为解决办刊经费问题，沙堆公社专此拨款600元。就这样，《沙堆侨刊》以民办公助的形式，在人、财、物等非常有限的情况下，于1981年9月正式复刊，刊号为CN-44（Q）第0041号。栏目主要有《乡闻》《文教卫生》《侨情》《侨史》《通讯与特写》《文艺》《地方掌故》《地方特产》《来鸿去雁》等。

《沙堆侨刊》复刊后，受到了广大港澳同胞以及海外侨胞的热烈欢迎。他们积极捐款捐物，使得《沙堆侨刊》的办刊经费一时充裕起来，更使得《沙堆侨刊》越办越好，并于1987年获得“广东省侨刊乡讯评比”二等奖。

除复办侨刊外，同年沙堆镇政府还特地把具有50多年历史的侨安会大楼修葺一新，用作归侨、侨眷的活动场所，以及接待港澳同胞和华侨之用。沙堆镇归侨侨属联合会也在此办公。另外，沙堆镇本来有一间华侨中学，为华侨捐款兴办，建于20世纪60年代，在发展侨乡文化教育，培养人才等方面起到了一定的作用，深得广大海外侨胞的信赖。但在20世纪80年代初期因客观原因改办为技工学校，华侨们对此颇有微词。旅美纽约侨胞赵家畅先生，曾在《沙堆侨刊》刊文呼吁恢复华侨中学校名，加强文化教育，增收侨属子弟，以利今后发展。后经提请上级有关部门，最终得到了批准。

沙堆镇位于新会区东南部，土壤肥沃，水源充足，是新会著名鱼米之乡，在历史发展的长河中，涌现了如高竹等众多名人俊士。

沙堆镇得名于宋末，顾名思义，该镇为新会三角洲泥沙堆积而成，属低沙田区。据考古发现，早在4000多年前，就有人类在沙堆镇群居。沙丘遗址在沙堆镇梅阁乡炮台山西侧，背靠鸡山与独松岭群山，面向虎跳门内河，距崖门口约4公里，面积约6000平方米，1983年3月被当时的新会县文物普查队发现。文物层在离地表30厘米处，厚100—125厘米。出土文物遗物有石器、陶器两种，石器当中有石奔、斧、凿、刀、网坠、穿孔石器、石杆、砺石等，陶器有灰砂陶与泥质陶釜、罐、瓮、器座等，纹饰有绳纹、云雷纹、网格纹、几何纹、叶脉纹等十余种。据考古分析，从采集到的石器造型以及陶器上纹饰推断，炮台山遗址是新石器时代晚期的沙丘遗址，所属年代相当于中原的春秋战国时期。据此可以证明，早在4000多年前的新石器时代，沙堆镇就有人类群居，除捕鱼外，还重视原始生产。

沙堆镇 1955 年属古井区，1958 年初分古井、崖东、沙梅、那岭 4 个乡，1958 年属古井公社，1961 年设沙堆公社，1984 年改区，1986 年建镇。现辖 17 个村（居）委会，总面积 97.88 平方公里，总人口 35623 人（2017 年）。

沙堆镇 1998 年年底被江门市定为农业现代化中心示范区，也是省的十大中心示范区之一。自此以后，沙堆农业在示范区的带动和辐射下持续发展。传统农业和水产养殖业也焕发出新的活力。近年来，该镇在继续发展荔枝（国家级绿色食品）和有机稻米等特色农产品的基础上，引进灵芝培植等新兴农业产业，逐渐形成效益农业和特色农业产业链，增强市场竞争力。此外，沙堆镇境内水网密集，是远近闻名的“广东省绿色水产养殖专业镇”，以“两虾”（南美白对虾与罗氏沼虾）养殖著称。同时，有太阳鱼、花斑鱼、黄颡鱼、海鲈、丁桂、长江吻、和顺、花豹、珠江鲫、河豚以及四大家鱼等。

沙堆镇的工业产业近年也得到了飞速发展。目前，以纺织制衣、建筑材料、拆船轧钢造船三大产业为支柱的工业格局日趋稳定，成为沙堆镇新的经济增长点。

古井侨刊

《古井侨刊》前身为《古井月报》，由古井圩镇及附近的文楼、霞路、慈溪等乡创办，创刊于 1955 年 7 月。

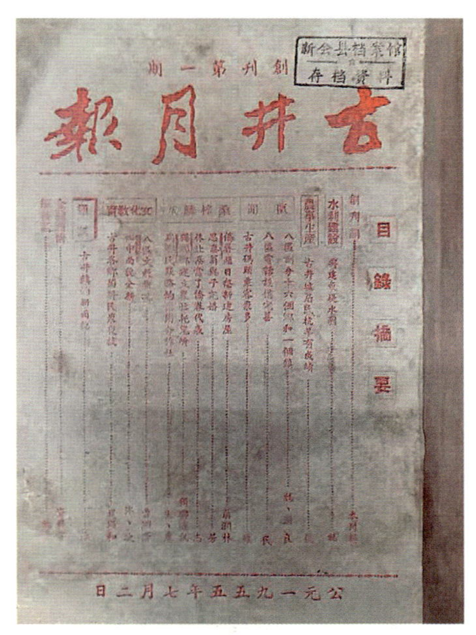

《古井月报》创刊号（1955.7）

民国时期，古井区属各乡曾出版过十多种侨刊，据《古井月报》介绍：

（古井区属各乡）出版月报的计有《文楼月报》《霞路月刊》《霞声月报》《侨安月刊》《梅阁月刊》《红棉季刊》《独洲月刊》《山头月刊》等等不下十数种，虽然名称各异，负责人各有其人，然而都在为侨胞沟通讯息的共同目标和旅外侨胞热情赞助下进行的。后虽因人事变迁：升学、就业、出国等，热心者各寻生路去了，因而各刊先后停顿，但数载以来同人等未敢惑忘，近更得到侨胞和家乡侨眷咨询和鼓励，同人等虽或为商业或教育界中人，亦不以业务繁忙毅然秉承侨胞所托，一本过去为侨胞服务之旨，由吴北辰等之发起，筹办《古井月报》以偿万一。①

时经十载，共出版了 8 期，后因故停刊。

1982 年 12 月，《古井月报》复刊，改由古井镇侨联会主办，并改名为《古井侨刊》，刊号为 CN–44（Q）第 0038 号。复刊时社长赵振益，主编林中强，栏目主要有《乡闻》《简讯》《侨情》《政策问答》《文教卫生》《地方掌故》《文艺》《学生园地》《邮电交通消息》等。曾获“广东省侨刊乡讯评比”二等奖。

改革开放之初，为做好海外侨胞的通联工作，古井镇政府在古井圩专门兴建了一座侨联大厦，于 1982 年 1 月 28 日落成。侨联大厦楼高四层，建筑面积 1200 平方米，内有 7 个客厅和 30 个房间、四楼有文娱小会场，顶楼有 2 个绿瓦亭台。整幢楼外观雄伟，极富岭南建筑特色。落成后，古井镇侨联会便迁至此楼办公。

《古井侨刊》复刊号（1982.12）

有了侨联大厦作为办公基地，大家便开始思考复办侨刊事宜，很快得到了新会县侨联会的支持。县侨联会组织相关人员到《新宁杂志》《广海通讯》《楼冈月刊》等刊社学习，回来后在山头文化康乐馆召开复刊筹备工作座谈会，邀请前《古井月报》编辑人士、退休老师和侨眷等十多人参加。大家一致认为当前正是复办侨刊的大好时机，

① 《古井月报》创刊号扉页：《创刊词》，1955 年 7 月。

绝不能辜负广大侨胞的期望。同时，推选《古井侨刊》社务委员和由他们组成的社务、编辑委员会，每所学校选派一名教师为通讯员，由各大队（现村委会）推荐一些旅外知名人士，由筹委会聘请为名誉社长或顾问，推动了《古井侨刊》复办工作的顺利开展。

新会区古井镇位于新会区东南部，银洲湖东面，距会城镇 29 公里。相传南宋祥兴年间（1278—1279 年）有中原臣民来此居住，因龟山脚下有一古井，井口如埕，形象怪异，因此而得名。至元十五年（1278 年）建古井圩；明、清时，古井属潮居都；民国时属第八区。1952 年设立“古井镇”——新会解放后第一个乡级镇。此时的“镇”为圩镇，古井圩镇属村级（旧称“乡级镇”），性质上属“集镇”，作为农村一方区域经济、文化和生活服务中心的“非建制镇”，为区政权所在地。1955 年 9 月，八区改称古井区，以区署驻地的圩镇名“古井”为区名。以后为公社名、镇名。1958 年初分为古井、崖东、沙梅、那岭 4 个乡，同年后为古井公社，1984 年改区，1986 年建镇，镇政府驻古井圩。现辖 16 个村（居）委会，总面积 112.32 平方公里，总人口 35230 人（2017 年），港澳台同胞、海外侨胞 5.8 万多人。

近年来，镇政府依托银洲湖优势、充分发挥岸线长、地质基础优良、土地资源丰富等有利条件，加快工业园载体建设，创新发展模式、加大招商引资和产业调整力度，促进全镇三大产业协调发展。特别是加大了对重化工业的引进力度，先后引入国内外大企业和大财团，形成了石化、建材、电子、制衣、造船等支柱产业，开发了临港工业园、银洲湖石化基地等工业园区。

古井镇与对岸的崖门镇是南宋覆灭的地方，即著名的厓山海战（又称崖山海战）发生地，因而古井有着崖门古炮台及新会国母殿等景点，这两个景点被整合为新会宋元崖门海战文化旅游区，是新会著名的旅游地。

提起古井，人们第一时间想到的非“古井烧鹅”莫属。因为古井烧鹅皮脆汁多，甜中带咸，价格相宜，是江门人的家常菜之一，也是江门人招待远方宾客的主菜之一。而讲古井烧鹅，还是撇不开南宋。据传，崖山之战结束后，一位在南宋宫廷里负责制作烧鹅的御厨，带着女儿逃亡到新会银洲湖西岸的仙洞村。御厨在仙洞村开了一间烧鹅店，凭着宫廷秘制烧鹅的高超手艺，把烧鹅烧得色香味俱全，很快便名扬远近。御厨的女儿长大后嫁到银洲湖东岸的古井镇，女儿也把父亲秘制烧鹅的手艺带到了古井，并世代相传。

古井烧鹅的制作有其独特之处，从选鹅到烧鹅都很讲究。鹅每年有两造，古井烧鹅常用的鹅种是每年春季清明和秋季重阳节前后一个半月的鹅苗，并且要在本地鱼塘里养至三四个月大，约重 7 斤。这种鹅叫“乌鬃鹅”，不受污染，肉质最好。烧鹅的时候先用节醋涂抹鹅身，待鹅身晾干后再采用传统的生抽王混合砂糖、盐、酒、蒜茸、五香粉和独门秘方等为酱料，塞入鹅肚内，用绳扎紧，并以麦芽糖涂抹鹅身后才挂入热炉内烧。烧的时候要注意火力均匀，并且一定要用荔枝木烧，这样烧出来的鹅吃起来会带有荔枝香味，让人有一种上瘾的感觉。

罗坑侨刊

《罗坑侨刊》为新会区罗坑镇侨联会主办的一份镇级侨刊，创刊于1987年12月，刊号为CN-44（Q）第0023号。创刊时社长林健森，主编张杜炎，栏目主要有《罗坑简介》《乡音》《文化教育》《侨情》《乡闻摘登》等。

《罗坑侨刊》创刊号（1987.12）

罗坑镇位于新会区西部，潭江中游南岸。1949年冬，县人民政府在罗坑乡设立第六区人民政府。1953年，将原属六区的七堡、冲那等乡划出与大泽等乡合并为第十三区。1954年，因第六区区政府设在罗坑，改称为罗坑区。1958年公社化，称罗坑人民公社。1961年划分为罗坑、牛湾、小冈三个公社。1977年，公社社址迁入陈冲墟直至现在。1984年分属罗坑区、牛湾区，称罗坑区公所；1987年1月撤区建镇；2001年12月，与牛湾镇合并成为新的罗坑镇。现辖17个村（居）委会，总面积122.9平方公里，总人口23025人（2017年）。

关于罗坑镇名称的由来，据《罗坑侨刊》介绍：

罗坑村距陈冲村南面1.3公里，相传明朝中期立村。村边靠近一个小圆山，山上常年青松挺立，形像竹箩，人称“罗山”。罗山脚下有一小坑，坑水终年潺潺。久而久之，人们称此村为“罗坑村”。[①]

罗坑镇是新会区教育强镇，在五邑地区颇有名气的陈瑞祺中学即坐落在罗坑镇陈冲墟。这所占地面积 8 万多平方米，建筑面积 1.8 万平方米，景色秀丽、设计新颖、环境幽雅、设备齐全的完全中学，于 1984 年 8 月落成，是旅港爱国乡亲陈瑞祺先生之哲嗣于 1983 年捐资近 2000 万港元改建的。1987 年 9 月 16 日，时任广东省省长叶选平到罗坑镇视察当地工农业的发展情况，并到陈瑞祺中学参观，写下“教书育人，繁荣乡国”题词。

在发展经济方面，罗坑镇实施工业强镇、产业强园、科技强企、质量强品的“四强”工程，做活特色经济。2005 年，罗坑镇被定为“广东省技术创新专业镇”，形成纺织服装、电力电器、红木与钢制品等几大支柱产业。此外，化工、食品、五金不锈钢、建材等也形成了一定的产业规模。

罗坑镇文化旅游资源丰富，同时拥有 3 座著名的寺庙：桂林寺、道北寺和云峰寺。在同一个镇上拥有 3 座寺，这在江门乃至省内都属罕见，因此吸引了不少游客到此游览。

在罗坑镇罗坑村仓庆村民小组有两座 400 多年历史的祠堂，目前，这两座老祠堂由于得到热心乡亲的捐资出力，得到了有效的保护。穿过罗坑仓庆村的牌坊，可见两座百年祠堂相邻坐落在主村道的一旁。左边的是光裕祠，右边的是报德祠。据介绍，两座祠堂始建于明万历四十四年（1616 年），距今已有 400 多年的历史。光裕祠牌匾上刻有道光庚戌重修的字样，报德祠牌匾上则刻有乾隆癸亥仲夏吉旦。这两座祠堂还与位于石咀村的省级文物保护单位——林氏家庙有着密切的关系，原来罗坑村是石咀林氏家族的一个分支。2018 年，罗坑村民自发组织了祠堂筹建小组，对两所祠堂进行了重修，让历史文物得到进一步的保护。祠堂修缮工程总费用 280 万元，其中罗坑籍澳门乡亲林国明伉俪捐资 100 万元。

① 《罗坑侨刊》创刊号第 6 页：《罗坑史记》，1987 年 12 月。

葵城乡音

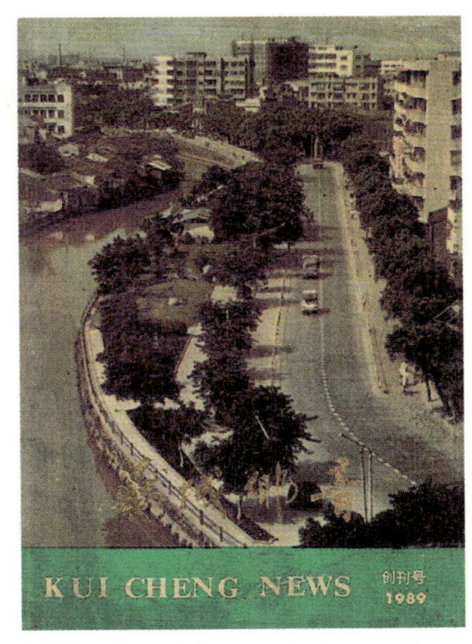

《葵城乡音》创刊号（1989.9）

《葵城乡音》是新会区会城街道办事处侨联会主办的一份镇级侨刊，创刊于1989年9月，刊号为CN-44（Q）第0111号。创刊时社长伍军红，主编谢维康，栏目主要有《专访》《风采录》《人物志》《讲古台》《话你知》《艺苑》《服务台》等；刊名由江门市著名书法家薛剑虹先生题写。曾获“广东省侨刊乡讯评比”三等奖。

会城是新会城的简称，新会区人民政府驻地。会城素以蒲葵著名，故又称“葵城”，《葵城乡音》因此得名。会城自古以来是新会政治、经济、文化、交通、通信、贸易的中心，现辖29个行政村、19个社区，户籍人口约28万人，常住人口约38万人。

会城的著名景点有圭峰山、小鸟天堂、新会学宫（孔庙）、梁启超故居等。特产有新会葵艺制品、冬虫草、新会陈皮等。会城是全国著名侨乡、全国卫生城市，先后被授予“江门市先进党委”“江门市明星镇”“广东省企业百强镇”“中国乡镇之星”等美誉。2017年12月17日，获评“2017中国最美村镇传承奖”。

新会葵艺品是中国著名的传统工艺品，以高超的造型艺术和精湛的编织技巧，融汇编织、绣花、绘画、印花等工艺于一炉，闻名世界。

据《新会县志》记载，1600年前的东晋时期，新会就已经开始种植葵树和进行葵艺加工；清代，新会葵扇除畅销全国各地外，还远销俄、英、美、法、古巴、哥伦比亚、秘鲁、智利等24个国家和地区；清末民初，新会葵扇销售量每年达1.2亿柄；1915年，新会竹篺葵扇获巴拿马博览会金奖。

葵艺品的制作过程是非常烦琐细致的。大致说来，从采葵到制成工艺品，要历经剪、晒、焙、削、漂染、合、编织、勾花或嵌花、印花、绣花等近20道工序。做成一件葵艺品，要经过十多个人手的劳动。

1949年以前，由于生产工艺落后，葵业受帮派封建势力的统治，因此，加工工艺较为保守，花式品种开发缓慢，产品较为单一。葵类全行业以生产葵扇为主，兼产葵骨、葵篷等几个品种的副产品。历经千年，仍停留在手工作坊的生产方式上。但在如此落后的生产条件下，新会葵工仍然依靠勤劳和智慧，创造出大量手工精美的葵制品。

中华人民共和国成立后，葵艺厂工艺人员进行了系统的研究和试制，除继承传统工艺品生产外，还不断创制出新产品。

1958年7月1日至7日，周恩来总理曾亲临新会深入调查研究和视察调研，在新会逗留了一周。其间，周恩来总理曾视察了新会葵艺厂，并亲切地给葵艺工作者扇扇子，留下了那句至今依然在新会流传广泛的“我不是来新会工作的，而是来这里学习的”的既亲切又谦虚的话。

1959年，中国科学院院长郭沫若到新会葵艺厂视察，并题写了“清凉世界，出自手中。精逾鬼斧，巧夺天工。飞遍寰宇，压倒西风。”的诗句，高度颂扬了新会葵艺厂的高超造扇艺术。

20世纪六七十年代，新会葵艺曾创造了“一步三元”的经济价值；1975年种植面积最高达3万亩，年产葵扇1亿柄左右，成为新会经济真正的支柱产业。

20 世纪 80 年代，新会葵艺制品共有 500 多个品种，大约可分葵扇（有牛心扇、鸡心扇、玻璃扇、火画扇、漂白绣花扇、竹篺画扇、胶花织扇等）、工艺品（包括葵花篮、葵通帽、葵藤席、葵藤枕席、葵藤垫席、汽车坐垫、葵画帘、葵地毡、葵床毡、葵骨碟等）和葵副产品（包括有葵爪尾、葵扎、葵骨、葵骨扫把、葵骨手扫、葵柄藤、葵篷、葵棕扫把、葵牛绳等）三类。

其中，火画扇是玻璃扇中的一种绘画技术要求较高的工艺品。据传，火画扇始创于清代同治末年。当时，诗书画风较盛，新会有位著名画师叫陈晚，他将诗画剪贴于玻璃扇上，但不牢固，一经受潮便会脱落。后来，他又用墨汁或颜料直接把诗画写在扇上，但也容易褪色。他又将写在扇面上的诗画用香火烙焦，以显示出诗画来。到清同治十三年（1874 年），他便开始使用铁笔在炉火里烧红，然后在扇面上烙诗画。到 1914 年前后，刘怡记扇寮加工火笔扇时，工艺又有所发展，方法是选用薄玻璃扇两柄，先将扇的脊骨和柄削去，然后合成一柄双面扇。这样，扇的两面均可用火笔作画。又把扇边用彩色丝绒缝制，逐步发展成为三脊和五脊火画扇。款色高雅，美观大方。扇柄也有多种多样的装饰，有用竹制的，而所使用的竹又有棕竹、佛肚竹、斑竹、篃竹之分；也有用象牙或藤条缠柄制的，并用胶片作夹，明角作钉。其中象牙火画扇装饰华丽、名贵，是欣赏和收藏的扇中精品，富豪之家多作互相馈赠礼物，扬名中外。

1988 年，新会葵艺制品厂厂长廖惠林出国参加巴黎法共节作现场葵艺表演。但随着时代的发展，新兴工业品逐渐取代传统葵制品，使葵制品的需求和销售日趋式微。

一直以来，新会区历届政府均希望利用葵艺走转型发展之路，使新会葵艺能延续发展下去。然而，因受市场经济和社会发展影响，这条路如今走得越来越艰难，葵树种植面积一年年减少，葵艺人才日渐稀缺，新会葵艺面临消失危机。但即使这样，新会区乃至江门市政府为使新会葵艺发扬光大，想尽办法，永不言弃。

1998 年 12 月，江苏省扬州市副市长蒋进调任江门市委副书记、市长，后改任江门市委书记、江门市人大常委会主任。他在任内，曾带领江门人民积极创建国家园林城市，在市区主要道路的两侧和众多公园内广植蒲葵，使蒲葵成了江门市区一道亮丽的风景线。

2002 年，新会区政府在风景秀丽的圭峰山国家森林公园东侧建成葵树博览园，把南坦葵林作为一个重要自然生态区。葵博园占地面积 130 多亩，设置内容丰富，共分葵艺历史专题片、葵工艺品展示、葵艺制作工序铜像、葵艺历史图片、葵艺加工现场表演、葵树功能展示、大面积的蒲葵林等七大专题，展现了新会葵艺的辉煌历史，蕴含着浓厚的爱国主义教育、乡土历史教育情怀，为新会经济振兴、社会主义现代化建设发挥了不可替代的作用。

2008 年 6 月 7 日，新会葵艺经国务院批准被列入第二批国家级非物质文化遗产名录。

2009 年，江门市开展市树评选工作，蒲葵高票当选。在江门市十三届人大常委会第二十次会议上，将蒲葵树确定为江门市市树，并要求采取必要措施，对蒲葵进行保护。

在会城西，有一个著名的葵湖公园，总面积达 150 亩。其中有 100 亩水面，湖中有几个像小岛一样的葵林，建有凉亭、拱桥、曲径和茶馆。湖面碧波平静，倒映着凉亭、拱桥、茶馆和翠绿葵林，特别是东方初晓，曙光在葵的羽翎上跳跃时，葵乡情味甚浓，展现在人们眼前的是一幅优美的葵乡风光图。

在江门，用蒲葵命名和装点的场所还有江门五邑蒲葵高尔夫球场。设计师利用该球场起伏不平的地势，广植蒲葵。或依山，或环湖，或藏在山谷中，使高尔夫球场掩映在碧翠欲滴、树形别致的蒲葵周围，美不胜收。

三江侨刊

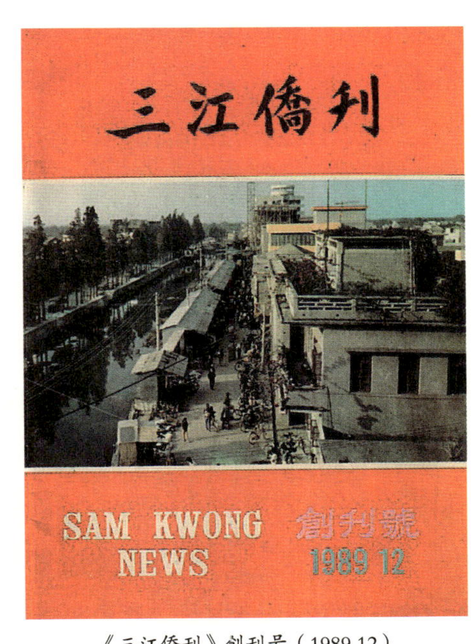

《三江侨刊》创刊号（1989.12）

《三江侨刊》是新会区三江镇侨联会主办的一份镇级侨刊。创刊于1989年12月，刊号为CN-44（Q）第0117号。创刊时社长陈崖好，主编吴浩玉，栏目主要有《三江概况》《乡音报道》《侨务剪辑》《文教卫生动态》《地方掌故》《乡邑名人轶事》《诗书画廊》等。曾获“广东省侨刊乡讯评比”表扬奖。

三江镇位于新会区东北部，东与睦洲镇、南与古井镇相接，西南濒临银洲湖，西与双水镇、会城街道相邻，北接江海区。1952年属第一区，1955年为三江区，1958年成立三江公社，1984年复称三江区，1986年撤区建三江镇，镇政府驻三江墟。现辖13个村（居）委会，总面积82.4平方公里，总人口50060人（2017年），港澳台同胞、海外侨胞1.6万人。

关于三江镇名称的由来，据《三江侨刊》介绍：

三江北边有大洞江，西边有潭江，东边有虎坑江，三条江汇入银洲湖，因此得名。明代属寿宁乡、潮居都。[①]

三江镇农业生产以水稻、塘鱼为主，兼种柑、桔、橙、甘蔗、荔枝、蔬菜等经济作物，盛产粮、鱼、糖、果，是新会鱼米之乡。

三江镇由于位于新会银洲湖畔，风景秀丽，素有“三江八景”，一时被传为佳话，至今还有迹可寻。八景分别为：

“湖荡明珠”：从三江墟往南行二公里，即到银洲湖畔。远眺湖面，阳光映照着湖心小岛，犹如宝石浮水，熠熠生辉，自古有“水浮灯盏”之称。小岛面积十顷，土地肥沃，盛产柑橘橙，岛上屋宇整齐，民众安居乐业。

“蛇山挂月”：蛇山坐落在三江墟中心，山上绿树成荫，峰峦起伏，计有六峰。沿山迂回而上，远望银湖，船只点点；俯瞰三江，阡陌纵横；田园尽绿，美景如画。每当皎月东升，掩映山林间，如挂树梢，令人心旷神怡，流连忘返。

“平海古榕”：交祖围长堤，200多年前是个小海湾，滩阔水平如镜，故有“平海湾”之称。后经漫长岁月，沧海桑田，而成宅地。一河两岸种上榕树护堤，形成了榕荫大道。树高遒劲，终年常绿，须似垂帘，大有南国风光特色，珠江制片厂曾到此拍摄外景，不少画家专程来此采风。

“骑咀侨园”：骑咀过去曾建有一小公园，由于多年失修，只留下一片荒地。1985年，当时旅美华侨赵炳焜先生捐款重修骑咀侨园，建凉亭、栽花木，增加设施，还在园内石壁上刻有“石印我心”四个大字，使骑咀侨园焕发了新的生机。

“蜜梨飘雪”：官田沙梨是三江的土特产，历史悠久，其特点是皮薄、味甜、肉脆、核小，是驰名中外的岭南佳果。每年初春季节，梨园繁花盛

---

① 《三江侨刊》创刊号第11页：《三江镇概况》，1989年12月。

开，一片洁白无瑕，犹有“身在江南似江北，满树梨花感游人”的景致。

“塔影飞虹”：深吕大桥坐落在著名的“凌云塔”下，旧大洞渡口附近。站高远看，滔滔河水汇入银湖。屋咀河上东西一桥飞架，塔影倒映河面，增添不少别致色彩，故有“塔影飞虹”之称。

“云雨金钟”：金钟山下原是三江祖先较早居住的地方，已有 600 多年的历史。那里地势高，中间凸起一座山峰，犹如金钟坐地，故此得名。金钟山下现崛起的幢幢新式楼宇和三江中学，矗立在郁郁葱葱的树木丛中。每逢朦胧的晨雾雨天，云绕山轮，迷离缥缈，宛如一幅淋漓尽致的水墨山水画。

“水乡抒情”：九子沙属大沙田地区，河涌纵横交错。一桥飞架南北，凝视着水乡特有的风貌。近看曲水细流，鱼群争游；远看阡陌交通，船只穿梭，好一派南国田园诗画般的景象。

在三江，还有一个值得大家一游的思仁公园。思仁公园坐落于三江墟中心的蛇山之上。从山下往上跨过园门牌坊，便看到左侧山岩上，一株盘根错节的古榕参天耸立，树高 10 多米，主干苍劲粗壮，数人才能合抱；树上虬枝盘曲，绿叶浓密如盖。据树旁一块小碑介绍，三江明代先祖赵思仁曾拜大儒陈白沙为师，一天，师徒偕游于此，陈白沙见此地风景秀丽，赞叹不已，遂亲手种下这棵榕树。拾级而上，登上第一个平台，便见右边有双层六角形凉亭——“炎堂亭”，此亭始建于 1934 年，是恒美坊赵安怀堂子孙捐资建造的。再上一级平台，便见绿树掩映之中，一座双层建筑物巍然矗立，它便是“思仁纪念堂”。这是一座两层楼房，造型极具西洋风格。在首层大厅，迎面正中的一块黑色大理石上，刻着思仁握卷凝神的肖像；画像右侧的一块碑文，缅怀先祖遗风，讴歌三江钟灵毓秀的山水和深厚的文化渊源。

赵思仁是新会区三江镇恒美村人。原名善仁，号崖山，陈白沙曾为其更名为寿卿，是宋商王十七世孙，亦即入广后之九世祖。赵思仁自幼敏而好学，性格豁达，胸怀大志。及长，拜陈白沙为师。陈白沙常对友称其乐善好施、重义疏财，为当世所罕见。明孝宗弘治四年，布政使司刘大夏与陈白沙游崖门三忠祠，顿萌感触，乃倡议建杨太后庙于三忠祠侧。赵思仁甚感庆幸，即向其请具上木，刘大夏许之，并上疏奏准朝廷。赵思仁乃奉旨建庙，取名慈元庙，后奉敕改名全节庙。孝宗闻其贤，欲召而见之。但当时赵思仁尚未获取功名。以白丁之身，碍难觐见。事为孝宗所闻，乃封以冠带义士，并赐以紫袍。赵思仁大喜，欣然入朝拜谢。赵思仁死后，葬于三江李家洞。及至 1931 年，后代子孙仰慕赵思仁贤德，且德为宿儒硕士，名高望重，乃倡议建公园于蛇山。

只可惜，在明代由陈白沙倡议，赵思仁筹建的慈元庙于 1943 年已被日寇夷为平地，毁于一旦。现在见到的慈元庙，为 1959 年在原址所重建。

大泽侨刊

《大泽侨刊》为新会区大泽镇侨联会主办的一份镇级侨刊，创刊于2003年8月。创刊时社长伍炎培，主编袁朝护，栏目主要有《名人风采》《赤子情怀》《历史回眸》《人物春秋》《桑梓风流》《乡镇短波》《乡土风情》《艺苑繁花》等；刊名由新会旅港著名商人吕志和[①]先生题写。

《大泽侨刊》创刊号（2003.8）

改革开放之初，大泽镇政府为了做好海外华侨接待工作，特地在镇政府大院建设了一间侨联大厦。1980年2月动工，1981年春竣工并投入使用。大厦三层，框架结构，

① 吕志和（1929—），祖籍新会大泽镇吕村，早年居香港。曾荣获香港MBE太平绅士，侨港新会商会永远名誉会长、第九届全国政协委员、江门市第九届政协委员、江门五邑海外交流协会和江门世界五邑乡亲联谊会名誉会长、江门市教育促进会名誉会长、五邑大学教育基金会有限公司董事会副主席、上海复旦大学校董。2001年荣获加拿大维多利亚大学荣誉法学博士。2002年被香港中文大学和香港大学分别授予“荣誉社会科学博士”“名誉大学院士”。2005年获香港特区政府金紫荆星章，2012年获颁大紫荆勋章，2017年获北京大学杰出教育贡献奖。2018年获聘北京大学名誉校董。现任香港嘉华国际集团有限公司主席、嘉华地产（集团）有限公司主席、香港酒店业主联会主席、东尖沙咀地产发展商联会主席等职。2019年福布斯全球亿万富豪榜排名第82位。2020年以154亿美元财富名列福布斯香港富豪榜第5位。

建筑面积720平方米，建设时主要用于接待华侨之用。当时首层设办公室2间，会客厅1间，二层和三层各有客房4间，设床位共22张。该大厦由大泽镇4位旅港同胞捐资27万元兴建。其中余荫棠罗堰坤伉俪捐资15万元，林岳先生捐资6万元，曾玉仁先生捐资6万元。

大泽镇东邻新会城区，南临潭江下游，西与司前镇毗邻，北与鹤山市共和镇相接，得名于南宋景炎年间（1276—1277年），当时此地多沼泽，故名大泽。1952年为第十二区，1955年设大泽区，1958年改为大泽、沙冲、七堡3个乡，同年大泽乡改公社，1984年改大泽区，1986年建镇，镇政府驻大泽圩。现辖15个村（居）委会，总面积81.76平方公里，总人口49124人（2017年），港澳台同胞、海外华侨3万多人。

大泽镇是中国木材与古典家具专业镇、广东省卫生镇、广东省教育强镇、江门市文明镇、江门市宜居城镇、江门市龙舟之乡，是新会区唯一的红色革命根据地。

在大泽镇田金村的村头建有一个“田金革命烈士纪念碑”，在诉说着田金人民可歌可泣的抗战故事。1941年，日军进犯田金村，田金人民在田金村学堂山奋起反击，战斗异常激烈，从傍晚持续到翌日中午。战斗中，田金抗日游击队顽强抗击敌人，当弹药用尽后，战士们用刺刀与日寇血肉相搏。但由于寡不敌众，学堂山阵地全面告失。1949年以后，党和政府为表彰先烈，曾立亭纪念。1978年，新会县革命委员会重建纪念碑，碑座上刻录着革命烈士的英名。2018年，田金村为发展红色旅游，又重修田金革命烈士纪念碑，绿化、美化纪念碑公园，扩建纪念馆和纪念长廊，展示田金村的革命历史故事，把田金村美丽乡村、红色旅游、爱国主义教育结合起来，让红色精神传承下去。

在大泽镇五和村委有条小村叫竹园里，因其名为孙中山先生所改和手书而驰名。据《大泽侨刊》介绍：

“竹园里”，原名“崩口村”，现名为孙中山先生所改。缘起于辛亥革命前，该村华侨陈永惠在美国听过孙中山先生的革命演说后，大为钦美，极欲结交，经朋友介绍得以结识孙中山先生，并加入中国同盟会，追随孙中山先生从事革命活动。在美国，他积极捐款支持革命，与孙中山先生过从甚密，友谊日深。有一段时间，孙中山先生就居住在陈永惠工作的菜园里。回国后，陈永惠先生在广州为黄花岗起义，为辛亥革命不辞劳苦、不畏艰险，做了大量工作。

辛亥革命后，陈永惠先生在1921年11月就任新会县县长，成为新会首任民选县长。他勤政躬亲，为家乡建树良多。

孙中山先生从往日交谈中得知陈的家乡三面环竹，而村名却欠雅，遂将“崩口村”更名为“竹园里”，并亲书“竹园里”三字赠与陈永惠。

陈永惠将孙中山先生之题名刻于石匾，并恭镶在村口的牌楼上，以示荣耀和共勉。①

① 《大泽侨刊》创刊号第13页：《孙中山亲书“竹园里”三字》，2003年8月。

文楼乡音

《文楼乡音》创刊号（1985.1）

《文楼乡音》原名《文楼月刊》，创刊于1918年，是原新会区古井镇文楼学校创办的校刊，后发展成为文楼村委会附属乡刊，是新会区最早创办的侨刊之一，抗日战争时期停刊。1985年1月复刊时改为现名。

按理，《文楼乡音》复刊时首发的第一册应为复刊第一期，但其在复刊时，将《文楼乡音》定性为“季刊”，自认为没有达到“月刊”的要求，故以创刊号首发，刊号为CN–44（Q）第0039号。创刊时社长吴守业，主编吴庭光、吴树生、吴庭芳、吴步高，栏目主要有《乡闻》《文化教育》《启事》《转载》《简讯》《区闻》《地方掌故》《新苗》等。曾获“广东省侨刊乡讯评比”一等奖。

文楼村委会地处古井镇中心，东距古井圩0.8公里，土地面积14平方公里，全村1100多户，人口4000余人，耕地面积约3000亩。农业以种植、养殖为主，有水稻、甘蔗、荔枝、柑、莲藕等项目，是古井镇养猪重点基地。

文楼学校创办于清光绪三十年（1904年），前身是文楼学堂。民国三年（1914年），吴步蟾等人发起创办了文楼高等小学，废除私塾教学形式，倡导新学。初以林隐祖祠为校舍，当时经费拮据，教学设备及学生课桌、椅凳，都是学生自筹。民国八年（1919年），文楼高等小学发展为完全小学，学生人数逐渐增多，借太祖祠即现在的吴氏宗祠后座为教室，改名为崇让学校。同年，在西溪祠创办贫儿学校，免收书杂费。抗日战争爆发及古井沦陷后，崇让学校坚持开课。民国三十五年（1946年），崇让学校与古井学校（即新会四中前身）合并到崇让学校，改名为文洲中心国民学校，1950年改名为文楼村小学。1954年，定名为文楼小学。1968年，文楼小学开始附设初中班；1976年，被新会县教育局定为重点学校。1981年，中小学分家，成立文楼初级中学。2004年12月，经新会区教育局批准，文楼小学与文楼初级中学合并为九年一贯制学校，定名为文楼学校。

屹立在古井镇文楼村文楼学校内的文炳阁，建于清光绪二十六年（1900年），阁高28米，七层八角，砖石构造，每层均有飞檐，内设螺旋式楼梯直通顶层。文炳阁原是吴氏宗祠的一部分，因其建筑布局呈虎状，而阁塔像竖起的老虎尾巴，故此也叫做“文笔”，祈望历代出文人，文化昌盛。文炳阁现为新会遗存晚清建筑规模最大、保存最完整的阁塔，1979年曾遭雷击，以致部分毁坏。1985年，港澳同胞、海外华侨捐资重修，现是新会区重点文物保护单位。

多年来，文楼学校不负众望，文炳阁不负盛名，在社会各界的热心支持下，涌现出以吴冷西为代表等不少文彦俊杰。

霞路侨讯

《霞路侨讯》是新会区古井镇霞路村委会主办的一份乡族刊。据《霞路侨讯》1987 年 6 月试刊号内文《编者的话》介绍："从本期起，《霞路校讯》将易名为《霞路侨讯》。"① 这句话是说，《霞路侨讯》由《霞路校讯》改刊而来。但据《古井月报》1955 年 7 月创刊号的《创刊词》介绍："十

《霞路侨讯》试刊号（1987.6）

《霞路侨讯》复刊号（1988.3）

① 《霞路侨讯》试刊号扉页：《编者的话》，1987 年 6 月。

年前（古井镇）各乡出版月报的计有《文楼月报》《霞路月刊》《霞声月报》……不下十多数种。”[①]那么，这个新办的《霞路侨讯》，同民国时期创办的《霞路月刊》《霞声月报》是否存有个中关系呢？这个疑问，在《江门文史》第 23 期内文《建国后的新会侨刊》中作出了回答：

《霞路侨讯》原名《霞山月刊》，创办人赵瑞波。1930 年创刊，不久后改为《霞路月刊》，由赵振益主编，抗战时停刊，胜利后又一度复刊。1988 年再度复刊，易名为《霞路侨讯》，由赵华关、赵文聘任主编辑，季刊，32 开本。[②]

但这个回答，又牵出了另外一个刊物:《霞山月刊》。那么，这个《霞山月刊》同《古井月报》创刊号所说的《霞声月报》又是否有内在联系呢？因为在新会，“山”与“声”近音，“刊”与“报”很容易混淆，故笔者认为,《霞山月刊》与《霞声月报》实为同一刊物，不知是哪位当事者搞错罢了。

根据以上综合分析，其来龙去脉应为:《霞路侨讯》原名为《霞山月刊》或《霞声月报》，创刊于 1930 年，不久后改为《霞路月刊》，后因故停刊。在 1987 年 6 月试刊时，霞路学校刚好办有《霞路校讯》。办刊人把《霞路校讯》改刊为《霞路侨讯》，但当事者把《霞路侨讯》的前世给忽略了。

《霞路侨讯》试刊成功后，于 1988 年 3 月正式复刊，刊号为 CN–44（Q）第 0040 号。复刊时社长赵振益，主编赵华关，栏目主要有《区闻》《乡闻》《特写》《宗亲往来》《文艺园地》《诗坛》《侨生园地》《伤逝录》《校讯》《海外来鸿》等。曾获“广东省侨刊乡讯评比”三等奖。

霞路村委会位于古井镇圩东北约 1.7 公里处，分上联、下联、仕路、

---

① 《古井月报》创刊号扉页：《创刊词》，1955 年 7 月。

② 《江门文史》第 23 期第 41 页：《建国后的新会侨刊》，1991 年 10 月。

田寮、五福5条自然村，面积近10平方公里，人口约4600人，港澳台同胞、海外华侨近7000人，90%以上的居民都赵姓，是宋太宗皇帝的后裔，因此，霞路村委会一带的自然村又称为“皇族村”。

据霞路族谱记载，霞路距今已有600多年历史。南宋咸淳七年（1271年），蒙古人入侵中原，建立了元朝帝国。宋朝宗室由于弱势无能，被元军追杀，从福建逃至新会厓山。当时，跟随端宗皇帝赵昰来到新会的有宋太宗赵匡义的第十一世孙、上柱国大夫赵逊崖等大臣。元朝至元十四年（1278年），端宗死后，赵逊崖联合陆秀夫、张世杰等人策立端宗之弟赵昺为帝（时年9岁）。至元十五年（1279年），丞相陆秀夫和张世杰率领宋军在崖山与元军交战失败后，陆秀夫背着宋帝赵昺在崖门投海殉国，后赵逊崖也投海殉国。赵逊崖死前因惧怕元兵诛杀儿子良钤（6岁）、良骢（4岁），遂把儿子托给琼州太守林玄辅抚养。

直到清代，由于人口越来越多，经过鸦片战争，加上战乱饥饿和美国发现金矿等原因，这些皇室后裔不少人漂洋过海去到世界各地谋生，但他们不忘“根”在霞路，赚了钱便返回故里，于清光绪三十二年（1906年）在霞路北边建立了一个华侨新村，取名为五福里，祈望“五星拱照，福荫村民”。

走进霞路村委会五福里华侨新村，在村口有一个很气派的牌楼，上书“五福聚奎福泽百世”。再往前走，就看到一个用红山泥建造的旧牌楼，透过这个古牌楼，依稀可以看出当年霞路乡的繁华热闹景象。村内房屋纵横笔直，风格统一，每六间房屋为一厢，每厢以一横街间隔，总共约有360间。房屋在规划时特别注重防范措施，每间房屋都建有1米多高的“墙头仔”，“墙头仔”开有“口”字形的洞，外小内大，用来架设火药枪，以防外来强盗；村中还挖有一个水塘，以供消防用；村的东北面建有炮楼，用来观察敌情。

在霞路村委会，原有一所霞路初级中学，其前身为霞路小学，是新会创办最早的学校之一。该校开始办学时曾利用一祠堂作为校舍，该祠堂叫耿光堂，又叫宋宗室亲臣赵公祠，距今已有360多年历史。赵公祠的建筑艺术彰显皇族风范，令人叹为观止。古祠堂向北偏西，属清初建筑风格，五岳山墙，四进三天井（现保留三进二天井），大门门楣上用花岗石门匾阴刻“宋宗室亲臣赵公祠”八个大字，据说是用葵尾写就。大门两边的墙壁上还绘有七幅色彩斑斓的瓷彩壁画，祠内采用传统的抬梁与穿斗相结合的木构架，最具特色的是祠内第一进和第二进，采用斗拱系板承托屋面重量，斗拱由雕刻精美的驼峰承托，系板镀雕成飞龙祥色，再架于梁上，每组斗拱曲线优美，造型丰富，充分体现了传统建筑木构架的结构与造型紧密结合的艺术特点。史迹及古建筑学家称赞其木雕工艺精湛，是十分珍贵的传统岭南建筑艺术瑰宝。早在20世纪90年代，已被列为新会县级重点文物保护单位。

2002年年初，耿光堂因年久失修被列为危房。2004年，为保护古建筑文物，弘扬“皇族村”文化，经霞路村委会及旅美乡亲赵尚贤先生、香港乡亲赵宝莲女士等大力倡议，海内外乡亲积极响应，共筹得款项100多万元，对耿光堂进行了全面修缮。如今的耿光堂占地面积3160平方米，建筑面积达1576平方米。2011年，霞路学校并入新会第四中学，耿光堂作为建筑文物进行独立保留，以供后人瞻仰。

三村乡音

《三村乡音》是新会区崖门镇三村乡创办的一份乡刊。据《江门文史》第23期介绍:“《三村乡音》前身是《三村月刊》，创刊于1948年，1950年停刊。至1988年2月易名为《三村乡音》出版，因易名出版，不称复刊号，称创刊号，以符实际。”①

《三村乡音》创刊号（1988.2）

《三村乡音》创刊后，刊号为CN-44（Q）第0094号。创刊时社长李树芬，主编李余就，栏目主要有《报道》《新闻》《地方掌故》《文艺》等。是新会崖门镇三村地区人民自办的一份乡刊。曾获“广东省侨刊乡讯评比”三等奖。

新会“三村”东临银洲湖、西傍古兜山。“三村”这个行政区域并非指三条自然村，而是指甜水村、月堂村、东日村与草网村四条自然村。这与它的繁衍有关。

---

① 《江门文史》第23期第41页:《建国后的新会侨刊》，1991年10月。

据传，先李太祖从台山县独岗村，与甄太公和黄太公结伴前来，在新会崖门之西（即崖西）甜水坑畔中和社（即现月堂之一隅）处定居。其时甜水坑两岸虽早有毛、林、刘、陈、邓、叶、肖、石等姓散居其间，但李、甄、黄三姓来后，所建的房屋较大，在当地有一定的影响，时人就把他们居住的地方尊称为三家村，此乃“三村”得名之由来。关于“三村”后来的变迁，据《三村乡音》介绍：

解放前，三村乡是由东明日新到龙江里为止。解放后，50年6月，由七区（当时区府在泷水）指令三村成立乡政权，当时三村乡是大乡，包括苹冈的青龙里、奕子里、谷坑、塘边里，三村的东明里、日新里、月堂里、南兴里、花园里、岗咀里、学门里、芳园里、忠心里、荡坦里、细坑里、松安里、松山里、龙江里、蓝屋村、苍山，崖南的交贝石、梁屋、黄屋、田边、古兜。

52年三村乡将崖南分了出去，另成立崖南乡。三村乡各里叫做组：第一组苍山、蓝屋、龙江；第二组松山、松安；第三组荡濠（细坑荡坦合称）；第四组芳园；第五组忠心；第六组学门；第七组岗咀；第八组花园；第九组南兴；第十组月堂；第十一组东明；第十二组日新；第十三组苹冈青龙、奕子；第十四组苹冈谷坑、塘边。

57年将崖西区分成两个大乡：即洞南乡和崖西乡。洞南乡包括横水小乡（长岗、坑头、横水）、南田小乡（南昌、南合、田寮、洞南、洞北）、坑背小乡（坑口、水背、沙路），崖西乡包括三村、礼义（即黄冲）、双京（京梅、京背）。

58年人民公社化，成立崖西人民公社，三村分为四个大队：甜水大队、东日大队、月堂大队、苹冈大队。东日下包六个小队（生产队）；苹冈下也是有四个小队；月堂包有四个小队；甜水包有十三个小队。这段体制时间较长。

84年崖西成立区公所，原三村分为两个大乡：即明苹乡和甜水乡。明苹乡包括月堂、东日、苹冈；甜水乡由花园里至龙江里、蓝屋、苍山。下边各里则称为村。如忠心村、龙江村。

87年将区改为镇，即称崖西镇。将原三村乡分村：分为苹冈村、东日村、月堂村、甜水村。原称队改称为居民小组。如花园里称为花园居民小组。龙江里叫龙江居民小组。[①]

后来，崖西镇与崖南镇合并，统称崖门镇，“三村”转由崖门镇管辖。

在江门，讲“三村”乡可能很多人都不认识，但一讲到“甜水村”就家喻户晓了。虽然甜水村只属三村乡内一条自然村，但因为甜水村盛产萝卜，而这种萝卜表皮光滑，肉质雪白，清甜无渣，简称甜水萝卜，一直以来，以其优良的品质扬名珠三角以及港澳地区。2004年，新会区为甜水萝卜注册了“甜水”商标。同年，它还获得国家“无公害农产品”证书。年年每到初冬萝卜上市季节，这里一带的茶楼酒馆和居民都要抢着购买这种萝卜，先品尝为快。

本来，在“三村”乡内原有一座旧石桥，名为“广济桥”，在本地有一定的名气，但只因年久失修，逐步向上游倾斜，已于1984年间拆除重建，变为一座水泥桥了。现在，交通虽然大大方便了，但也失去了“小桥流水”般的家乡味，未免是一大遗憾。

---

① 《三村乡音》创刊号第3页：《三村近貌》，1988年2月。

独联侨刊

《独联侨刊》的前身为《独洲月刊》，是新会区沙堆镇独联村委会主办的一份乡刊，由老归侨林焕英等于1927年创办，1937年因抗战而停刊。抗战胜利后又复刊，由林泽庭在澳门负责经费。新中国成立后，林泽庭继续支持复刊，林达天任主编，但仅出版了3期后又宣告停刊。1988年4月，旅美乡亲林华万父子、林国富昆仲捐资筹备复刊，因独洲与八村合并为“独联”，故改名为《独联侨刊》，并于同年9月复刊，刊号为CN-44（Q）第0104号。复刊时社长林国恩，主编林达天，栏目主要有《乡音》《侨胞心声》《通讯与特写》《政策与法令》《港澳春秋》《海外侨情》《来鸿去雁》等。曾获“广东省侨刊乡讯评比”二等奖。

《独联侨刊》复刊号（1988.9）

独联村委会位于新会区东南部，土地总面积8.03平方公里，原是珠江三角洲西江中下游中的一个小岛，从正式立村起至今已有600多年历史。关于其历史沿革，据《侨乡独联》介绍：

宋末元初期间（1278—1295年），林姓先祖由福建莆田迁入江门麻园定居，后迁徙到此立村，其后黄、钟、何等姓相继迁入。村四周为河海所环抱，因名“独洲”（山顶、长美、东和三个里统称独洲）。至清雍正年间，村内人口繁衍已发展有8个居民点（南门、山顶、长美、东和、远岭、大坑、连州、大丰），统称“独联”。[①]

独联村委会原为新会区古井镇管辖，后划入沙堆镇属。现户籍人口3000多人，港澳台同胞和海外华侨达5000多人，是典型的华侨之乡。

作为独联村委会地域中最高的山岭——烟墩山，是独联村委会的地标。据传清道光年间（1821—1850年），为防止贼匪作乱，实行各村联防，村民在此山高处设墩做烽火台，举火报警，观烟防务，取名“烟墩山”。

改革开放之初，海外华侨纷纷回乡探亲。为使侨胞们回来有个休息叙谈的地方，委内瑞拉华侨林尧伯先生倡议重修“竹林居”，带头捐款，乐成其事，使一条小小的自然村也有了一个像样的“华侨之家”。

同时，独联村委会为改变环境、方便交通，在万丰围附近截江建堤，使世世代代搭横水渡过白沙冲耕田的困难得以解决。该项工程是在万丰围南北两边建一条大堤，使之连接大丰村和普昌围之间。这样，既解决了过去渡海耕田之不便，又把白沙冲改造为130多亩的鱼塘，同时还可在堤上种植香蕉、柑橘等果树，真是一项名副其实的民心工程，一举三得。

走进独联村委会，位于村前的高高牌坊正上方，镌刻着“独联”两个真金饰箔大字。两侧联云“独起岐峰山南远大庆丰穗；联环葫海里东长春燕凤鸣”是旅美乡亲林湛贤巧用地名撰写的具有一定意义的联句。楼内还有联云“独特风光闾阎永谱青春曲，联翩思绪桑梓常牵赤子心”。这副对联由广东省委原书记林若题写，歌颂了独联村委会华侨的爱国爱乡情怀。再移步向前，一棵婆娑如冠、具有数百年树龄的古榕映入眼帘，见证了独

① 《侨乡独联》第1页：《独联村概况》，2018年1月。

联村的变化与发展。自 20 世纪 80 年代初开始，独联村委会港澳同胞、旅居海外的华侨陆续捐资建设家乡。在侨资的帮助下，独联村委会的村容村貌不断改善，经济建设不断发展。

讲起独联村委会，最令人值得传颂的当数这里的凉亭，一个小小的村委会，竟有 17 座之多，而且大多数是由本地的港澳同胞和海外华侨捐建。这些凉亭在 8 个自然村之间错落有致，不但点缀了村景，而且还可供村民小聚休息，成为独联村委会“亭台文化”的精髓，因此独联村委会被外界誉为“亭台之乡”。

这些凉亭多数以捐建者或捐建者父辈的名字命名，并写上对联，但在入口的灵菊公园内，却唯独有两座没有命名的亭子。这两座亭子一红一蓝，相隔不到 10 米，特别引人注目，成为旅港乡亲林仕灵、陈美菊伉俪为家乡建设做出巨大贡献的缩影。改革开放以来，该家族共为家乡建设捐资近 1000 万元。

陈美菊原本是新会天马村的农家妇女，后来嫁给独联村民林仕灵。抗战期间，夫妻俩去香港创业。改革开放后，陈美菊秉承丈夫的临终嘱咐回到家乡捐资办学。1984 年办起了仕灵中学，谱写了独联村委开办中学的历史新篇。后数度扩建中学校舍。现在已有四座教学大楼，足可容纳五百多人。陈美菊女士还捐出资金设立办学基金会，为国育才捐献的总金额达 200 多万元。1993 年，陈美菊带着腰伤回乡创办陈美菊幼儿园。当时，她已经 80 岁高龄。1994 年，陈美菊再次回到家乡，但这一次是坐着轮椅回来的。没有想到，这是陈美菊生前最后一次回乡。不久，陈美菊逝世。为了继承父母的遗志，陈美菊的儿女在陈美菊幼儿园对面捐建了灵菊公园，2006 年该家族又捐 50 万元修缮仕灵初中和陈美菊幼儿园。

独联村委会旅外乡亲为建设家乡捐资兴办公益事业可谓蔚然成风。前有 20 世纪 20 年代林逸川、林英浣等捐办独联小学，当代又有林湛贤、林国富等继承传统，先后捐建了三座教学大楼，收购一座楼房改建为爱乡楼；旅澳门乡亲林泽庭生前为建小学带头捐款，并联络乡亲募捐款40万元。除建校费用外，余款20余万元设立奖学奖教基金会。近旅港乡亲林玉贞捐款为原籍娘家母校扩建校舍及改建自来水工程；林国富、林国楼两兄弟捐资建成村前的独联牌楼和独洲闸楼，捐建长达800米的村前恩丰路；林耀昂除捐建小学课室四间和吴有欢楼外，又捐建独联医院大楼，并重修五层碉楼及兴办其他公益事业，捐献总额达100万元；旅美乡亲林有基捐建侨联会和自来水工程、福利大楼、新中心大路等；林伟明捐建文体中心，捐款助建校舍、自来水工程、沙堆华侨中学、沙堆中心幼儿园、邻乡那伏幼儿园等。村中其他人的善举还有很多，不胜枚举。

除了凉亭，独联村委会以前的水井也曾名声在外，在最高峰时，拥有水井的数量曾达近千口之多。据考，位于该村委会烟墩山脚大水岩下的大井头（即长美里上街中心的水井），是该村委较古老的水井之一。其水量大、质纯优，涌泉常溢出井口栏石，横润市街，妇孺翁姑打水，无须备长索以提，而在井边唾手可得。一啖进口，甘甜如饴。据传，晚清新会有位县令访得此泉，遂命随从隔三岔五便派船运水上衙门享用，可见此井曾名传远近。

但是，即使水井更多，一到冬季，水源不足，还是会影响到村民的食水和用水问题。为了解决这个问题，改革开放初期，独联村委会在村中选择一高地建了一座储水塔，把河水抽上水塔，经过过滤，再通过水管接至各村各个供水点，以解决村民全年的食水和用水问题。随着改革开放的不断深入，独联村委会家家户户早已装上了既卫生又安全的自来水，那些遍地开花的水井和那个高高的水塔也早已成为见证独联村委会发展的不可多得的“文物”了。

改革开放以来，在全体海内外乡亲的共同努力下，独联村委会的家乡建设得到了飞跃发展，1997年荣获“广东省文明单位”称号，2011年被评为“广东省宜居示范村庄”。

冈州陈氏文化

《冈州陈氏文化》创刊号（2015.6）

《冈州陈氏文化》是“冈州陈氏文化研究会”（新会区凤台慈善公益联谊会）主办的一份会刊，也是古冈州陈氏族人自办的一份族刊。创刊于2015年6月。刊号为新内准字（2015）第022号。创刊时责任编辑冈陈（意为古冈州陈氏族人），栏目主要有《会务辑要》《亲情乡音》《陈氏聚落》《族史探究》《名人乡彦》《文化新论》《家园情怀》《企业风采》等。

新会区凤台慈善公益联谊会成立于2013年11月8日。首任会长陈华贵。其宗旨是联络亲情、乡情、民情，研究冈州陈氏历史文化，弘扬先辈团结、开拓、奉献精神，和亲睦族、增进友谊、支持社会公益，服务和谐社会，缀绘冈州陈氏历史绚丽篇章。计划出版《冈州陈氏历史文化研究》刊物，以继承祖先遗志，弘扬中华文化。后来，刊物正式出版时改名为《冈州陈氏文化》。

2013 年 11 月 8 日，来自清远、南海、中山、顺德、三水、罗定、云浮、新兴、高明、阳东、阳西，以及江门五邑共 560 余位陈氏后人会集新会，同时还有巴西新会同乡会会长陈荣添、香港长洲五邑同乡会会长陈超杰、澳门赵族联谊会理事长赵思涛、澳门陈氏代表陈建龙等到会，联合召开清远市陈凤台历史文化研究会二届三次会议、新会区凤台慈善公益联谊会成立暨冈州陈氏文化研究会筹备大会。会后参观了小鸟天堂和以陈氏宗族为主体的血缘村——天马村，以及闸门楼、龙门牌坊和陈氏祖祠等。

关于广东和五邑各地陈氏的来源，据《冈州陈氏文化》介绍：

宋代以后，中原望族的陈氏源源南来广东，世代繁衍。迁古冈州陈氏，最著名的数陈凤台“七子流芳”陈族、外海龙溪陈族、白沙陈献章家族等。他们分布广泛，有新会区陈冲、天湖、水东、六堡、升平、龙脊、慕冈、京梅、旺冲、长岗、坑头、官冲、陈边、东成、天马、梅江、李苑……蓬江区白沙、石头、荷塘……江海区外海、麻园、麻三，潮莲芝山、大冈、巷头，礼乐中堡、南堡……台山市都斛、广海、海宴、汶村、深井、那扶……鹤山市址山、凌村、古劳、共和、大园合、大官田……开平市苍城、潭碧、沃江……恩平市横陂、君堂、东城、江南、莇底……此外，还有由原古冈州地析置的中山市古镇、珠海市斗门等地。①

由此可见，古冈州陈氏分布，不但包括五邑各地，还包括中山市、珠海市部分地区，素有“广东陈，天下李”旧谚。陈姓为江门五邑特大姓氏之一。

“冈州”陈氏人才辈出，诞生了明代大儒陈献章，清代蔡李佛武术创始人陈享，辛亥革命先驱陈少白，“国宝”学者陈垣，著名华侨陈瑞祺，地质学家陈国达，院士陈焕镛、陈灏珠等无数陈姓杰出人物。

我国独一无二的茅龙笔即为新会明代理学家陈献章始创。茅龙笔工艺

① 《冈州陈氏文化》创刊号扉页：《创刊词》，2015 年 6 月。

采用新会圭峰山的茅草为主要材料，经选裁、浸泡、锤砸、刮青等多道工序精心制作而成。因陈献章世居新会白沙里，尊称白沙先生，故其所创制的茅龙笔又白沙茅龙笔。用茅龙笔挥毫，书法独特，是其他毛制笔所不能替代的。

“蔡李佛拳”是清道光年间新会崖门京梅村拱北里人陈享在长期的武术生涯中，悉心研究各家拳法，综合陈远护、李友山和蔡福三家拳法，共冶一炉而成。“蔡李佛拳”这个名称，含有不忘老师教导的意思。蔡福的手法最好，而且在三家之中辈分最高，所以“蔡”字排在前头，又因陈远护善用掌法的拳术是在广东肇庆鼎湖山向独杖和尚学来的，和尚乃佛门，故以佛字作代表。100 多年来，通过陈享家族及其弟子的不懈努力，时至今日，蔡李佛拳依然是当今世界上最流行的广东武术，弟子数以百万计，遍及五大洲。

2008 年，白沙茅龙笔和蔡李佛拳分别入选广东和国家非物质文化遗产名录。

陈姓在新会是一望族，在新会会城知政中路原有一间规模颇大的陈家祠，建于清嘉庆五年（1800 年），距今已有 200 多年历史。该祠堂建筑群分为三列，中祠是太邱书院、西祠是陈氏祠堂，均为三进建筑结构。东祠为东文祠，单间建筑，专门供奉大汉太邱长陈实和明代岭南大儒、翰林院检讨理学名臣陈献章（白沙）及其原配张氏夫人、继配罗氏夫人的神位。中祠的太邱书院是专供冈州各地陈氏子弟出城攻读或为赶考深造的地方。西祠用于供奉冈州陈氏二十二世以上德高望重的祖先神位。该祠是当年新会县、新宁（台山）县、香山（中山）县、开平县、鹤山县陈氏祖先的社会乡绅贤达发动各地华侨富商捐助兴建的。

陈家祠于嘉庆十一年（1806 年）建成入伙，约至民国二十八年（1939 年）被日军占领而停用，新中国成立后，归新会县地方财政管理，20 世纪 50 年代初被用作新会师范学校校舍，约于 20 世纪 70 年代中期被拆，原地改建为新会东方红中学校舍。

江海区外海镇（原属新会区管辖），古称龙溪，为古冈州陈氏后人聚居较为集中的地方。明清期间100多位举人诞生于此，后人为他们建立聚贤坊，延续了“举人文化”；颇负盛名的外海五大祠，以其独特的宗族凝聚力和文化影响力，产生了“祠堂文化”；陈少白、陈伯坛等爱国乡贤，乐善好施，修路搭桥，捐资兴学，由此而生“慈善文化”；“龙溪诗社”“书画协会”等社团活动更是热闹红火，长盛不衰。1993年，外海镇被命名为中国名镇，享有“文化之乡”美誉。

古井校友

《古井校友》是新会区原古井中学校友会创办的一份校刊，创刊于 1984 年 5 月。

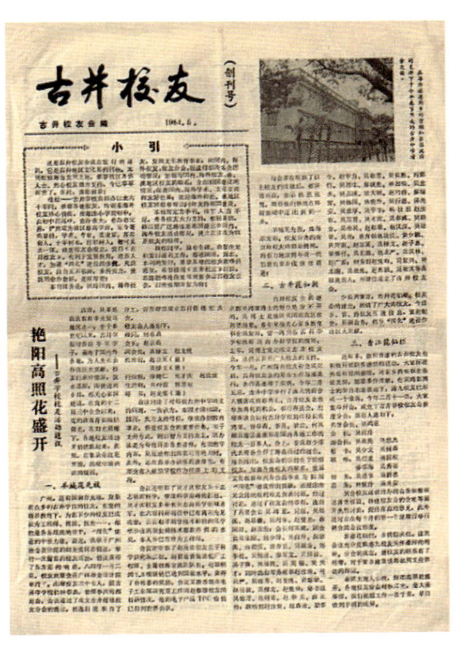

古井校友（创刊号）

古井校友会编 1984.5.

小引

艳阳高照花盛开

一、羊城花先放

二、古井花如锦

三、香江花似烂

《古井校友》创刊号（1984.5）

古井中学前身为古井小学，创建于 1926 年，当时仅有六个班共 200 多人；1944 年改办为古井中学，开始招收初中班，但只有一个班共 13 名学生；1946 年改称为新会第四中学，至 1949 年，共有六个班近 300 人；新中国成立后，古井中学才得到较大发展，特别是从 1956 年开始招收高中班起，在古井镇政府的关怀指导下，在古井镇乡亲父老的大力支持下，力求办成“教学质量高效，校风优质，管理优美”的新会示范性重点中学，使古井中学得到不断壮大和发展。现在的新会四中新校区设计先进、布局合理、功能齐全、配套完善。占地面积达 77198 平方米的新校区内，有标准的教学楼 4 座共 56 室，宿舍大楼 3 座，行政办公楼 1 座。学校科普楼设有实验室、电脑室、语音室、舞蹈室、美术室和音乐室等；学校图书馆藏书增至8万多册，校内还设有标准篮球场5个、多个标准羽毛球场。全校共有20多个高中教学班，30多个初中教学班，在校学生超3000人。

1983年元旦前后，供职于广州冶金设计院的赵龙悦倡议，举行一次古井中学留穗校友联谊活动，即获得广大校友的积极响应。第一次留穗校友联谊会于1984年1月2日在广州冶金设计院举行，出席校友37人，原古井中学校长钟卓森、老师李次梅也应邀参加。会议通过了成立古井中学留穗校友分会的提议，推选出第一届理事会并做出了分工，选举赵宗英为会长，吴操文、赵龙悦为副会长，宣告即日正式成立古井中学留穗校友分会。会议还讨论了如何对母校的支持问题，一致认为本固才能枝荣，决定将大力支持母校继续办好教育事业作为校友会的重要任务。至于支持方式，则以智力支持为主，其办法是为母校开办各类讲座，充实教学内容，从而培养出真实可用的人才。此外，还在省举办训练班讲座等，将部分收入献给学校作为经济上的支持。同时，会议还听取了吴才庆校友关于立志钻研科学攀登科学高峰的汇报、赵汝钦校友关于科学研究的汇报。

古井中学校友会是先有分会后有总会。在古井中学留穗校友分会成立后才酝酿成立古井中学校友会事宜。而古井中学校友会的成立，与旅美古井中学校友吴鸿亚博士的积极倡议分不开。吴鸿亚是新会古井的教育前辈，长期关心家乡教育事业的发展，曾多次亲临古井中学和教师商议办好学校的规划。1983年，吴鸿亚发起成立古井中学校友会，并获得广大校友的支持。1984年1月，古井中学留穗校友分会成立后，古井中学校友会的筹建工作加速推进，条件臻于成熟。2月5日，由吴鸿亚等热心人士捐建的古井中学宿舍大楼举行盛大的落成剪彩典礼，古井中学校友借此机会举行了筹建古井中学校友会座谈会。出席座谈会的有古井中学历任校长吴鸿亚、钟卓森、李流、梁云、何其刚及旅港澳和在内地工作的校友100多人。会上，筹备委员赵少萍代表筹备会向大会作了筹备经过的报告。报告指出，校友会的宗旨在于团结校友，加强各地校友的联系，发展文化教育和兴办公益事业，为祖国“四化”建设做出贡献；同时还提出了有关会员的权利和义务等问题。经过讨论，大会通过了校友会章程，选出了名誉会长、会长、副会长、常务理事、理事等班子成员，何其刚任第一届校友会会长；成立秘书组、联络组、教育组、财务组等若干小组，宣告古井中学校友会即日正式成立。

校友会成立后，给了校友们极大鼓舞，各地校友积极加强联谊活动，一些有较多校友的地方也纷纷成立校友分会。如在香港方面，在校友吴鸿亚博士的串联推动下，港九校友形成了一个团结的集体，并于 1984 年 2 月 11 日在香港成立古井中学校友会香港分会；在深圳方面，深圳的校友为了加强联谊活动，也于 1984 年 5 月 11 日在深圳市春园餐厅召开会议，正式成立古井中学校友会深圳分会。古井中学校友会为更广泛地团结海内外校友，发展文化教育事业，向海内外校友、校友分会报道母校及本会活动情况，加强与海内外校友的联系，介绍祖（籍）国的建设情况，促进海内外学术、文化交流和友好往来，欢迎海内外校友回校参观访问和支持祖（籍）国建设，决定筹备发行校友通讯刊物。在广大校友的共同推动下，《古井校友》于 1984 年 5 月正式创刊，暂定为季刊。

冈中校友通讯

《冈中校友通讯》是新会冈州中学校友会创办的一份校刊，创刊于 1948 年 5 月，出版了八期后因故停刊。新会冈州中学，前身是“西南公立高等小学堂”，创立于 1905 年，1915 年改名扩办为“冈州中学”。1950 年春，冈州中学和新会一中合并，在新会一中教学，统称“新会县联合中学”。不久，新会一中恢复校名，而冈州中学却一直未能恢复。1985 年 7 月，冈州中学校友会恢复活动。为加强与海内外校友的联系，争取侨资复办母校，冈州中学校友会复办《冈中校友通讯》并于同年 12 月复刊，刊号为 CN-44（Q）第 0042 号。复刊时主编莫碧泉，栏目主要有《母校史料》《校友生活剪影》《校友讯息简报》《校友诗坛》等。曾获“广东省侨刊乡讯评比”三等奖。

冈中校友通讯

复刊第一期（总第九期）

一九八五年十二月

新会县冈州中学校友会编印

复刊词

莫碧泉

《冈中校友通讯》创刊于一九四八年五月十五日，每月出版一次，共出了八期，该刊为冈中校友会主办，编辑委员有施见三（已故，江门《民权报》总编辑）、黄铁屏（冈中校长，现居美国）、何卓坚、莫碧泉等（莫碧泉为主编）。每期印刷费均由校友热心赞助。《通讯》出版以后，联系了海内外校友，沟通了各届校友的信息。有不少校友多年断绝音问，通过《通讯》的报道而恢复了联系，也有不少校友投书《通讯》“校友来鸿”栏，与海内外校友畅叙阔别之情。《通讯》的另一作用是发动校友为发展母校教育事业而献计献策，出钱出力。一九四八年校友会为充实母校图书馆图书向校友发起“一人一书”捐书运动，《通讯》为之大力宣传，

……中学校长，经他一人发动就捐了加币数百元附助给母校添购图书，扩充母校校园室设备，等等。

《冈中校友通讯》停刊至今已有几十个春秋，并经历了两个不同的时代。时代不同，校友会和《校友通讯》所肩负的任务也异。当前校友会的主要任务是恢复母校，使她能为我县培育“四化”人才而发挥其作用，本刊当愿为此而“摇旗呐喊”。其次，我历届校友散居各地，加上母校停办了三十多年，彼此信息隔绝，亟须联声气、通消息，本刊也当然要继续作校友们联络的纽带。惟本刊同人力量有限，要做好上述工作，有赖于我全体校友大力协助与支持。我们也估计到复校非一朝一夕所能办到，必然会碰到各种困难，但我们也

《冈中校友通讯》复刊号（1985.12）

复刊第一期，《冈中校友通讯》即向海内外全体校友发出了《关于恢复新会县冈州中学的倡议书》，因原校舍一直被新会县政府占用，并且部分已拆除，故呼吁利用位于知政中路的东方红中学改办为新会冈州中学。

西南高等小学堂于光绪三十一年（1905 年）正式创办，当时，会城西南书院是新会西南方士绅的组织。清政府下令举办学堂，西南方的开明士绅谈云笙与胡朝柱等提议在西南书院拨款办学，获得管财政的汤扶伦及其他乡绅的支持。遂组织学董会，于该年 2 月以西南书院为临时校舍，开办西南高等小学堂，附设初等小学堂，选谈云笙为堂长，招收高小、初小各一班。随后，西南学堂以校舍不够用为由，极力请准清政府拨冈州书院为校址，学董黄震川赴港募捐港币 1 万多元，将冈州书院拆建为前后座，中有体育场的两层木楼。工程七个月后完成，高小班随即迁进新校舍继续上课，初小班仍留在西南书院。

继谈云笙任校长的为林仲肩。辛亥革命后，根据新制要求，把学堂改称为学校。林仲肩因辛亥革命时需往域多利讲学而辞职，学董会改选胡朝柱继任校长。是时，附设初等小学堂停办，只招收高小生。

西南高小班办至第十届时，西南方人士要求扩办中学。当时学制规定，一县不能有两所中学，但学董会认为，中学部称冈州，而冈州昔日统称四邑，以其冠名，则非县属中学。后得邑人李吉甫（当时在广州办政法学校）大力支持，几经交涉，终得教育厅批准。故冈州中学于 1915 年春成立，随即招收中学第一班生。

后经多次换届，至 1930 年，由李淡愚出任校长。1933 年，校内原两层旧木楼变为危楼，后征得旅澳归侨岑日初同意，捐巨款白银 10 万元，把旧校舍改建为钢筋三合土三层新教学楼。计有课室 10 多间，另有学生宿舍、大礼堂和体育场等。余款购置图书、仪器、校具，并为岑日初之父岑公余立铜像于校内纪念。

1936 年，黄槐庭任新会县长期间，将西南、冈州校产接收为县地方财政，每月由县府拨付办学经费，把冈州中学改为县立，校名定为“新会县立冈州初级中学”。西南则改称冈中附小，叶恭信为冈州中学第一任校长，随后又委派赵国基继任。直至 1939 年 3 月，日寇进犯新会县城，冈州中学沦为日军驻地。赵国基不得不把校具迁往三江，以谋继续上课。不久，日寇直侵三江，赵国基离职。1940 年，关宇定任古井区长期间，在古井以黄氏宗祠为校舍复办冈中，关宇定兼任校长。翌年李勉成继任新会县县长，不同意关宇定兼任校长，改派赵梅友（地下党员）接任。到1941年5月底，日寇再次大举进犯古井区，三年级学生将要毕业，来不及举行毕业典礼就匆匆停办了。

1943年2月，赵梅友在双水区木江乡寅初小学校址开办儿童教养院，自任院长，商得县教育科同意，在院内复办冈州中学，赵梅友任校长。当时县长阮君慈认为冈中属私立中学，不允由县拨付经费。学校当局以该校在黄槐庭任县长期间，经确定为县立，据理力争，因未解决，乃呈准教厅最后认许。1945年9月，日寇投降后，赵梅友改任教育科长，冈州中学遂迁回会城原址继续办学，并委派林沛鎏为校长。

此后，新会冈中校长又几度易人，至1950年春，县政府委派谢公惠为校长，何坤巽为副校长。开学不久，谢公惠辞职，县府以学校只有200多名学生，人数不多为由，将新会冈中与新会一中合并，改称新会联合中学，统一安排在新会一中上课。不久，新会一中恢复校名，而新会冈中从此停办。

2008年4月，在新会区人民政府的统一部署下，原新会冈州中学和新会中专学校的职业教育资源成功整合，成立江门市新会冈州职业技术学校。现在的冈州职业技术学校，是国家级重点职业中学，国家职业技能鉴定所，国家特种工技术培训中心，广东省中职实训中心，全国计算机等级考试定点单位，全国公共英语等级考试定点单位，国家青少年体育俱乐部，江门市体育特色学校（篮球），省内多所职业技术学院的实习实训基地。

2010年，新会冈州中学（新会旧市府）列入新会“三旧”改造项目；2011年6月29日，新会网友“新会本土文化”呼吁测绘，保存旧址历史资料，8月4日包括五邑大学建筑系一位讲师在内的7名网友对旧址进行测绘，进行3D化建模；2011年11月16日，该地块拍卖，以1.53亿元成交，单价达17093元。2012年6月13日，旧址南北二楼被拆毁，其他建筑在3个月内也全部被拆毁。

台山市

新宁杂志

《新宁杂志》是台山市民间创办的一份最早的县市级侨刊，创刊于清宣统元年正月十五日（1909 年 2 月 5 日）。创办时，开始在邑内发行，继而在香港澳门，又继而逐步扩大发行至海外。直至后来，全世界凡有台山华侨踪迹的地区，都有《新宁杂志》的出现。

在台山，清末到民国时期创办的县市级侨刊除《新宁杂志》，同时还有《宁阳公报》《华侨杂志》《台山商报》等数家，但能够延续至今并且还

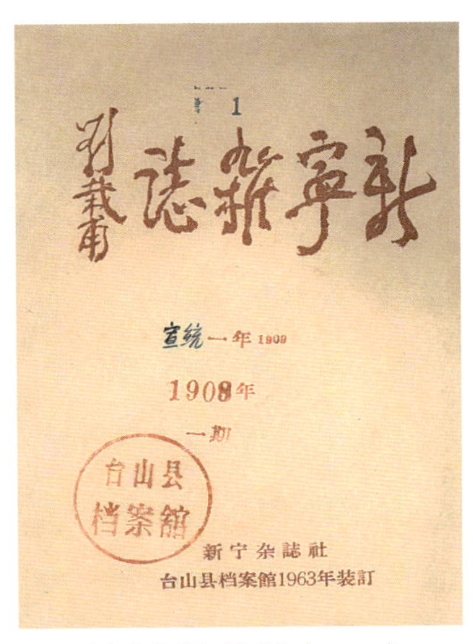

《新宁杂志》创刊号（1909.2）

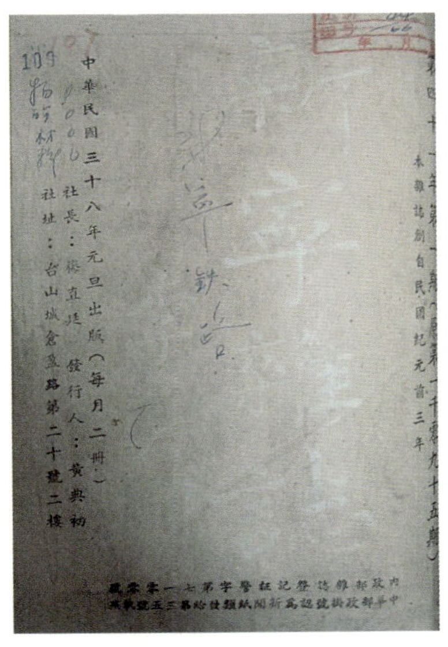

《新宁杂志》复刊号（1949.1）

在发行的则只有《新宁杂志》一家了。在《新宁杂志》辉煌成就的背后，它所走过的出版之路也并不顺利，共经历了四次停刊和四次复刊。

《新宁杂志》的首任总编辑是谭毓芝，继之为马醴卿、赵拱宸、梅郇（健行）等人，直到 1941 年 12 月第一次停刊。

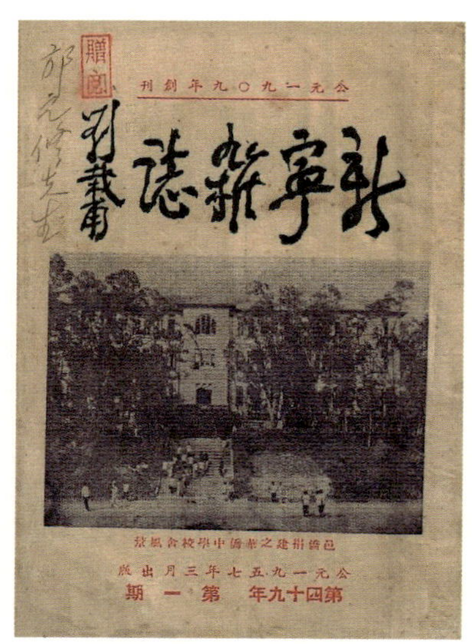

《新宁杂志》复刊号（1957.3）

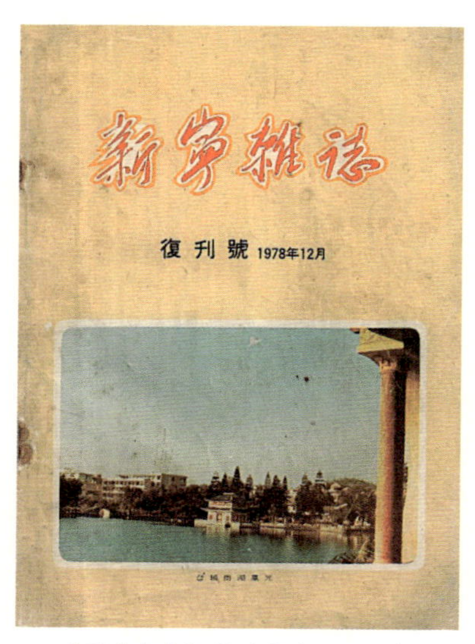

《新宁杂志》复刊号（1978.12）

抗日战争胜利后，《新宁杂志》于 1946 年 10 月第一次在香港复刊。梅郇续任总编辑，直到 1948 年 3 月第二次停刊。

时隔十个月，《新宁杂志》于 1949 年 1 月第二次复刊。此次复刊，梅郇复任总编辑，直到 1949 年 9 月第三次停刊。

新中国成立后，《新宁杂志》于 1957 年 3 月第三次复刊。此次复刊，初由梅郇任总编辑，继之为朱毓兴，直到 1966 年 5 月第三次停刊。

1978 年 12 月，《新宁杂志》第四次复刊。此次复刊，初由朱伯濂任总编辑，继之为陈文俊、关泽锋、彭启金、杨设仍等人。现任总编辑为何志恒。

由此可见，《新宁杂志》一路走来，磕磕碰碰，非常坎坷。关于第一次停复刊和第二次停刊的情况，梅郇在《新宁杂志》1957 年 3 月的复刊号内文《〈新宁杂志〉第二次复刊宣言》中介绍说：

综计过去之岁月，不啻与忧患俱来，

诞生未达三龄，适值清帝退位，革命成功，以为安然渡过，永享太平。乃未几而有洪宪之篡夺；未几而有军阀之争持；未几而有龙贼之割据；未几而有陈逆之叛变；钳制言论，排除异己，而各报之稍涉殊趋者，无不被其封闭停刊，抵押查办，而本志则绝不受影响，风行海外，依然如故，曾无减色。

随后江门新会被日寇封锁，交通断绝。吾台“三三”、“九廿”两次沦陷，印工逃散，本志不得已移港刊行，依期派发，而外阜之销数，反为剧增，此岂侥幸而得哉，盖亦恪守传统宗旨，始终不渝，大得侨胞之欢心，故有此良好之收获也。迨1941年冬间，香港失陷，无地自容，始行停办。又越五年，倭贼投降，海宇重光，鄙人与谭经理霞村，几经筹备，始得复版。当时曾经有第一次复版之宣言矣。不图发行年余，鄙人因病辞职，谭经理亦以衰老退休，全盘交与新手接办。卒以人事变更，措施失当，不数月而又告停版，已八十于兹。①

关于第二次复刊的情况，梅直廷在此次的复刊词中说：

本杂志于去年3月停刊，迄今匆匆已逾数月。本社同仁顾念此项刊物，具有40余年之历史，关系全邑人民以至海内外工商人士之生活，及其思想情感，动静状态，至深至巨，爰以群策群力，应大众读者之要求，于改岁之始，以崭新之姿态，从事发行。②

1949年10月23日，台山解放。新中国成立初期，由于海外广大华侨长期远隔重洋，未能在较短的时间内对新中国的华侨政策做充分了解，致使地方的华侨工作难以有效和及时开展。1956年，台山县长曹玉瑶专门请教回乡探亲并任教于中山大学的台山籍名贤谭太冲教授如何做好海外侨胞联络工作，谭太冲直接回答：“当务之急是立即恢复《新宁杂志》的出版发

① 《新宁杂志》复刊号第3页：《本志第二次复版宣言》，1957年3月。

② 《新宁杂志》复刊号第5页：《复刊词》，1949年1月。

行。”曹玉瑶觉得符合实际，当即聘任谭太冲为社长，并接受建议，聘请梅健行为主编，共同筹划《新宁杂志》的复刊有关事宜。此后，在谭太冲教授和梅健行等人的热心操持下，《新宁杂志》于1957年3月实现第三次复刊。

此时，梅郚已年近80岁，本应安享晚年，但终因人才匮乏，不得不再次披挂上阵。梅郚在《〈新宁杂志〉第二次复刊宣言》又说：

从来社会改革之大，莫大于此八年，从来乡土新闻之多，亦莫大于此八年。我侨胞远隔重洋，刊物缺乏，消息难得其详，即或得之家书，而家书所报无几，即或得之传闻，而传闻每多失实。甚至有挟其私愤，颠倒黑白，淆乱观听，反使我侨胞发生无穷之忧虑，此诚一憾事也。迩来归国侨胞，与地方人士，有鉴于此，提倡将本志规复，并委托鄙人仍旧负总编辑之责。但鄙人年近八旬，精神意志，日形衰弱，无复当年之活泼，扪心自问，实不敢当。继思此事专为我侨胞服务，对于外洋内地，沟通联系，具有重要之作用，似此情形，又系义不容辞。惟有在可能范围内，尽一分绵薄之力，以助复刊之完成而已矣。①

但此次复刊后，之后又因故停刊。

1976年10月，台山县政府和侨务部门的领导及一班社会贤达、文化名人，欢聚一堂，共商《新宁杂志》复刊事宜。随后便将要求复刊的报告送呈到省侨办和国务院侨办。1978年6月14日，国务院侨办正式批复，同意复办《新宁杂志》。是年12月，《新宁杂志》在香港实现第四次复刊。其时正值中共十一届三中全会在北京胜利召开，《新宁杂志》的这次复刊，成为五邑侨乡人民献给十一届三中全会的最好贺礼。

《新宁杂志》复刊后，刊号为CN-44（Q）第0044号。复刊时栏目主要有《台山消息》《锦绣台山》《台山诗坛》《台山文苑》《台山土产》《侨

① 《新宁杂志》复刊号第3页：《本志第二次复版宣言》，1957年3月。

乡史话》《侨乡人物》《杂谈》《祖国点滴》等。

《新宁杂志》第四次复刊，得到香港新宁贸易公司董事长朱灼云的大力支持。朱灼云是香港邑亲中一位事业有成的实业家和德高望重的长者，一向热心牵头为家乡兴办各种公益事业。当年，台山县副县长刘沃林、侨办主任赵伟群同他商量《新宁杂志》复刊之事，正在为缺乏经费而犯愁时，朱先生满口答应，稿件由家乡负责，出版经费及印刷事务由他在香港负责。朱先生带头捐款，并多方联系动员乡亲们支持、公司刊登广告，终于筹足了所需经费。

《新宁杂志》自 1978 年 12 月复刊以来，一路高歌猛进，成为五邑侨乡文化建设上一道亮丽的风景线，多次在全国、省、市侨刊乡讯评比中荣获一等奖；在全国、全省多次侨刊乡讯工作会议上，被邀向同行作经验介绍；1990 年还被选送参加在北京和意大利罗马举行的中国和国际期刊博览会，广受好评。

《新宁杂志》其创刊号现仅存一册，在台山市档案馆，但封面已缺；1946 年的复刊号则未见踪影；1949 年、1957 年和 1978 年的复刊号台山档案馆也各存一册。在新宁杂志社，则仅存有一册 1978 年的复刊号。

1957 年复刊号的刊名由刘栽甫[①] 先生题写；1978 年复刊号的刊名由李嘉人[②] 先生题写。

《新宁杂志》办刊经费主要来自海外乡亲的捐赠，同时政府支持一部

---

① 刘栽甫（1888—？），台山原附城镇横湖乡山村人。1912 年，以广州新闻记者身份当选国会议员。1913 年 4 月，国会选举大总统时，他冒着生命危险，反对袁世凯贿选，一人投票孙中山，因而名扬全国。民国时期，先后四次出任台山县长，任内实行新政，致力于台山政治、经济、交通、文化、教育、城建、移风易俗的革新，功勋卓著，深得邑人爱戴。

② 李嘉人（1914—1979 年），台山三八镇密冲马岗村人，青年时代便投身左翼文化运动。新中国成立前曾任台山县委书记、中共香港分局政治秘书；新中国成立后先后任中央华南分局委员、秘书长，广东省委常委、副省长，中山大学党委第一书记、校长等职。

分。在海外乡亲的倡议和支持下,《新宁杂志》于1989年10月率先在全国侨刊中成立基金会，其中台山市旅港乡亲、著名实业家刘炳光甄兰爱伉俪向基金会捐资5万元。从2006年起，刘炳光甄兰爱伉俪每年均捐资10万元给该刊作为办刊经费。2009年11月8日,《新宁杂志》创刊100周年纪念大会暨第三届“台山市侨刊乡讯梅健行奖”颁奖大会、《百年侨刊——新宁杂志历史文化论》首发式在台山碧桂园国际会议厅隆重举行，台山市旅港乡亲、实业家、慈善家李伯荣向《新宁杂志》捐资港币44.6万元；刘炳光甄兰爱伉俪又向《新宁杂志》捐助人民币10万元。一直以来，广大港澳同胞、海外华侨为促进《新宁杂志》不断发展，常怀一颗拳拳赤子心，赢得了家乡人民的深情感激和高度赞扬。

与此同时，为进一步做好华侨工作，台山市政府认真落实华侨政策，迅速恢复与海外华侨及华侨团体的交流，并提供无微不至的关怀和服务。1978年年初，成立台山县侨务办公室，恢复台山县归国华侨联合会日常活动，为广大港澳同胞和海外侨胞提供相关服务；4月底至5月上旬，盛情接待香港四邑会所国内旅行团男子排球队，并安排本土排球队与之举行多场友谊赛；8月1日，台山市华侨物资供应公司恢复营业，各公社亦相应开设华侨商店或侨汇商品专柜，负责当地侨汇商品供应；4月至12月，在台山县海宴华侨农场妥善安置从越南回国的难侨达2100多人；10月11日—12日，巴布亚新几内亚副总理兼初级产业部长利叶斯·陈（台山裔华侨）和夫人一行访问台山，受到台山县领导的热情接待。为方便海外华侨回乡和台山侨属侨眷购物，积极筹建台山华侨商店和友谊商店百货大楼，于1982年1月10日正式开业。该大楼位于台城通济路，楼高七层，其中一楼、二楼为华侨商店，三楼为友谊商店，店内全为进口商品，一时成为台山归侨侨眷、海外侨胞引之为荣的购物中心。1995年9月6日，台山市首家免税商场——中侨免税外汇商场正式开业，可以使用外汇直接购物，大大方便了广大台山侨眷、侨胞。另外，改革开放后，台山市政府在落实侨属干部政策、落实华侨房屋政策、落实侨属申请出境政策、落实侨汇物资供应政策、落实减免华侨投资企业税收政策、慰问侨属侨眷等方面做了大量工作，得到了广大港澳同胞和华侨的热烈拥护。他们热心家乡建设，捐资兴建公益事业，涌现了大批像伍舜德、朱正贤这样爱国爱家、乐于捐施的人士，共同为侨乡建设添砖加瓦。

关于台山市的历史沿革和名称由来，据《新宁杂志》介绍：

台山县旧名“新宁”，明弘治十二年（1499年）2月正式建县。

新宁建县之前，全境是新会县地，隶属于广东行省广州府。由明代上溯，台山地区元代属江西行中书省广州路新会县，宋代属广南东路广州新会县，唐代属岭南道广州新会县（中间曾隶属过冈州），隋代属南海郡新会县（其间曾隶属过允州、冈州），陈、梁、齐、宋和晋代都属广州新会郡盆允县，三国时代属吴国广州南海郡，汉代属交州南海郡四会县，秦代属南海郡。

新宁自明代建县以后，至清代属广东省广州府。当时全县管辖六都：德行都、文章都、平康都、矬峒都、潮居都、海宴都。清朝末叶，由于统治阶级挑起的土人与客家人械斗的结果，新宁县领域缩小：同治五年（1866年），县境西边的大享——小洛地区划给恩平县；同治六年（1867年），实行土客分治，把客家人集中的潮居都的大部分和矬峒都的小部分从新宁划出，成立赤溪厅，直属广东省。到民国元年（1912年），赤溪厅改为赤溪县。而新宁县到民国三年（1914年），因湖南、广西、四川等省都有县名“新宁”，为避免混淆，改名“台山”。台山，是因县城北边有三台山和县城早已因之名为台城而得名。

民国初年，府制撤销，台山、赤溪两县隶属广东省粤海道；其后，又先后隶属广东省中区、第一专区、第十专区等。1949年10月下旬，台山、赤溪两县全面解放。初属粤中专区，1953年属粤西行署，1956年属佛山专区，1959年属江门专区，1961年属肇庆专区，1963年又归属佛山专区。[①]

1983年5月5日，改由江门市管辖。1992年4月17日，撤销台山县，设立台山市，市政府驻台城。现辖16个镇1个街道办事处，总面积3286.3平方公里，常住人口95.39万人（2020年），港澳台同胞、海外侨胞160多万人。

台山市素有“国内外两个台山”“中国排球之乡”“中国曲艺之乡”“广东音乐之乡”“飘色艺术之乡”等美誉。2018年11月，被科技部确定为首批创新型县（市）。现初步已形成大交通、大能源、大港口、大资源、大旅游、大商贸、大养殖发展格局。

台山工业近年来发展迅猛，逐步形成了以机械、铝材、电子电器、纺织、医药、建材、食品、五金、化工、制衣等行业为主的工业体系，产品远销世界各地。2019年，全市实现生产总值452.2亿元。

台山市是“中国电能源产业基地”和南方唯一直购电试点地区。有规划总装机容量900万千瓦的国华台电和规划总装机容量1050万千瓦的台山核电。2019年，国华台电发电量173.28亿千瓦时，实现产值71.1亿元；台山核电上网电量161.7亿千瓦时，实现产值65.7亿元。

台山市是珠三角著名的“鱼米之乡”，获评为“全国粮食生产先进县（市）”“中国优质丝苗米之乡”。全市耕地面积7.2万公顷，粮食播种面积105.92万亩，水产养殖面积39.9万亩。有“广东第一田”都斛省级万亩优质水稻高产示范片以及冲蒌黑皮冬瓜、海宴花卉等十大示范生产基地，还有全国乃至全亚洲最大的鳗鱼养殖和出口基地。特色农产品主要有珍香大米、鳗鱼、黑皮冬瓜、广海咸鱼、青蟹等，“台山鳗鱼”“台山蚝”“台山青蟹”“台山大米”入选国家农产品地理标志产品，“台山大米”被评为国家级农产品区域公用品牌及全国名特优新农产品。现有全省首个省级农产

① 《新宁杂志》复刊号第34页：《台山县沿革》，1978年12月。

品加工园区，布局大湾区农产品交易流通中心，以“一核多点”思路建设台山市农产品冷链物流产业园，着力打造粤港澳大湾区农产品冷链物流合作发展平台，构筑粤西地区优势特色农产品集散地。

台山旅游素以海岛和温泉著名，拥有川岛、康桥温泉和富都温泉三个国家4A级旅游度假区。其中，素有“南海碧波出芙蓉”之称的上川岛，是广东沿海最大的岛屿，由一个主岛和12个小岛组成，全岛面积156.7平方公里，人口1.6万人，是我国海上的一颗璀璨夺目的明珠；下川岛由一个主岛和14个小岛洲组成，全岛面积98平方公里，人口1.8万人。岛上椰树成荫，风光迷人，有沙质优良的天然海滩、温婉秀丽的海湾、引人入胜的古迹、茂密的原始生态林，以及风光旖旎的离岛和天然深水良港等。

台山市是广东省著名的生态休闲旅游度假胜地，2019年，台山市入选首批国家全域旅游71个示范区之一。近年来，台山文旅融合已经成为五邑旅游市场的新亮点，川岛旅游区、那琴半岛地质海洋公园等一大批自然景观的旅游环境得到进一步改善；海丝博物馆、黄花梨艺术馆等富有韵味的博物馆相继开业，成为广大游客心仪的打卡点。

侨刊文摘

《侨刊文摘》是台山侨刊研究会主办的一份县市级民办侨刊，创刊于1989年1月。原为四开四版小报，出版五期后，从1990年6月起改为16开杂志，重新编号为第一期（总第六期）。其办刊宗旨为：“以博采众家侨刊精华，传递家乡信息，以及希望在海内外架起一座心心相印的桥梁；再通过缩龙成寸、以简御繁、标纲挈领、提要钩玄，编辑成册。”刊号为CN-44（Q）第0112号。创刊时社长余卓英，主编余振明，栏目主要有《侨乡消息》《通讯》《侨乡风情》《小说》《风雅颂》《谈天说地》《趣闻传

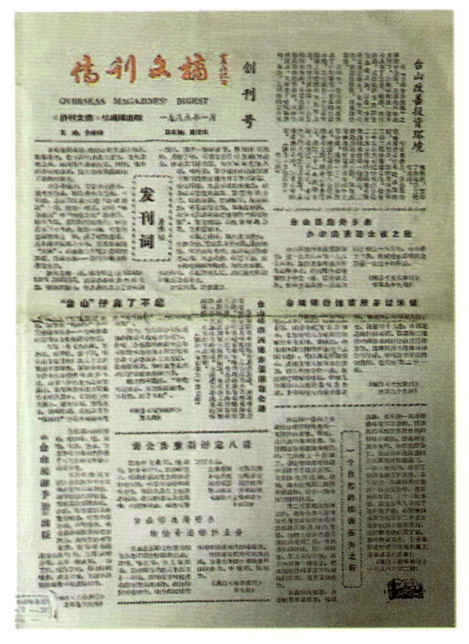
侨刊文摘
OVERSEAS MAGAZINES' DIGEST
创刊号
台山改善投资环境
发刊词

《侨刊文摘》创刊号（1989.1）

《侨刊文摘》改刊号（1990.6）

说》《史料》等；刊名由江门市著名书法家黄兆纪先生题写。曾获“广东省侨刊乡讯评比”表扬奖。

下面摘录三篇五邑地区以前不同时期出版的几份侨刊发刊词，供读者了解和欣赏。

创刊于民国十九年（1930年）12月的《昌明青年》，其《前词》讲出了昌明青年是何等的深明大义，何等的慷慨激昂，何等的爱国爱乡：

景象万千的大自然，已跑上春的景域了;《昌明青年》也是为着推动“昌明”跃进春的宇宙而诞生了！

《昌明青年》的成员，是一班赤手空拳、无权无勇的穷光蛋，“吃得上味少”的幼稚弱者；同时，也自知呐喊出来的呼声，是极其肤浅而低微。

然而，我们毕竟是昌明底成员，处在这么懵瞒、腐化，重重交压着，冥顽不灵的社会底下——我们要起来的热血，已膨胀得要瀑烈喷洩出来了。

同时，我们深信社会的进化与否，全靠社会的文化发展与否而肯定。

我们深信改造不合理的社会，是要觉悟者去做先锋。

我们为着热血的驱使，和被两个深信的鼓动，再不暇顾及我们的肤浅、低微与其他，而竟然产生了《昌明青年》。

《昌明青年》的使命，在主观上，没有像那般为一国一省一县……的那么宏愿的伟大。

不过，我们深信要个好的国家，是要有好的省份；要有好的省份，是要有好的县份。然而，要有好的县份，就要有好的乡村。

《昌明青年》就是谋改进我们乡村社会，使它跃进而为一个合理的社会，纯洁的社会的急先锋，即是建设中国新社会的基础工作。

重复一句：“建设一个合理的我们乡村社会”，是《昌明青年》跑的途径，努力的目标。

复次，在这暴风雨时代下，为着处理我们自己，处理我们的社会，集团都是急切的需要，刻不容缓的。

《昌明青年》同时就是为着昌明的青年集团诞生之先锋，前路之喇叭！

我们现在狂跃着的希望，《昌明青年》会吹出一个昌明的青年集团。

《昌明青年》在现社会下，应时顺势而产生，为创造昌明新生命的武器。

这个武器的力量太小，全靠我们的努力与否为衡！谁有话想说，就要率直；谁有对于现社会的呼号，就要尽地坦白的呐喊出来。

最后我们高呼着：昌明的青年们，不要畏缩、恐惧，只有听号而进，一往无前的进，那万恶的社会，终要丧在我们的身手上！①

创刊于民国二十七年（1938 年）的《横湖季刊》，看到了本乡当前面临的最大问题是如何支持抗战问题。这个问题一日未解决，本乡人民是不能独善其身的。因此，它在《发刊词》里呼吁大家，在本着发展本乡的同时，请不要忘记“国难”当前，而要共克时艰：

为了促进族务的发展，以及适应这伟大时代迫切的需求：于是就决定了本刊的诞生。

本刊是全族人士的喉舌，是革新族务的开路先锋。所以它一方面很热望大家均存着纯洁的动机，客观的态度，尽情地去批评一切谬误的理论，揭发那些有背乎全族利益的行径；另一方面，它热望大家要本着事实的教训和真理的指示，讨论本族当前的重要问题，阐明有利于族务发展的原则，务使我们的横湖，一步一步地踏向光明的坦途！

但是，目前我们的最大问题，却是民族抗战问题，这个问题才是中国社会的整个问题，也是每个中国人的切身问题。换句话说，民族抗战问题一日未解决，乡村是不能单独繁荣的。

① 《昌明青年》创刊号第 1 页：《前词》，1930 年 12 月。

所以，我们要“发展本乡”，同时也不要忘记当前的“国难”，因为这两个问题是分不开的。我们只要把这两个问题联系起来，作实践的研究。

我们固然要“从善如流”，但也要“嫉恶如仇”，这是本刊应该始终坚持的态度。

最后，我们很诚恳地希望全族人士：个个都本着爱护桑梓的热忱，毫不掩饰地发挥卓见，并于经济上作慷慨的援助，俾本刊得以发扬光大，向前迈进！①

创刊于民国三十八年（1949年）4月的《大岭青年》，其在《创刊的话》中表达出来的大岭青年是多么的纯真无邪，多么的朴实无华，多么的务求上进：

一个刊物的创始，似乎应该在刊前说几句话。这几句话说来是很应该。比如一个初见面的朋友，最低限度也要道出个姓名来。假如有人问到我们这本《大岭青年》的话，我们可以很简单的回答:《大岭青年》的取义，就是大岭“复生”力量的表现。

筹创这个“大岭留穗青年同学会”的动机，是由于在广州念书的本族青年，鉴于以往留穗的兄妹虽多，未曾相识者仍属不少，这显然是我们切身的损失。比方说，两兄弟在街上因故打起架来，都还不知道演了“煮豆燃萁”的悲剧。为避免如此这般的笑话，我们实在不容再延迟下去，于是由几位热心的老大哥来领导，在三月廿六那天，我们便在广州成立了这个会。我们的意旨就是希望藉这个机会，大家联络感情，在求学方面，大家来切磋琢磨，更进一步。大家合作发扬大岭精神，至于这个刊物——《大岭青年》，自然就是这个会新产的婴儿了。

我们筹划这一个刊物之前，起初不想打扰老前辈拉稿子，这原因并非有什么成见，理由却是刊物既是由青年人筹创的，也就应该先由我们这群

① 《横湖季刊》创刊号第2页：《发刊词》，1938年。

伙子来支持，诚然“牡丹虽好，犹要绿叶扶持”，后生虽可畏，惟然须靠赖教养有道的老前辈——我们的先进尊长底引导。故此，尊长辈赐惠的稿子，我们更感迫切需要了。

我们的立场是为真理而高歌；我们的口号是只事耕耘，不问收获。

相信，我们纯洁的大岭青年群，是没有党派存在的，但时间的意义，却认为是一个是宝贵的因素。换言之，亦即历史的行程，社会的背景，时代底潮流。每一个大岭青年工作者，应该能把握得住，不要让自己落在时代的后面。

今天，这个刚出生的婴儿——《大岭青年》，就以这样一个简朴的面目和读者诸君相见了。摇篮里的婴儿很幼稚，但她是大家的，希望每一个读者，都是她一个慈爱的保姆，来抚育她，栽培她，使她活泼，使她茁壮地长大起来！①

① 《大岭青年》创刊号第1页：《创刊的话》，1949年4月。

台山侨史学报

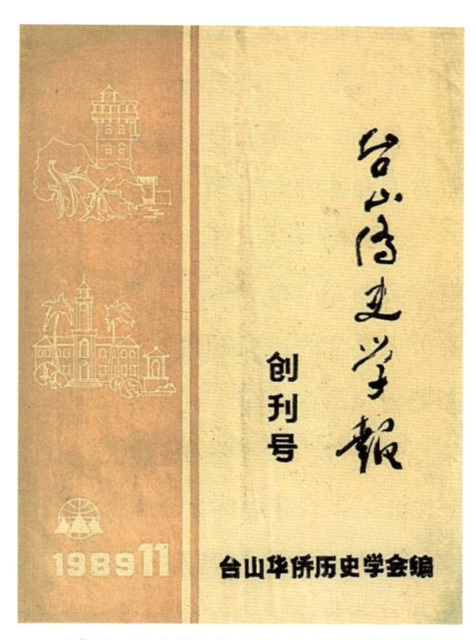

《台山侨史学报》创刊号（1989.11）

《台山侨史学报》是台山市（县）华侨历史学会主办的一份县市级侨刊，创刊于1989年11月。创刊时总编辑黄仲楫，栏目主要有《论坛》《史话》《人物》《消息》等。现已停办。

台山市（县）华侨历史学会成立大会于1989年1月27日在台城召开，大会通过了《台山县华侨历史学会章程》，选举产生了由14人组成的第一届理事会。选举陈卓权为会长，黄策经、伍润强、黄仁夫、赵伟群、雷国钦为副会长。

学会成立后，便想办个学报，但由于各方原因，迟迟未能实现。直至同年11月，《台山侨史学报》才正式创刊。

《台山侨史学报》的创办，深受广东省《侨史学报》和江门市《五邑侨史》的影响。广东华侨历史学会成立于1981年6月30日，是国内成立的第一个民间性质的侨史学术团体，主管单位为广东省华侨联合会。广东华侨历史学会成立后，创办了《广东华侨历史学会通讯》作为会刊。从1981年11月创刊至1984年6月，共出版了10期，接着因筹备改版和改名而停了下来（后来编辑出版了介绍华侨、华人、归侨、侨眷，以及侨乡建设的综合性刊物《华夏》)。直至1984年在江门召开年会，不少成员积极建议恢复会刊以保持这一学术园地。广东华侨历史学会经过认真考虑后欣然接受。为了办好这个刊物，他们对复刊后的宗旨、名称进行了一次意见征询，大家认为原来的会刊已不能完全反映学术研究的要求，因此决定将《通讯》改为《侨史学报》，并于1985年10月正式创刊。

江门市华侨历史学会成立大会于1984年11月25日召开，大会通过了《江门市华侨历史学会章程》，选举产生了由29人组成的江门市华侨历史学会第一届理事会，汪清为第一届理事会会长。会议决定出版会刊，定名为《五邑侨史》，于1985年冬季正式创刊。

台山作为全国著名侨乡，其侨乡地位在国内举足轻重。受广东华侨历史学会和江门市华侨历史学会的成立和会刊的创办影响，台山市（县）华侨历史学会的成立和会刊的创办得到社会各界有识之士的积极推动，并使之顺利如愿。

关于台山人出洋移居海外的历史，据《台山人涉外交往与出洋溯源》一文介绍，自宋朝时期就开始了：

宋祥兴元年（1278年）元兵大举进犯宋朝，宋皇无法抗御，宋丞相陆秀夫和太傅张世杰护送幼帝赵昺南下，驻扎在新会崖山抵抗元兵。其时，许多台山人为抗元而参军参战。大江沙涌乡伍隆起就是当年统率数千乡民抗元斗争的首领。后来崖山兵败，宋朝灭亡，一些参加抗元的台山人，为了避免迫害，跟随诸文臣武将，游离海外，或婿交趾（越南），或流远国，去寻求生路。

台山人移居海外的历史是以南洋为较早，美洲和其他地区为晚。[①]

台山人出洋移居美国者，大约在清嘉庆二十五年（1820年）至道光二十八年（1848年）之间。但那时，在美的华侨人数只有40人而已。

1848年美国西部发现金矿后，大批台山人向那里移居，参加淘金行列，出洋到美国形成第一个移民高潮；1865年美国太平洋铁路开始修筑，需要雇用大批劳工，台山人出洋到美国形成第二个高潮。仅1870年，就有5000人出洋到美国去谋生。1876年，宁阳（台山）会馆会员有七万五仟余人。沙栏村华侨李礽都于1877年回乡一次便招收200多人去美国当铁路工人。于此，台山人前往美洲谋生的便日渐增多。至1880年台山人在美洲地区的人数已达十二万人之数。1882年，美国实行排华法案，留居美国的台山人直线下降。1925年减少到七万人，至1930年只剩下六万人。除大部分回国定居外，其余流居美洲各地。第二次世界大战爆发后，留居在美国各地的台山人与各地华侨，一同参军参战，投入反法西斯侵略战斗行列，他们不少人在战斗中屡建功勋，享受崇高荣誉，从而提高华人在美的地位。1943年，美国会通过废除排华法案，实行新的移民政策，台山人移居美国人数又逐渐上升。1965年美国对华的移民条例实行与其他国家同等待遇后，移居美国的台山人占广东省移民配额的70%左右。1978—1988年，这十年间，移居美国和加拿大的台山人有八万多人。

台山人出洋到中美洲和南美洲的历史与北美洲的历史大致相同。从时间来看，大约在1810年就有台山人移居到古巴、巴西、墨西哥、哥伦比亚、秘鲁、委内瑞拉、千里达等国从事农业劳动，为庄园主出卖劳力。

台山人移居澳洲的历史仅次于美洲。据史料记载，在公元1850年以前，澳大利亚勃来坞金矿就有数百个台山人参加采矿劳动。据“维多利亚开发150周年纪念特刊”《海外风》载：雷亚枚1826年生于台山，年青时

---

① 《台山侨史学报》创刊号第6页：《台山人涉外交往与出洋溯源》，1989年11月。

移民新加坡、马来亚一带，以木工为业。1851年被卖往澳洲，后来成为一个成功的矿工。他写信给台山的兄弟，结果上千的四邑人来到维州金矿区。他后来成为维州金矿和马来亚锡矿的拥有者，是四邑会馆的创建人之一。①

由此可见，造成台山人大批移居外洋的成因有二：一是在封建制度统治下的台山社会，由于战乱频繁，民不聊生，加上台山人多地少，生产落后，自然灾害频发，农民连年失收，一些手工业者也相继破产失业。因此，在走投无路的情况下，他们被迫远走他乡，另寻生路；二是适值西方殖民者急需雇用大批劳动力，同时又受到外国传教士的影响，促成了台山人大批出洋，背井离乡，漂流异域。

有研究表明，早期去美国的华工大多数来自广东的珠江三角洲地区。其中60%来自台山。其余40%也来自台山周边地区，如新会、开平、恩平、南海、番禺、顺德、广州、佛山、东莞、中山和宝安等。以前曾有"美国华人半台山"之说，台山话成为美国华人社区通行的语言。

可以说，台山人民出国谋生的历史，是一部不堪回首的华侨血泪史。但值得庆幸的是，台山华侨勤劳勇敢、勤俭节约、勤奋好学，经过不断打拼，代代传承，逐渐在海外各地站稳脚跟，有的成为当地的佼佼者，甚至成为当地的一方领袖。如在澳洲名人大辞典中记载的台山人梅广达，是端芬龙腾里人，1859年跟随叔父到达澳洲谋生，被英国矿主辛蒲生收为义子，为他当中文翻译。后来，他分得红股便迁往悉尼，创办企业，在经营中国货物之时，更热心维护华侨利益，为加强中澳两国友谊做出了卓越贡献，成为澳大利亚著名华侨领袖。可以说，在海外像梅广达这样经过多年奋力拼搏而最后取得成功的华侨不在少数。

今天，我们要研究台山、江门乃至全国各地的华侨华人史，不但要研

① 《台山侨史学报》创刊号第6页：《台山人涉外交往与出洋溯源》，1989年11月。

究他们的出国史、奋斗史，更要挖掘他们的成功“秘笈”，弘扬他们的爱国精神，为振兴中华民族，为实现中国梦而共同奋斗。

为更好地展示台山华侨文化风貌，挖掘华侨奋斗历史，宣扬华侨家国情怀，台山市委、市政府特建设华侨文化博物馆，于2020年8月正式对外开放。

台山市华侨文化博物馆位于台城南新区，楼高六层，建筑面积10271.00平方米，外观设计将洋楼、骑楼等侨乡建筑特色元素嵌入其中，具有十分浓郁的“台山味道”。整个展馆以华侨文化、华侨名人、华侨文物和城市规划为主要内容，运用实物、图片及影视等方式，让观众可直观地了解台山侨乡历史文化的脉动和社会经济建设的发展。

广海通讯

《广海通讯》复刊号（1981.3）

《广海通讯》是台山市广海镇侨联会主办的一份镇级侨刊，创刊于1957年，后因故停刊。1981年3月复刊。刊号为CN–44（Q）第0058号。复刊时社长刘焕祥，主编黄伟韬，栏目主要有《城乡消息》《侨眷生活》《乡亲往来》《文教卫生》《通讯》《诗歌》《集俎》《专载》等。

《广海通讯》复刊时得到多伦多广海联合会大力支持，特别推选梁春晖、张良球、余社祯三人作为筹款专责人员，为《广海通讯》复刊积极募集经费，1980年10月汇回第一期捐款，折合人民币18555.29元，解决了《广海通讯》复刊经费之需，并承诺日后继续捐助。

广海镇地处台山市东南端，南临南海，与上、下川岛隔海相望，海岸线长15公里，广东西部沿海高速公路贯通东西，地理位置优越，水陆交通发达，被誉为古代“海上丝绸之路”，是台山市最旺、最发达的商埠和渔港，也是台山市著名的革命老区，是全国重点镇、广东省中心镇之一。

广海城古称“卫城”，因南临大海，海潮湿润，又称“溽城”。洪武十八年（1385 年），明太祖（朱元璋）命汤和于濒海筑城御倭寇。洪武二十年（1387 年）命都司花茂开始筹建广海城。洪武二十七年（1394 年）由胡大海督五营兵马兴建广海城。洪武二十八年（1395 年）竣工，至今已有 600 多年历史。现时的古城墙只剩下东门的一段，长约 200 米，高约 7 米。

民国二十四年（1935 年）为台山第五区。1945 年为第八区。1952 年为第二十区。1958 年称广海公社。1975 年析置南湾渔业公社。1983 年改广海区、南湾区。1985 年合并为广海区。1986 年撤区建广海镇。1988 年分为广海、南湾 2 镇（1988 年复设南湾区，旋撤区建镇）。2001 年，撤销南湾镇，并入广海镇。现辖 9 个村（居）委会，总面积 132.58 平方公里，总人口 44294 人（2020 年），港澳台同胞、海外侨胞 4 万多人。

广海镇坚持“工业强镇、商旅旺镇”的发展思路，发挥土地、海洋、区位、人文四大优势，打造“一港四区三基地”发展格局。“一港”即广海渔港；“四区”即大沙工业区、新城开发区、城西开发区、古城文化区；“三大产业基地”即皮革产业基地、水产品加工交易基地、休闲旅游基地。

广海镇现有耕地面积 3.4 万亩（其中水田 2.4 万亩，旱地 1 万亩），种植农产品有水稻、花生、蔬菜、花卉、水果等。广海镇从山坡旱地和海滩涂面积大的实际出发，引导农民大力发展塘鱼、虾、蟹、生猪、三鸟相结合的立体养殖业。全镇有淡水鱼塘 4000 多亩，咸水养殖 1 万亩，咸水养殖是通过“公司 + 农户”形式发展的，取得明显效果。

广海城是台山最早建立的一座古城，据传它的轮廓为一条船形，这在台山市人民政府网得到证实：

明、清两朝几经修葺的广海城，轮廓形状像一巨轮摆放在南海岸边，船头向西，船尾在东。城区由东至西长达 1300 米，由南至北约 750 米，城外四周挖有壕沟环绕。①

据称，广海城的原设计为罗伞形，是必出大富大贵人物的风水局，但建筑图纸呈报朝廷审核时，当朝国师怀有妒意，不批准原图而要求更改图纸，结果把广海城建成现在这个形状。据《广海通讯》介绍：

在广海城东门外，有两块大小一样的数尺高的石头，直立在校杯石村右侧的山坡下，形如校杯，故称“校杯石”。从石缝中以石击之，砰砰然作响，其声清脆，故亦称“砰砰石”；南门外有一块大石，形如斧头，叫“斧头石”；西门外横龙村后公路边有一块石，形如鸡髀，旁有一圆形石砧，叫“鸡髀石”；北门外侯王庙后山有一块大石，形如乌纱帽，故称“纱帽石”。

故老相传，初建广海城时，设计者原拟将这四块石头圈在城内，乃将建筑图纸呈报朝廷审核。但当朝国师认为照这个设计图建筑，则广海城将成为一个罗伞形，按风水形势来讲，将来必出大富大贵人物，乃怀有妒意。所以不批准原图而更改图纸，结果把广海城建成船形。并传说这是木船，每相隔 60 年船满载了，就遭一大劫。②

当然，这只是传说而已，人们不足为虑。现在，除了南门外的“斧头石”因修筑南湾公路而被炸毁外，其余三石尚完好无缺。

在广海城内，有一个“海永无波”公园，园内的山坡上屹立着一块镌刻“海永无波”四个大字的巨石。该石高 8 米，宽 9 米；每字高达 3 米，宽 2.2 米。自古以来，凡来广海潺城旅游者，很多人都慕名来此拍照留念，以求一生平安。原来，在这块巨石里隐藏着一个历史故事：天顺二年（1458 年）张通平倭大捷，写下“海永无波”四个大字，并由徐海摩崖刻上，以寓匪患已平，海面再无寇害之意，宣示民众祈求国泰民安的心愿，

---

① 台山市人民政府网：《广海古城》，2018 年 12 月。

② 《广海通讯》复刊号第 76 页：《广海四石的传说》，1981 年 3 月。

亦为平海贼记功而作。石刻左边有“钦差总督备倭都督张通书，巡视海盗副使徐海刻”的题款。2002 年 7 月，经广东省人民政府批准，“海永无波”摩崖石刻列为省级重点文物保护单位。

“广海咸鱼”是台山著名特产。“广海咸鱼”的腌制方法独特，历史久远。其方法是把白花、黄花等名贵鲜鱼插入生盐堆里腌制，鱼头向下，鱼尾向上。适时取出后，鱼身硬直、干爽，鱼肉结实、鲜明，列海外侨胞推崇的“台山三宝”（广海咸鱼、四九香薯、北坑草席）之首。

广海著名特产还有“区边芥兰”。区边芥兰以空心质脆，叶嫩味甜获得盛誉。在广海区边村一个土名叫水井东的田垌所产的芥兰最具特色。水井东北靠区边村，南临莲塘村，东接广海城边，形成小盆地，入冬气候较温和。加上土质肥沃，土壤下水源丰富，十分适宜芥兰生长。

汝南之花

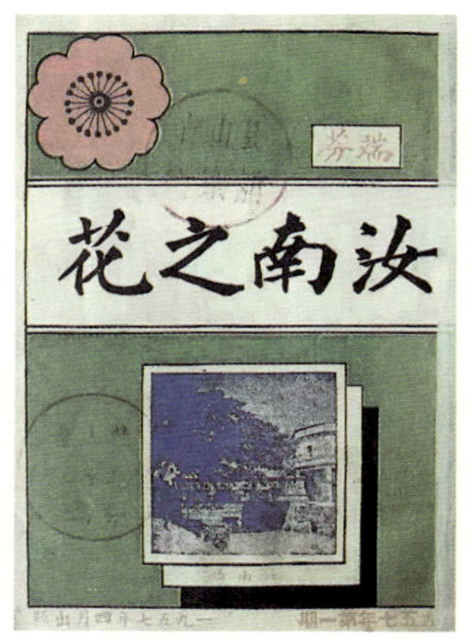

《汝南之花》复刊号（1957.4）

《汝南之花》创刊于 1931 年冬，始是台山端芬梅氏族人自办的一份族刊，其名取自端芬梅氏始祖郡“汝南堂”堂号。创办人梅文鼎、梅毓均，并组织端芬在台城读书的同学入会。办刊经费由入会者负担，稿件来源于学生。后因环境变易，从第三期起迁往广州西仓路端芬书院继续发行，由梅文鼎、梅重清两人主持，1937 年因日本侵华被迫停刊。

关于第一次停刊时间，在其 1981 年 3 月复刊号里有两种说法。一是创刊时原编辑之一梅重清在《我的几句话》中所说：“在 1937 年因抗日战争而停刊了”[①]；二是在另一文《〈汝南之花〉的回顾与展望》所说：“因抗日烽火弥漫广州，人事变动，于 1934 年被迫停刊”[②]。以上两种说法孰对？笔者更倾向于前者，即 1937 年。因为一是亲历者所说，说服力强些；二是 1937 年 7 月 7 日发生卢沟桥事变后，日本才全面入侵中国，因此第二种说法有误。

---

① 《汝南之花》复刊号第 36 页：《我的几句话》，1987 年 3 月。

② 《汝南之花》复刊号第 37 页：《〈汝南之花〉的回顾与展望》，1987 年 3 月。

《汝南之花》迨至1957年4月复刊，改由端芬公社主办，报道范围扩展到整个公社，成为镇级侨刊。复刊后出版至第十三期因故再度停刊。1981年3月第二次复刊，改由端芬镇侨联会主办，刊号为CN-44（Q）第0059号。复刊时社长梅文象，总编辑梅逸民，栏目主要有《家乡新貌》《乡情剪辑》《侨乡人物志》《地方志》《前程寄语》《芬水之声》《小服务台》等。曾获“全国侨刊乡讯评比”一等奖，“广东省侨刊乡讯评比”一等奖，“台山市侨刊乡讯梅建行奖”一等奖。

《汝南之花》复刊号（1981.3）

端芬镇位于台山市中西部，珠江三角洲西南部，素有“鱼米之乡”“排球之乡”等美誉。清代属矬峒都，民国后改称区。新中国成立初期为台山第十八区，1958年属广海公社，1959年析置端芬公社，1983年改区，1987年撤区建镇。2001年，原隆文镇部分行政区域并入端芬镇。现辖17个村（居）委会，总面积300平方公里，总人口6.06万人（2020年），港澳台同胞、海外侨胞11.8万人。

端芬镇委、镇政府确立“工业强镇、科技兴镇、农业稳镇、商旅旺镇、强镇富民”的发展战略，积极推进工业化、城市化和农业产业化发展。

工业方面，端芬镇交通要道台海路旁龙山路段和在靠近沿海高速公路入口凤山路段处设立了龙山工业区和凤山工业区，两大区已引进外资企业、内资企业30多家，包括五金家电、机械制造、电子电脑、服装、建筑材料、饲料、粮食等加工业。

农业方面，端芬镇气候温和、雨水充沛，是投资开发种植业和淡水养殖业的理想之地。先后办起七巧花木场、远宏鳗鱼场、三喜农场、福宝花场等，形成了具有本地特色的优质水稻、蔬菜、水果、水产、花木、禽畜、竹笋等农业商品生产基地。端芬镇有耕地面积6.49万亩，其中水田面积 5.3 万亩，岗地面积 1.19 万亩；山地面积 7.96 万亩，是台山市农业大镇之一。从 1998 年至今，端芬镇先后吸引了多位（家）投资者投资办场（厂），大大促进了端芬镇产业结构的调整和现代农业的发展。

梅家大院（汀江圩华侨建筑群）位于端芬镇大同河畔，于 1931 年由当地梅姓华侨以及侨眷侨属创建，现属省级文物保护单位。大院占地面积 80 亩，108 幢二层至三层带骑楼的楼房呈长方形排列，鳞次栉比，整齐划一，中间有 40 亩专供商贩摆卖商品的集市用地，平面布局看起来俨如一座小方城，故有“梅家大院”之称。始建之初，由于旅外华侨将各自旅居国的建筑特色融入自家楼房的建筑设计之中，因而大院的每幢建筑物既表现出欧美国家的建筑风格，又体现了中国传统的建筑艺术。虽然经过了 90 年的风雨侵蚀，但基本保留完好。国务院侨办主任郭东坡、省侨办主任吕伟雄以及一些国内建筑界的专家学者视察后都认为：梅家大院是目前全国保存得最完好，且具有一定规模的华侨建筑的典型代表。《临时大总统》《让子弹飞》等电影，广东电视台、西班牙国家电视台等反映华侨之乡情况的电视剧也以此为外景拍摄地，致使梅家大院蜚声海内外。

台山的洋楼多，而端芬翁家楼尤显个性与特色。翁家楼位于端芬镇庙边模范村，由端芬旅美、旅港翁氏乡亲请德国人设计，于 1927 年始建，1931 年建成。其中主楼三座，自北向南排列依次为翁玉书楼、翁沃文楼、翁相忠楼。因建筑外立面形似刘备、关羽、张飞被分别叫为刘备楼、关公楼、张飞楼。三座主楼风格迥异，展示出迷人魅力。

五邑人最喜欢的漂流度假胜地——凤凰峡漂流休闲度假区位于端芬镇境内。凤凰峡景区神秘悠久、原始幽深、山清水秀、气候宜人。四周山峦起伏，奇峰异石；峡谷峭岩跌宕，鬼斧神工；河道石貌多姿，溪水清流；两岸林茂竹翠，鸟语花香；沿途飞瀑奇岩，清溪幽泉。景区内古遗址较多，乡土味甚浓，又是有名的革命老区，是人们向往自然生态，追求返璞归真的理想旅游度假胜地。

白沙侨刊

《白沙侨刊》是台山市白沙镇侨联会主办的一份镇级侨刊，其前身为《白沙月刊》，创刊于 1924 年 6 月。

白沙位于台山之西南面，创刊之前，由于信息闭塞，各种事业落后于人，但自从新宁铁路开通之后，形势发生了很大变化。有鉴于此，白沙海内外有识之士发起筹办《白沙月刊》之事宜，以推动当地事业更上一层楼。此情此景下，《白沙月刊》应运而生，但发行不久后因故停刊。

1930 年 8 月第一次复刊，至抗战期间停刊。抗战胜利后于 1946 年 11 月

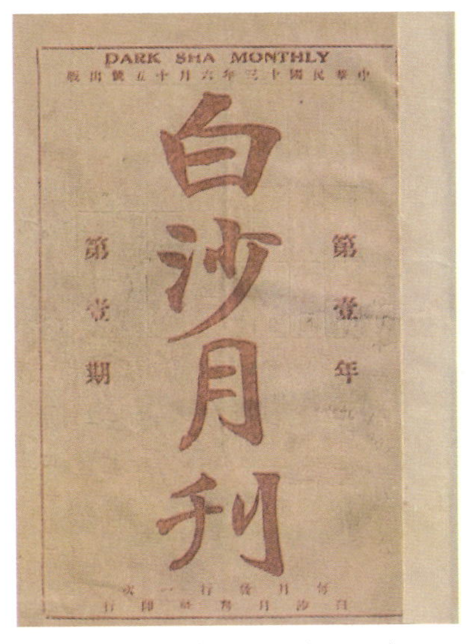

《白沙月刊》创刊号（1924.6）

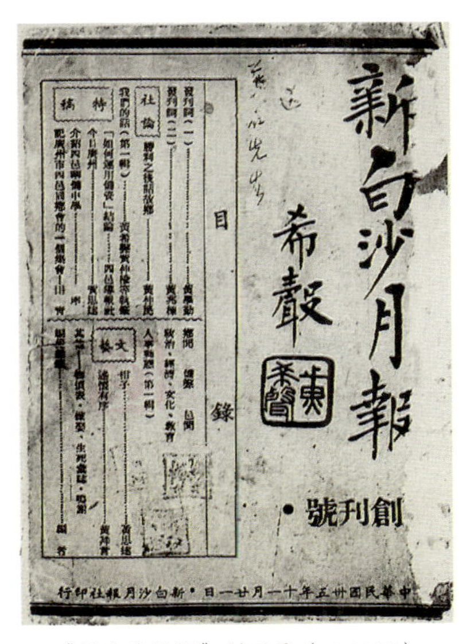

《新白沙月报》创刊号（1946.11）

第二次复刊。第二次复刊时，白沙人觉得抗战胜利为他们带来了新希望，与旧白沙完全不可同日而语，故改名为《新白沙月报》，以示从今以后有新的开始，并以创刊号面世，但不久后又因故停刊。

白沙侨刊刊号（1959.7）

《白沙侨刊》复刊号（1981.9）

1959年7月第三次复刊，又改名为《白沙侨刊》，后因故停刊。

《白沙侨刊》第三次复刊时，正值白沙乡和潮境乡合并为公社后不久。《发刊词》中写道："报道乡情之责，吾人实义不容辞，爰将《潮境月刊》改为《白沙月刊》。"这个说法实为有误。因为《白沙侨刊》的前身是《白沙月刊》，而不是《潮境月刊》。但合并之时潮境乡刚好办有《潮境月刊》，而两乡合并后称白沙公社，不叫潮境公社。为名实相符，取名《白沙侨刊》，一时误作由《潮境月刊》改刊而来。应该说这是《白沙侨刊》之复刊，并将《潮境月刊》合并进来。

《白沙侨刊》1981年9月第四次复刊，刊号为CN-44（Q）第0055号。复刊时社长黄洪宽。主编黄卓民，栏目主要有《潮沙消息》《侨胞爱乡捐资办学》《乡亲往来》《瓜棚豆架》《人物志》《百足拾英》《地方志》《掌故》等。曾获"广东省优秀侨刊"奖。

白沙镇北接开平市区，东连水步镇、台城镇，南临三合镇，西靠开平赤坎镇，距台城约30公里。属丘陵地区。明清时期属德行郡；1949年10月至1956年10月，属第六区区公所；1956年11月至1958年10月，白沙乡、潮境乡合并为白沙乡；1958年11月至1962年12月，属白沙人民公社（其中三八镇于1961年1月分出）；1963年1月至1968年3月、1980年8月至1983年8月，属白沙人民公社管理委员会；1968年4月至1980年7月属白沙人民公社革命委员会；1983年8月至1984年12月，属白沙区公所；1986年撤区设镇，设白沙镇人民政府。2006年在台山市“并大并强”的镇区撤并中，原三八镇与白沙镇合并成如今的白沙镇。现辖20个村（居）委会，总面积168平方公里，人口6.5万人（2020年），港澳台同胞、海外侨胞近13万人。

关于白沙镇名称的由来，据白沙镇人民政府介绍：

白沙镇因地处河边，潭江支流白沙河河床、河岸均为白色晶莹石英砂，沙堆成山，故而得名。①

白沙镇现有耕地面积61494.3亩，其中水（旱）地面积46460.3亩，岗地面积15034亩；林业用地面积79180亩；淡水养殖面积11528亩；水库面积3663亩。改革开放以来，白沙镇的各项事业发展突飞猛进，已逐步形成产业结构合理、基础设施完善、市场秩序良好的格局。1986年被评为首批重点工业卫星镇，2002年被定为台山金沙工业园白沙投资示范区。

在江门，有两个地方出产的萝卜比较出名，一是台山的潮境村，二是新会的甜水村。两地虽相隔一定距离，但用于种植萝卜的田地皆属幼沙混泥浆组成的沙浆粉田，土地松软不板结，耕作层深厚且不易渗水，加上水资源丰富易于灌溉，非常适合萝卜生长。潮境村出产的萝卜台山人简称为“潮境萝卜”，有甜脆、饱汁、嫩滑、无渣等特点，被誉为“本地小人参”。

台山康桥温泉坐落于白沙镇朗南铜锣地村，占地面积2400亩，以

① 白沙镇人民政府网：《白沙概况》，2021年1月。

“健康、悠闲、浪漫”为主题，充分利用水体、湿地以及山地资源，形成了人与自然和谐共处的生态环境，最大限度地保留了原有的植被、水系等自然生态系统，使得度假村掩映在一片生机盎然之中。自开业以来，先后荣获“国家 4A 旅游景区”“最佳设计精品酒店”“广东省综合实力十强温泉”“广东省最佳浪漫温泉”“广东省自驾游十佳线路”“广东省十大健康休闲示范基地”“广东省最受消费者推崇奖”，广东国际旅游文化推介会“重点推介单位”“国民旅游休闲示范单位”“活力广东自驾游最受车友欢迎景区”等荣誉称号。

2018 年元旦前夕，白沙镇充分利用本地资源举办了首届“萝卜温泉旅游文化节”，借此推广白沙现代农业与乡村旅游品牌，得到了良好的宣传效果。

白沙镇白沙圩于民国初建有“伏波楼”，颇为壮观，可惜早已拆毁。关于伏波楼的传说，乡间多流传，但众说纷纭，不知就里。今从《白沙月刊》1924 年第四期读得一文《登白沙伏波楼序》(作者：晓楼)。该文对伏波楼描述颇为详尽，且言简意赅，辞藻华丽，读后如亲临其境：

白沙居台邑之西南隅，地质瘠，物产稀，原非沃壤。然新旧墟及沙洲，成品字形，行商坐贾，聚集于此。民国纪元以前，各乡筑碉楼，以资防御。虽模仿洋式，独尤未足以壮观瞻也。自民国六年，在旧墟北帝庙后园，始建伏波楼，越年竣工。楼分四层，窗开四面，高至数丈，矗立云霄。岁次甲子之夏，予由香港旋乡，偕平昔同学，沿其梯，跻其巅，凭栏四望，览尽形胜。而忽有感于心。予观夫沙漠之地，平坦面积，纵横数十里，水流九曲而出。南则赤水横于楼前，如襟如带。遇春夏而涝于澎湃，逢秋冬而水清澈底。帆船往来，接触眼帘，睹河流窄狭，有不禁动疏河之感者矣。

此则百足山列于楼右，势若屏藩，巩似长城。岩断云连，石叠笋形，如远如近，恍在目前。察山脉之横斜，有想见开矿数次，仍无善法，而徒叹地利未兴者矣。

回首东瞻，振旂峰为是楼之后枕。转身西望，恩平河为是楼之朝拱。山明水秀，四时变幻，皆于登楼时仿佛见之。然睹物思人，顾名思义。将军铜柱今如在，交趾移来竖白沙。有对之而感念祖风者矣。

夫楼自告成后，常为乡团驻守，差堪自卫。今因兵队入居其中，虽暂驻忽去，而骚扰地方，卫民之兵，反以殃民，窃叹夫兵之卫民，不如民之自卫。昔人诏我不虚也。游观既毕，日已久矣。

归家为述颠末，其亦雪泥鸿爪之意云尔。①

① 《白沙月刊》第四期第83页：《登白沙伏波楼序》，1924年9月。

冲蒌侨刊

《冲蒌侨刊》的前身为《三星月刊》，创刊于 1957 年，始由世居冲蒌的余、梁、李三姓族人创办。以“三星”比喻“三姓”，谐音又有意义。后因人事变动，于 1965 年出版至第十九期时停刊。

停刊一年后，于 1966 年 4 月复刊。复刊时，为适应形势发展，将报道范围扩展至冲蒌全区。为求名实一致，遂改名为《冲蒌月刊》。复刊号《卷首语》中说：

《冲蒌月刊》复刊号（1966.4）

《冲蒌侨刊》复刊号（1981.12）

《三星月刊》更名为《冲蒌月刊》，其原因为《三星月刊》早已成为冲蒌全区华侨的乡书，按旨正名，故有此举。[1]

但想不到只出版一期后，因故被迫停刊。

1981年12月，第二次复刊。复刊时改名为《冲蒌侨刊》，刊号为侨字第0091号。复刊时，得到冲蒌港澳同胞、海外侨胞的倡议和支持，其中李华照捐港币2000元，麦之东捐港币1000元，伍紫英捐港币600元，麦华达、黄植文、李雪兰、邓柱鸿、伍梅生、李惠宁各捐港币500元。复刊时社长伍玩宏，总编辑李宝林，栏目主要有《家乡消息》《论坛》《蒌阳晨曦》《诗坛》《海外来信》《杂谈》《服务台》等。曾获“台山市侨刊乡讯梅建行奖”一等奖。

冲蒌镇位于台山市东南部，东邻都斛镇，西接三合镇和端芬镇，南近斗山镇，北靠四九镇。水陆交通方便，省道高铜线、新台高速公路贯穿全境，距台城市区18公里。明清时期属德行都。民国期间改第七区。1958年与斗山、都斛合并设斗山公社，1961年析设冲蒌公社，1984年改区，1986年撤区建镇。镇政府驻冲蒌圩。现辖17个村（居）委会，总面积125平方公里，常住人口3.7万人（2020年），港澳台同胞、海外华侨华人逾6万人。

冲蒌镇积极实施“科技兴农，‘三高’为主”的经济发展战略，加大农业开发力度，形成粮食、蔬菜、水果、水产养殖、畜牧五大生产基地。蔬菜种植业尤为发达，已逐步形成“一村一品，规模种植”的生产格局。冲蒌镇是台山市最大的蔬菜生产基地之一，尤以冬瓜、乌豆、红芋等特产著名。已形成“一区两市场五基地”协调发展格局。“两市场”是指圩镇贸易市场和台山市农副产品批发市场。“五基地”是指水稻高产示范基地、淡水养殖基地、畜牧基地、蔬菜基地、优质水果基地。

台山响水潭水库位于台山市冲蒌镇东面，斗山河上游，坝址距冲蒌

① 《冲蒌月刊》复刊号第1页：《卷首语》，1966年4月。

墟约7公里，建于1972年8月，1974年2月初步建成并发挥效益。水库集雨面积19.83平方公里，总库容2548万立方米，正常库容1840万立方米，是一座以灌溉为主，兼顾防洪、发电综合利用的中型水库，防洪捍卫下游斗山、冲蒌两镇人民的福祉。

冲蒌黑皮冬瓜，又名"青皮冬"，质优色润，外体均匀，肉厚皮薄，甘甜爽口，耐于储存运输，具宁神消暑、清热解毒功效，是桌上佳肴，绿色保健食品，久负盛名，远销京、津、沪等20多个省市。"冲蒌"牌"黑皮冬瓜"获国家农业农村部无公害农产品认证，被指定为上海世博会专用农产品。

冲蒌乌豆，盛产于海宴、沙栏、四九、冲蒌等地，尤以冲蒌产的为最佳。冲蒌乌豆豆身扁平，黑皮面带有一些灰白，豆背上有凹迹，人称之为"牛脚迹"。因在农历八月收获，故又称"八月豆"。时届冬令，台山人喜欢用乌豆配以猪肺、蜜枣、沙参、枇杷叶、百合、陈皮、姜片煲汤。这种乌豆汤具有药效作用，清润肺腑，化痰止咳。

冲蒌镇特色建筑众多，如西海的河洲村、竹洛的毓圣里、白岗的永盛村、官窦的龙塘村等。其中位于冲蒌镇白岗村委会的永盛村远近闻名。该村共有17幢洋楼，未进村已能观其威风。洋楼群建于1924年前后，当年是村里的防盗、防匪堡垒。原台山市博物馆馆长蔡和添介绍，永盛村洋楼群是台山乡村最具有代表性的洋楼群村落，对研究华侨文化、建筑文化地方史都具有较高的价值。

在这个静谧的村子里，飘着一股欧式风，每一座建筑各有风格，与村中的青砖平房建筑风格形成鲜明对比。1984年，反映侨乡生活的电影《加州来客》拍摄组到这里取景，当时的拍摄方——南海影业公司正是被村里的洋楼所吸引，慕名而来。2005年，在外出生的旅加女导演李家惠专程回乡，以其父亲爱国怀乡事迹为题材，拍摄了一部26分钟的纪录片《老爸同志》，此片在德国电影节中获得好评。

大江侨刊

台山市大江镇沙浦村委会位于大江圩南部，半包围着镇政府所在地大江圩，在大江圩一带很有影响力。1925 年 10 月曾创办过一份《沙浦月刊》，并被人们视作大江的一面旗帜，后来因故停刊了。《大江侨刊》是台山市大江镇侨联会主办的一份镇级侨刊，创刊于 1982 年 3 月，刊号为 CN-44（Q）第 0057 号。创刊时社长雷植屏，主编伍浪海，栏目主要有《论坛》《公社消息》《侨乡教育概况》《侨乡通讯》《侨乡市镇新貌》《文苑》《乡亲回乡信息》《诗坛》《侨乡人物》《找寻亲人》等。曾获“广东省优秀侨刊”奖。

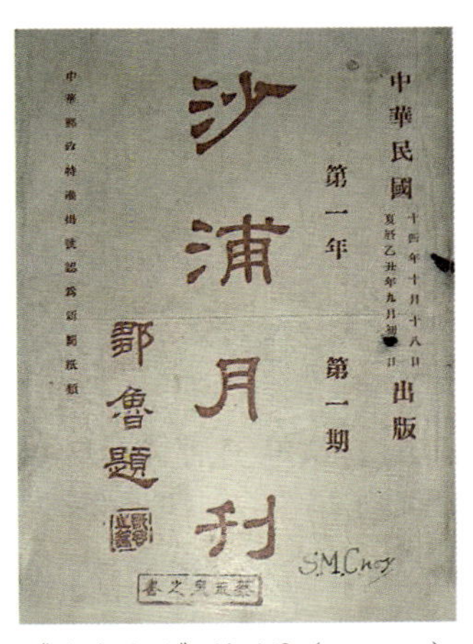

《沙浦月刊》创刊号（1925.10）

《大江侨刊》创刊号（1982.3）

当时，为做好港澳同胞和海外侨胞的通联工作，大江镇除了创办侨刊外，还在大江圩专门兴建了一幢名为“华侨之家”的宾馆，于 1982 年 5 月开业。该宾馆共五层，建筑面积 1890 多平方米，客房 24 间。

大江镇由大江圩发展而来，大江圩则为大江沙浦蔡族所建立。圩中有一条小河贯穿而过，河南即为大江圩，河北则为庙前圩。隔着小河的北边有个大江新市，原是雷、刘、汤、廖、陈等姓合股于民国十二年（1923 年）创建。

大江镇东与新会区罗坑镇相邻，南与台山市水步镇接壤，西北与开平市水口镇潭江相望。明清时期属文章都。民国时期称第二区。1958 年属红旗公社，1959 年设大江公社，1983 年改区，1986 年撤区设镇。2001 年，撤销公益镇，并入大江镇，镇政府驻大江圩。现辖 21 个村（居）委会，总面积 69.8 平方公里，户籍人口 4.7 万人（2020 年），港澳台同胞、海外侨胞 8 万多人。

大江镇是台山市民营经济的发祥地，是台山市工业重镇，经济总量位于台山市前列。近年来，大江镇充分发挥交通和资源优势，加大招商引资力度，完善潭江、江富、江东三个工业区基础设施建设，引入了一批著名企业落户，形成了铝型材、五金家电、古典家具、五金冲床、服装皮鞋、硬木筷子、印刷包装等支柱产业，金桥铝型材厂有限公司生产的“SAP”牌铝合金建筑型材是“中国名牌产品”，平安五金制品有限公司的“平安”品牌和港益电器有限公司的“绿岛风”品牌是“广东省著名商标”。2007 年，大江镇成为中国家具协会首个参与共建的“中国传统家具专业镇”。2018 年，“中国工艺美术产业基地”落户大江镇，成为广东省首个同类产业基地。

大江镇早在 1994 年已一跃成为工农业总产值超十亿元的经济大镇，成为当时五邑地区 3 个工农业总产值超十亿元的镇级经济体之一。

大江镇有斗洞茨菇、岐岭红茶等土特产。斗洞茨菇叶似箭头、球茎圆大，味甘可口，是当地人过春节必备菜蔬之一，寓意丰衣足食。岐岭红茶则以五六月份的新叶为最优，被誉为“红茶中的香槟”，泡饮时有一股清香味。

台山黄鳝饭是台山的一道名菜，属于粤菜系，尤以大江、水步两镇所出最为正宗。台山地临海滨，盛产黄鳝，再加上 20 世纪 80 年代本地物质条件还比较贫乏，喜欢研究美食的黄启能开始对黄鳝动起了脑筋，经过不断探索研究，他发现将黄鳝和米同煲煮熟后饭更甜，黄鳝更香，于是渐渐形成台山黄鳝饭的独特制法，深受食客好评，一直流传至今。

康和月刊

《康和月刊》由台山高等小学堂、康和学校校长陈碧山，教师黄笏南等人创办，创刊于 1922 年。

《康和月刊》创刊后，历时 12 载，旨在鼓吹公益事业，报道乡情，后因世界经济不景，捐款困难，印费无着，被迫停刊。1941 年秋第一次复刊，但半年后，由于香港沦陷，邮递阻梗，复刊三期后又再次被迫停刊。“是

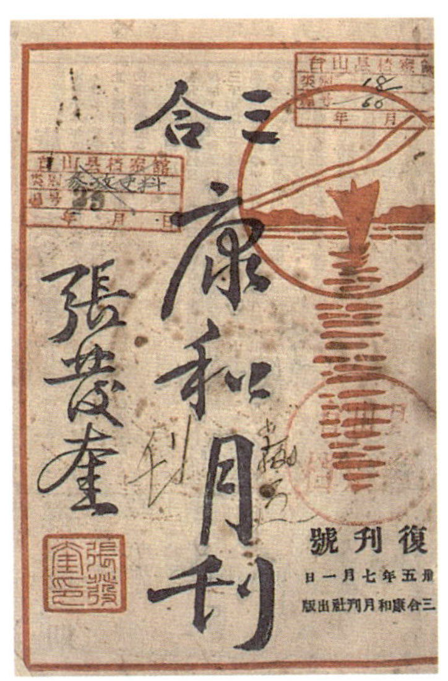

《康和月刊》复刊号（1946.7）

《康和月刊》复刊号（1984.9）

年（1946 年）夏，邵南兄归自广州，力促恢复出刊，以慰侨望，爰召开校友会议，协商复刊进行，几经筹划，今始付梓。”[①]《康和月刊》1946 年复刊号刊名由国民党陆军上将张发奎[②]题写。

《康和月刊》再次复刊后，由于报道消息全面，深得海内外乡亲的热烈欢迎，尤以海外侨胞最爱阅读。因此，众人热诚资助，除日常经费开支外，尚有盈余。1949 年，由陈笃周、陈博毅两位侨领发动侨胞，募捐港币 8000 元，在三合圩康和路购得铺位一间，作为《康和月刊》社办公之用。不料，在购得此铺后不久，《康和月刊》又因故停办。

改革开放后，乡人纷纷倡议复办《康和月刊》，但建议报道范围不再局限于本校一隅，而是包括三合全镇。于是，《康和月刊》复刊时，改由台山县三合镇侨联会主办，成为三合镇镇刊，1984 年 9 月正式复刊，刊号为 CN-44（Q）第 0063 号。复刊时社长陈壬锐、陈岳明，主编黄仲楫，栏目主要有《专论》《县闻》《游子心声》《区闻》《捐资育才赤子情深》《乡亲往来》《地方志》《三合通讯》《文苑》《诗坛》《摄影》等。

三合镇位于台山市西北部，明清时期属德行都，民国时改为第七区，1958 年改三合公社，1983 年改区，1987 年撤区建镇。现辖 10 个村（居）委会，总面积 253 平方公里，户籍人口约 4.5 万人（2020 年），港澳台同胞、海外侨胞 7.5 万人。

关于三合镇名称的由来，据三合镇人民政府介绍：

三合，因三合圩位于南面河（那金河）、西面河（西华河）和北面河（黎洞河）三河的交汇点，取其“三河汇合”之意。“三合”最初叫“三

---

① 《康和月刊》复刊号第 1 页：《复刊辞》，1946 年 7 月。

② 张发奎（1896—1980 年），又名逸斌，字向华，出生于广东韶关始兴县，汉族客家人，国民党陆军上将、北伐名将、抗日名将。曾任香港崇正总会名誉会长，是旅居香港的客家总会发起人。曾获授“青天白日勋章”（149 号）、首批“抗战胜利勋章”、美国“总统自由勋章”等奖章。

夹”，三合人称“合”字为“夹”谐音，故名三合。

三合这个地名，始见于明朝。《方与纪要》载：“嘉靖三十年讨饭瑶……贼平，乃设更鼓、那西、三合水、金鸡头诸营。”《新宁县志》中“嘉靖三十五年（1556年），平石鼓盗，复置三合、那西等六营，以防余寇。”早在清朝雍正十二年（1734年）就有人在三合这个地方建铺立店。清朝道光元年（1821年）以前三合圩有新圩、旧圩之分。据清道光十九年（1839年）修的县志记载：“孔公岭东为半山，其下为三合旧圩”，“龟山西为交颈岭，又西为境山，其下为三合新圩。”新、旧圩之间有中间桥相通。公元1734年至1839年，三合圩逐步形成了三合地区民间自由集市的地方，到了清朝同治元年（1862年）三合圩正式建立圩。随着时代历史的发展，三合圩也就成为全镇的政治、经济、文化的中心。①

三合镇拥有丰富的地热资源，温泉是该镇一大特色，三合温泉素有“广东第一泉”美誉，富含30多种对人体健康有益的微量元素，日流量可达4200吨。早在20世纪90年代，该镇已开始开发温泉旅游项目。镇内现有颐和温泉城和喜运来温泉酒店两大温泉旅游龙头企业。近年来，该镇深入贯彻市委、市政府“全域旅游”发展战略，牢牢把握“广东省温泉旅游名镇、台山市宜居城镇、城郊生态休闲基地”发展定位，正加快温泉旅游特色小镇建设的步伐。

据悉，南宋丞相陆秀夫墓位于三合镇联安地区的马山。墓为土筑，墓碑高78厘米，宽44厘米，碑石为花岗岩。正刻“宋左柱围右丞相讳秀夫谥忠贞陆府君墓”。落款为“祀孙赐进士出身诰授中宪大夫置广西安察使司分巡右江备道花霖乡进士行中、树英、文祖、锦泉等重修”。据史料记载：南宗祥兴元年（1278年）七月，丞相陆秀夫、大傅张世杰护少帝赵昺立行朝于崖山，建行宫三十，筑军营三千，造战船数百，组织官员兵民军

---

① 三合镇人民政府网：《三合的由来》，2019年10月。

二十万据险扼守，抗拒元军。祥兴二年（1279年）二月初六，元军水师大败守军于崖门海上，陆秀夫在崖门战败负幼帝昺投海殉国。他的尸体漂近海边，被人捞起，葬于二城（即今台山市都斛镇义城村）。明代才在此建筑庄严的坟墓，坟旁盖有房子，墓前设置石马石狮；还安置了守墓人，并设有守墓人家。二城村就是原来的守墓人家发展起来的。后来，村中的当权人区长德，为贪陆秀夫墓"风水好"，毁平陆秀夫墓以建住宅。他把陆秀夫的棺木挖起，抬至村北的马鞍山烧掉；又把墓前的石马、石狮抛落村前的河，把墓碑断成两截并凿掉碑文。他还把二城村改名为义城村，威胁村中人不准外传。对外来访寻陆秀夫墓的人，则说此地是义城不是二城，二城在新会。

原二城村陆秀夫墓，大约在明初（1370年前后）建造，清初（1645年前后）被毁。清朝中叶，陆秀夫后裔子孙曾力争在原地恢复旧墓，但终不可得，于是决定寻一风水宝地重建。风水名师追龙寻穴，一直追到台山三合镇联安与开平东山镇交界的马山，看到这马山酷似奔马，且山灵水秀，气势恢宏，乃风水宝地。于是选择在三合镇联安马山上的"马舌"上重建。

汶村侨情 / 宴都侨情

《汶村侨情》创刊于1984年12月，是台山市汶村镇侨联会主办的一份镇级侨刊，刊号为CN-44（Q）第0065号。创刊时社长谭成复，主编陈吉星，栏目主要有《专载》《区闻》《乡讯》《工农商》《文化教育》《地方人物》《诗词》《散文特写》等。

《汶村侨情》创刊号（1984.12）

1984年5月初，台山县召开新中国成立以来规模最大、规格最高的侨务工作会议，汶村区根据县委部署，认真做好各项任务工作，深得侨胞赞扬。时任区委书记谭成复倡办侨乡刊物，并积极牵头、亲自主持，使《汶村侨情》于同年12月应运而生。

《宴都侨情》改刊号（1985.6）

同时，汶村镇政府还积极筹建汶村华侨乐园，于1984年8月破土动工，1985年初竣工。汶村华侨乐园主楼三层，面积约700多平方米，主要作为海外华侨回乡接待之用。

《汶村侨情》创刊后不久，因海宴都所属的汶村区、海宴区、沙栏区分别命名为海宴西区、海宴中区和海宴东区，为顺应地名变更，《汶村侨情》从第二期（1985年6月）起，便改名为《宴都侨情》。

1992年，陈吉星退休，李寿坚接任。至1994年10月，《宴都侨情》共出版至第16期后停办。

2002年年初，镇政府根据原汶村镇委书记刘荣炽的提议，决定由镇社会事务办恢复出版侨刊。同年4月，《宴都侨情》改名为《汶村侨情报》后重新出版，主编仍为李寿坚。至2003年12月，共出版4期后又停刊。

《宴都侨情》复刊号（2018.12）

2018年8月，汶村镇委、镇政府决定：由镇侨联会负责恢复出版《宴都侨情》。同月，《宴都侨情》编辑班子组成并开展工作。时任汶村区委书记、后任珠海市政府秘书长的谭成复先生，得知此事后，不减当年热情，积极牵线搭桥，发动旅港乡亲甄炳权先生给《宴都侨情》社捐款3万元，同时自己也捐了3万元。另外，在深圳做生意的容少群乡亲、旅港陈灿照乡亲也各捐款3万元，很短时间内就解决了办刊经费的燃眉之急。2018年12月，《宴都侨情》再次复刊。此次复刊社长吴锦忠，主编陈新；栏目主要有《特稿》《沟通》《要闻》《专题》《人物》《走笔》《彼岸》《史谈》《创作》《侨务》等。

汶村镇位于台山市西南部，南濒南海，北靠笠峰山系。明清时属海宴都。民国时期属第九区。1952年改称第十四区，1958年属海宴公社，1959年析置汶村公社，1983年改区，1984年6月成立鱼地镇，1985年更名海宴西区，1986年撤区建镇，1993年更名汶村镇，2001年撤销横山镇，并入汶村镇。现辖16个村（居）委会，总面积175平方公里，总人口6.2万多人（2020年），港澳台同胞、海外侨胞达5万人。

据传，南宋咸淳八年（1272 年），宋度宗听信奸臣贾似道谗言，说广东南雄百姓造反，于是派兵镇压，先祖被迫迁至现汶村此地。因此地当时濒海，先祖到此后只能捕鱼为业，故称此地为捕鱼地。又传，先祖被迫迁至现汶村此地时，“此时，仍属海边。随着物换星移，渐变海为田，露出高埕，形像‘捕鱼’，故名曰：‘捕鱼地’。”①

汶村镇之得名，是因该镇中心有一汶水源于台山笠帽山，聚于大陂头，环村而出沙口，入南海，直通太平洋之故。

汶村镇自然资源和海洋资源丰富，平均水深 13 米的镇海湾环绕西南，有可停泊 3000 吨级货轮的横山渔港、犸佬咀码头和 5000 吨级渔港综合码头，与香港、澳门的距离分别为 98 海里和 70 海里。据汶村镇人民政府介绍：

（汶村镇）海岸线长 36 公里，有近 6 万亩的咸围养殖区，其中人工放养的虾塘约 3 万亩、养蚝咸围约 2 万亩、鳗鱼塘约 1 万亩，另有近海吊养生蚝约 5 万亩；台山三大渔港之一的横山渔港，有渔船 465 艘，总吨位 11600 吨，渔业产量 14630 吨，渔业产值 17251 万元，目前，正申报升级为国家一级渔港。②

2020 年，以汶村蚝为代表的“台山蚝”荣获中华人民共和国农产品地理标志登记证书，是继“台山鳗鱼”“台山青蟹”之后，第三个获得此殊荣的台山水产品。

台山蚝保护区域主要包括深井、汶村、北陡、海宴、川岛、广海、都斛、赤溪 8 个镇，养殖面积 6200 公顷，年产量 85300 吨，产值 15 亿元。台山濒临南海，得天独厚的镇海湾水域有着咸淡水交汇的优势，海产品十分丰富，特别适合蚝的生长。真正的台山蚝，产自台山海域 60% 咸水

---

① 《汶村侨情》创刊号第 27 页：《话说渔地镇的昨天、今天与明天》，1984 年 12 月。

② 汶村镇人民政府网：《镇街概况》，2020 年 1 月。

和40%淡水交界处，个体肥壮、色泽乳白，且肉质嫩美可口，极富营养，每年11月至次年4月间，为其最佳食用季节。而产自汶村的台山蚝，有“金蚝”之称，是蚝中珍品，素以“一大、二肥、三白、四嫩、五脆”为特点，常被蚝迷们惦记。

2016年年初，汶村镇在横山渔港成功举办了第一届金蚝美食节。这富有创意的以蚝为主题的大型活动，吸引着海内外不少旅游公司和游客前来捧场，为推广台山蚝助了一臂之力。据悉，此届美食节举办了一场“蚝王”竞拍活动，从全镇蚝场中挑选出来的“蚝王”，长23厘米，宽7厘米，体重半斤，起拍价5000元，最后经过数轮竞拍，被深圳一老板以3万元高价抱得“蚝王”归。

汶村镇有4万亩肥沃水田，盛产莲藕、茨菇、马蹄、苦瓜、大蒜等优质传统农产品。全镇有水库7座，正常总库容1780万立方米。西南工业区是台山市五大工业园区之一，工业区规划面积15000亩，近年来积极招商引资，已成功落户多家企业。有正在开发的海上神灶温泉度假村和鸦洲山度假村，有市一级文物保护单位“凤山骚坛石刻”等文物古迹。

在汶村镇神灶岛，有一世界罕有的天然海上温泉及海藻矿物泥温泉。神灶岛海域生态环境好，天然育成神灶生蚝、跳跳鱼及候鸟群。风景独特，优美浪漫。神灶温泉与下川漭洲岛隔海相望。景区建于滩涂海泥上，有着温泉景区罕见的特色：涨潮时，部分温泉泡池隐没于海水中，也有部分泡池建于海水淹不到的高度，更有两三层楼高的空中泡池，让游客在享受温泉时光的同时，瞭望无边海景，观看潮涨潮退、日落日出。除了温泉泡池，还有泥浆浴池，千万年地下温泉冲积出来的矿物质和着海泥，在享受海泥柔软爽滑的同时还具有一定的美容功效。

海宴侨刊

《海宴侨刊》是台山市海宴镇侨联会主办的一份镇级侨刊。据《海宴侨刊》1985年9月复刊号《复刊词》介绍，海宴曾办过《海宴民报》和《朗峰双月刊》等刊物，虽刊名不同，但宗旨一样，均属侨刊，故将《海宴侨刊》视为复刊，刊号为CN-44（Q）第0064号。复刊时社长陈月谋，主任编辑赵岳明，栏目主要有《乡闻》《拳拳赤子心》《诗坛》《政策》《故乡特产风景》《谈古论今》《科学小品生物趣闻》《县闻》等。

《海宴侨刊》复刊号（1985.9）

据《历史文化集——侨刊乡讯》（梅伟强著）和《五邑侨刊图志》（傅健、黄明亮著）介绍，《海宴民报》创刊于1933年，但没有谈及《朗峰双月刊》任何情况。笔者在台山档案馆另查有1950年7月创办的《海宴导报》创刊号一份。其在《发刊词》里虽没有提及《海宴民报》，但笔者相信，《海宴导报》应是《海宴民报》的复刊物。因其创刊时正好是新中国成

《海宴导报》创刊号（1950.7）

立后不久，台山侨刊的承办者在为过去的侨刊复刊时很多会另取新名，以示区别。正如《莘村族刊》在新中国成立初期取新名为《新莘村》一样，《海宴民报》也另取新名为《海宴导报》。只可惜，《海宴导报》后来也因故停刊了。

1985 年，《海宴侨刊》在筹备复刊的过程中，得到海外乡亲的热情关怀和大力支持。旅港乡亲谭达贤先生带头捐资人民币 3000 元；旅巴西乡亲赵新明和旅港乡亲赵日均、赵源稳三位先生为侨刊社赠送摄影机一台，办公台、椅四套，电子钟一个；同时，赵日均还向侨刊社送来他自己拍摄的家乡新貌彩色照片数十张；美国芝加哥海宴公所、海宴楼业公司各捐款美元 100 元；另外，还有不少海外华侨捐款，集腋成裘，才使《海宴侨刊》得以顺利出版发行。

海宴圩本是旧村寨。早在宋朝末期，雷、黄二族开始在廊峰山下立寨，从事渔业生产活动，后宋太祖赵匡胤的后代赵崇谐等人逃难来到此地，见海面风平浪静，地势又有利，决定在此扎寨，与雷黄二寨相靠，逐步扩大成村，由小到大，随着自然条件的变化，海水渐渐下退，成为海滩，祖先们经过多少个春秋的艰苦奋斗，把一部分海滩改造成平原，使这里成了鱼米之乡，随后发展成为集镇。宴也为“平安”解，取风平浪静之意。

海宴镇位于台山市西南部，濒临南海。清代属海宴都。1935 年称第七区，1945 年称第九区。新中国成立初期称第九区，1958 年建海宴公社，1959 年析出汶村公社，1961 年析置沙栏公社。1983 年改海宴区、沙栏区；1985 年 6 月，海宴区更名为海宴中区，沙栏区更名为海宴东区；1986 年撤区建海宴中镇、海宴东镇，1993 年更名海宴镇、沙栏镇。2001 年，撤销沙栏镇、海侨镇，并入海宴镇，镇政府驻海宴圩。现辖 25 个村（居）委会，总面积 243.5 平方公里，常住人口 8.8 万多人（2020 年）。

海宴圩东北面有座虎山，正北面有座廊峰山，圩镇坐北向南，东南沿边有一条海宴河，河的上游在桂南、碌古有两个中小型水库。海宴镇海洋资源丰富，是台山市传统农业大镇和江门市花卉专业镇。据海宴镇人民政府介绍：

全镇耕地面积 7.68 万亩，其中，经济作物种植面积约 1 万亩，水稻种植面积约 5.3 万亩。山林总面积 13 万亩，其中，经济林种植面积 8 万亩，生态林种植面积 5 万亩。

全镇花卉种植面积 10000 亩，以富贵竹和剑兰花种植为主，其中，富贵竹种植面积 6000 亩，剑兰花、发财树等种植面积 4000 亩，花卉产品出口到国内各城市及荷兰、美国、日本、新加坡等众多国家。

拥有 27 公里长的海岸线，水产养殖面积 7.1 万亩，其中，咸围养殖面积 3.3 万亩，滩涂蚝排养殖面积 3.8 万亩，养殖的对虾、生蚝畅销全国各地。①

海宴镇工业起步较晚，产业以纺织、装饰工艺为主，主要有捷德纺织、宏雅手绘墙纸、梁氏工艺等企业。

海宴莲藕是台山著名特产。海宴莲藕有两大特点，一是又肥又大，最大的一株可达五六斤重，尤以三沙、三安等地出产的为最佳。二是淀粉含量特别多，煲熟的莲藕，松得裂开，用来煲汤，清甜而有粉腻；削成薄片，以猪肉或牛肉片炒之，脆口无渣，是夏季的上等菜。

海宴华侨农场（台山市海侨经济区）是我国老华侨农场之一，是于 1963 年由我国国务院侨务办委托广东省侨务办为安置印度尼西亚、越南、泰国、马来西亚、印度、菲律宾、新加坡、缅甸、柬埔寨、老挝、文莱等东南亚国家和地区的归难侨而创建的。现在全场（区）仍有归难侨 3000 多人，籍贯分布全国 9 个省 59 个县（市）。由于这些归难侨来自世界多个国家，所以还保留浓郁的原侨居国的生活文化习俗，素有“小小联合国”

① 海宴镇人民政府网：《海宴镇概况》，2020 年 10 月。

之称。

海宴华侨农场历经三次易名和三次创业过程。第一次创业是 1963 年建场，当时这里是一片荒无人烟的滩涂，国家特别关怀这些归难侨，对他们的住房、生产、就业、教育、医疗等基本生活权益给予充分保障，使归难侨失去的家园得到了重建。特别是通过依靠政府强有力的扶持和发挥归难侨自强不息，与命运抗争的顽强精神，终于把沧海改变成良田，把盐碱地改造成“糖仓”，建立了 1 万多亩的甘蔗生产基地，兴办了一座日榨量 700 多吨的糖厂，形成公司 + 基地 + 农户的产业化经营模式；第二次创业是 1996 年建镇，进一步调整思路，制定和实施了“一图、二路、三工业、四大开发、五大基地”的发展战略，使华侨农场进入了一个崭新的发展时期；第三次创业是 2001 年 9 月撤镇建立经济区，又进一步促进了生产力发展，改变了经济落后的面貌。现在形成了以甘蔗为主业，食品加工、电子、化工三大产业争上规模、上档次、创特色新格局。

根据丰富的人文资源和独具特色的民俗风情，该场近年还推出了特色风情游，成为台山市乃至江门五邑地区的旅游新亮点。印尼归侨家庭博物馆已经成为该场一张鲜活的华侨文化名片。

海宴镇名胜有蓬岛、飞鹅石、廓峰楼等。蓬岛，又名瀛洲，位于海宴圩东部海滨，全岛均为岩石组成。巨石嵯峨，千姿百态，岛中有数块巨石垒叠而成一石室，前人在石室上书写斗大的“蓬岛”二字，石室内有前人书画数幅。站在蓬岛高峰上，山嘴、上下川岛尽收眼底，再听着浪涛声，像置身于蓬莱仙境。飞鹅石位于海宴镇仓定村西面的花果山上，由数巨石组成一飞鹅状，昂首展翅，如起飞之态，每石方圆有数丈之巨。

水步侨刊

《水步侨刊》是台山市水步镇侨联会主办的一份镇级侨刊，创刊于1985年12月，刊号为广东侨刊登记号第78号。创刊时社长雷登，总编辑雷超平，栏目主要有《区闻》《地方志》《人物志》《侨情动态》《文教卫生》《侨眷生活辑要》《来鸿去雁》等，刊名由台山旅港著名实业家雷登[①]先生题写。

《水步侨刊》创刊号（1985.12）

坐落于水步镇水步墟的水步侨联大厦和雷登医院为雷登先生捐建。水步侨联大厦于1981年4月10日落成，为一座园林式五层大楼，建筑面积2700多平方米，一楼大小餐厅共七个，二楼至三楼开设旅业，成为当时水步镇最豪华的接待酒店。雷登医院于1986年5月18日落成，占地面积16275平

① 雷登（1924—），水步镇井岗乡新安村人，世界雷氏宗亲总会永远荣誉会长、台山镇水步旅港澳联合会会长，台山镇水步侨刊社社长。在港主要从事酒楼生意，先后开设恒兴置业有限公司、大富酒楼、香城酒楼、凯旋楼酒楼等。他热心公益事业，在家乡捐资兴建有水步侨联大厦、雷登医院等。

方米，建筑面积 3250 平方米，主楼高三层，内设 16 个诊室、1 个化验室、1 个透视室以及中西药房等，为当时台山一流的镇级医院。

水步镇位于台城以北，开平长沙以东。明清时期属文章都。民国时期属第二区、第四区。1950 年属台山县第十三区，1958 年与大江乡合建红旗公社，1961 年析设水步公社，1984 年改区，1986 年撤区建镇，镇政府驻水步圩。现辖 21 个村（居）委会，总面积 111 平方公里，户籍人口 4.7 万人（2020 年），港澳同胞、海外侨胞 7.7 万多人。

关于水步镇名称的由来，据《水步侨刊》介绍：

（水步）清嘉庆四年（1799 年）始建，因当时水步头堡是许姓的总称，原名水步头墟，故而得名。始由水步墟、公和市、新荣市三个墟市合并而成。[①]

水步镇以“工业强镇，第三产业旺镇，农业稳镇”为发展战略，综合实力不断增强，是珠江三角洲重点工业卫星镇和广东省乡镇企业百强镇。全镇利用丘陵山多、坑田多的实际，大力发展种植业和养殖业。其中毛薯（土名猪仔薯）和鸡爪芋是该镇特色农产品。

毛薯硒含量及富硒率明显高于其他种类的农作物，能有效提高人体免疫力、抵抗癌症和心脑血管的发病率。现水步镇的毛薯种植面积近 1000 亩，亩产量约 1500 公斤，亩产值达 7000 多元。鸡爪芋学名疣柄磨芋，为天南星科魔芋属的植物，性微温、味微甘，有小毒，茎块要明火煮 1 小时以上才能解除毒素，有健脾胃、促消化、补气补血、清热解毒之功能。对虚汗、便秘、慢性肝炎、胃下垂、腰痛等症状有一定疗效。现水步镇的鸡爪芋种植面积近 250 亩，亩产量约 1000 公斤。

水步镇水牛美食节在五邑地区极负盛名，于每年重阳节期间举办，经久不衰。新鲜的牛肉吸引着大量“吃货”，无论是本地群众，还是外地游

---

① 《水步侨刊》创刊号第 30 页：《水步区镇乡简介》，1985 年 12 月。

客，都纷纷来到水牛节现场凑热闹，一起体验这个喜庆的传统民俗。

该风俗起源于水步山口墟，至今已有100多年历史。相传清朝年间，后山上有一座北帝庙，光绪二十一年（1895年），横水举人刘维甲见原来北帝庙年久失修，便从风水角度考虑，将原址西移一箭之地进行重建。重阳节这天，乡族父老为慰劳工人，在山口圩宰牛为他们加菜，同时留一部分便宜卖给工人。有一位江乡沙浦蔡姓工匠，是位孝子，其母当时正患病卧床，多日粒米未进，危在旦夕。蔡姓工匠收入并不富裕，但想起老母亲很久没有吃过肉食了，就倾囊买下了2斤牛肉。回家后，他苦思冥想怎样烹煮牛肉，无奈家徒四壁，实在没有其他的作料。只得在屋后的菜地里挖几块姜和摘几根葱，洗净去皮做清炖牛肉。没过多久，牛肉香气四溢，老母亲嗅到后提起精神，直呼儿子说要吃牛肉。当时牛肉还没炖到火候，但蔡姓工匠不想逆母亲意，便捞出几块牛肉剁碎后让母亲连汤服下。意想不到的是，老母亲吃后病情减轻，不久就痊愈了。事情传开之后，民间都称赞蔡姓工匠的孝心感动了北帝圣君，后又相传凡吃过在山口圩宰杀，在北帝庙煮食或带入北帝庙的牛肉的人都能祛病除痛。于是每年重阳节，横水族人就宰牛卖肉，众人纷纷购买，从此成为当地的风俗。

2017年，水步镇大岭村被评为中国首批“全国绿色村庄”。水步镇大岭村范围包括田心、南安、洞庭、上蓼塘、下蓼塘、岭桥、兴隆、大塘、永兴、南安、南闸、北闸等自然村。进入大岭，环视四周，条条自然村都是茂林修竹，房屋四周被绿色环抱，到处翠绿润目，好像走进了一个绿色的世界。

曹峰侨刊 / 赤溪侨刊

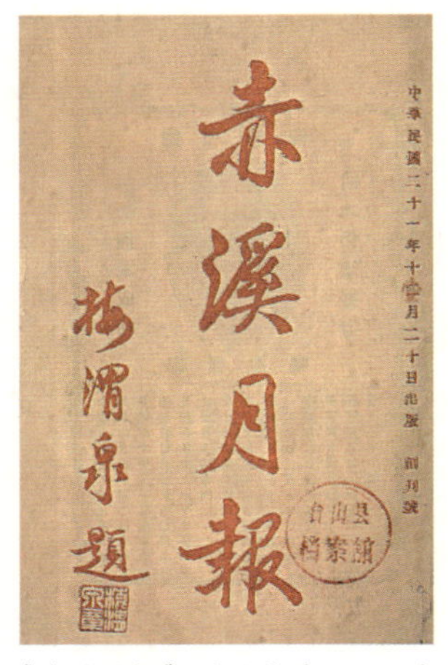

《赤溪月报》创刊号（1932.12）

《曹峰侨刊》复刊号（1987.9）

早在民国初期，赤溪便办有《新赤溪社月刊》和《溪声月刊》，后因故双双停刊；1932年12月，赤溪官府创办《赤溪月报》。那时，赤溪为县建制。1953年，赤溪县并入台山县，为台山县属下第十九区。

1957年11月，赤溪区创办《曹峰侨刊》。刊名因赤溪境内有曹峰山而取，后也因故停刊了；20世纪60年代第一次复刊，但仅出版3期后又停刊了；1987年1月，赤溪改为镇建制。同年9月，《曹峰侨刊》第二次复刊，刊号为广东期刊登记号第101号。复刊时社长林国钦，主编黄金水，栏目主要有《曹峰山下》《海外侨情》《茶余饭后》《诗坛》《教育消息》《通讯》《台山消息》等。曾获“广东省侨刊乡讯评比”三等奖、“台山市侨刊乡讯梅建行奖”二等奖。

2007年1月，为提高赤溪的知名度，应海内外乡亲的要求，《曹峰侨刊》改名为《赤溪侨刊》。

赤溪镇位于台山市东南部，濒临南海，毗邻港澳。因三面环海，所以又叫赤溪半岛。这里有丰富的自然资源，有广阔的平原沃野，有纵横交错的河流山涧，是台山市著名的鱼米之乡。

《赤溪侨刊》改刊号（2007.1）

自清朝雍正、乾隆年间始，赤溪半岛已成为中原南下客家人聚居的集散地。清同治六年（1867 年），成立赤溪厅，直属广东布政司。民国元年（1912 年），赤溪厅改为赤溪县，隶属粤海道。1950 年至 1952 年，属粤中专区。1953 年，并入台山县，为台山属下第十九区。1958 年，实行政社合一，称赤溪公社。1983 年，改制称区。1986 年，撤区为镇。1991 年，析置田头镇;2001 年 9 月，赤溪、田头两镇重新合并，仍称赤溪镇，镇政府驻田头圩。现辖 11 个村（居）委会，总面积 254.20 平方公里，户籍人口 3.5 万人（2020 年），港澳台同胞、海外侨胞约 6.5 万人。

赤溪镇属亚热带海洋性季风气候，农业和旅游资源丰富，是台山唯一的纯客家人聚居地。在这块蕴含着 300 多年历史文化的神奇土地上，繁衍了生生不息的客家子民，传承着光辉灿烂的客家文化，孕育了代代相传的客家精神。

五邑幅员辽阔，为什么偏偏在台山的边陲赤溪聚居着这么多客家人呢？《赤田风情》书中这样写道：

我省客家的由来，据有些县志记载，其先世是中州（今河南省）黄光间遗族。在汉晋间因中原动荡，五胡乱华，渡江南迁于江、浙、闽、赣诸省。至五代南汉时，又因避乱，复由闽之汀州，赣之赣州转徙南下，分居于惠州、潮州、嘉应州所属各县。明末清初，又先后迁移到广州府属之番禺、东莞、香山（中山）、增城、新安（宝安）、花县、从化、清远、龙门、三水、新宁，及肇属之高要、广宁、新兴、四会、鹤山、高明、开平、恩平等县。

据《广州府志》载，清康熙元年（1661 年），台湾郑锦率部到广东沿海进行反清活动，清廷下令把沿海居民内迁五十里。康熙三年（1663 年），广东省水上居民李荣等人，聚众反清。清廷恐惧，再下令“续徙近海之民于内地”。“因是迁徙，民至窘困，无以资生”，造成田园荒芜，盗贼丛生。康熙七年（1667 年），广东巡抚王来任，以“缩地迁民为非策”，向清廷“疏请展复两迁地界，听民复居”。结果奉旨依议。但原来被内迁的居民愿回来的，十无一二。于是沿海州县，便招来客家人来开荒定居，发展生产。当时新宁（台山）县也是这样招来客家人来县开荒。于是惠、湖、嘉的客家人便先后迁入新宁县的四九、五十、冲蒌、三合、大隆洞等地。据新宁乡土历史载，到咸丰初，客家人所居面积达全县面积的三分之一。

咸丰四年（1854 年），由于地主阶级为了维护自己的利益，挑拨土人与客人之间的纠纷。由鹤山县发生土客械斗，逐渐蔓延到高明、恩平、开平等县，互相杀害，为害不浅。咸丰六年（1856 年），新宁亦发生土客械斗，双方互相报复，愈演愈烈。原居四九、五十、冲蒌的客家人，在土客纷争的战火中，先后迁避到赤溪，与原居赤溪、曹冲的客家人汇合。后来原居大隆洞的客家人也有部分逃到赤溪。在宝安县的客家人也组织一批壮丁来支援赤溪客民，参加土客械斗。当时聚集在赤溪的客家人有三万余人。

清同治六年（1867 年），广东省总督瑞麟，巡抚蒋益沣来解决新宁土客械斗问题，经奏请清廷批准以产换产，设厅分治……割新宁县属潮居都之赤溪、磅礴、曹冲、铜鼓四堡，及深湾、腰古、钦头等处；矬峒都之田头一堡，及冲金、长沙、大麻、小麻等处，析置赤溪厅，并添设直隶同知一员，司狱一员，驻厅治理。民国元年（1912 年）改为县。[①]

曹峰山又名曹冲尖山，海拔 687 米，雄居于赤溪半岛，拥有“曹峰耸翠”“龙潭沸墨”“石涧观鱼”等风景名胜，与台山北部四九镇境内的“北峰山”形成南北对峙之势，因而也被称作“南峰山”。曹峰山上有一名叫“曹峰尖”的山峰，因远视如毛笔尖而得名。曹峰山一带是客家人最早在赤溪定居的地方，又因曹峰山下有曹冲河，所以，以前赤溪客家人也被称为曹冲人。

站在曹峰山顶，放眼四望，但见山峰高耸入云、山岭连绵起伏、峡谷水流湍急。山上长着平时难得一见的草木，有高挂垂开的吊钟花、灿烂如火的红花荷、鲜艳夺目的满山红、雪白凝脂的山茶花、青翠可人的篱竹，还有各种蕨类、藤蔓类、棕榈类植物以及种类繁多的中草药，形成了百花争艳、万叶争翠、蜂蝶戏翔的斑斓图画。在曹峰山上，还有一落差 60 多米，在广东境内亦不多见的龙潭瀑布。远观龙潭瀑布，但见一条宽约两米的瀑布从数十米高的墨绿色峭壁奔流而下，直泻龙潭，响声如雷；潭底黛绿一片，深不可测；潭面跳珠溅玉，水雾翻腾，宛如墨汁煮沸，人称“龙潭沸墨”。瀑布两旁峭壁陡立，林木苍翠。龙潭周围山壁及溪中石头上，清代文人墨客所雕刻的“观瀑亭”“天然图画”“昭灵潭”“龙潭精舍”“锁链桥”等石刻，依稀可辨。

在曹峰山北面，还有一条连绵 8 公里多长的曹冲河，汇龙潭、正坑、石角咀流泉等大小溪流，出曹冲围，经东阳村背东流入海，它集雨面积及流量均为赤田地区诸天然河流之冠，是赤溪半岛最大最长的天然河流，被称为赤溪的母亲河。曹冲河发源于曹峰山，曹峰山是台山市的第二大山脉。曹冲河正是发源于万绿覆盖、水源丰富的曹峰山庞大山体，河水终年丰沛，清澈如蓝，犹如天然玉带，飘绕在赤溪的大地上。曹冲河虽然不

① 《赤田风情》第 8 页：《赤溪田头客民的由来》，1994 年 9 月。

长，但它河道逶迤曲折，穿山过峡，形成许多湖泊、飞瀑，令人神往。河两岸山花秀木，竹摇草动，鸟鸣蝶舞。清晨、傍晚，日出日落时分，两岸景物倒映河中，犹如一幅幅出于绘画大师的山水画，令人陶醉。

赤溪镇是台山市渔业重镇，镇内有铜鼓渔港等多个小型渔业港口，沿海滩涂 6 万多亩，蚝、虾、蟹等水产品养殖业十分发达。

赤溪镇是中国电能源重镇，也是台山市重点项目建设的主战场，国华台山火力发电厂、台山核电站均落户于该镇，是国家批准享有直购电优惠政策的所在镇以及江门市委市政府提出的“一区三线”的区域经济发展战略之“南线”开发属地镇，因此，赤溪镇备受关注，是一个充满商机的风水宝地。

台山核电由中法合资建设，采用世界最先进的第三代技术，是中法合资最大的清洁能源企业，也是目前国内电力领域投资规模最大的中外合资企业，规划总装机容量共 6 台机组 1050 万千瓦。其中 1 号机组于 2009 年开工建设，2 号机组于 2010 年开工建设，分别是全球第三台、第四台开工建设的 EPR 三代压水堆核电机组。2015 年 12 月 30 日，台山核电 1 号机组冷态功能试验开始，成为全球首台开展冷态功能试验的 EPR 三代核电机组。以此为标志，台山核电 1 号机组处于同类机组的首堆位置，并继续向国外同类机组输出成功做法和经验。

2018 年 1 月 9 日下午，国家主席习近平与正在对中国进行国事访问的法国总统马克龙，在北京人民大会堂共同为广东台山核电 1 号机组成为“EPR 全球首堆工程”揭牌。

都斛侨刊

《都斛侨刊》是台山市都斛镇侨联会主办的一份镇级侨刊，创刊于1990年1月，刊号为CN–44（Q）第0120号。创刊时社长李紫衡，总主编李欢年，栏目主要有《专载》《通讯》《镇闻》《县闻》《地方志》《人物轶事》《知识篇》《集俎》《文苑》《都斛的昨天今天与明天》《诗坛》《来鸿去雁》《寻人启事》等。曾获“广东省优秀侨刊”奖、“台山市侨刊乡讯梅建行奖”一等奖。

《都斛侨刊》创刊号（1990.1）

1989年年底，《都斛侨刊》在镇政府的关心和支持下，为顺应侨胞爱国爱乡的崇高愿望，积极组织筹备机构，发出倡议书，征得海内外乡亲的热情支持，相继组成社务和领导班子，全面开展工作。编委班子从约稿、采访、搜集资料、编撰付梓，仅经过一个多月时间，就使《都斛侨刊》顺利出版发行了。

都斛镇位于台山市东南部，东临崖门口之黄茅海（南海内海），南面、西面分别与赤溪镇、斗山镇接壤，西北面、北面分别与冲蒌镇、四九镇交接，东北面与新会区崖门镇毗邻。明清时期属矬峒都。民国时期先称第十二区，后称第三区。新中国成立后改为第十二区，1958 年与斗山、冲蒌合建斗山公社，1959 年析置都斛公社，1984 年改区，1986 年撤区建镇。现辖 18 个村委会，总面积 154.22 平方公里，户籍人口 48290 人（2020 年），港澳台同胞、海外侨胞 5 万多人。

都斛在宋代，原是一片汪洋大海，只有近海的地方，行驶在这一带的蛋家人才把船停泊在这里。因为他们经常停泊在这里，逐渐形成蛋家聚集的地方，久而久之，就把这地方叫蛋家村。年深日久，这个地方由于潮水的一涨一落，海泥逐渐堆积起来，又长期经过日光照射，海泥有的变成硬的，软的更多。祖辈尝试在软泥上种稻，却也收获甚丰，在坚硬的泥土上建屋，却也稳固牢靠。因而种植面积越来越广，祖辈移居的地方越来越宽，逐渐移向北边去。

关于都斛镇名称的由来，据《都斛侨刊》介绍：

在明弘治十二年（1499 年）二月正式建县为台山，全县分为六都：德行都、文章都、平康都、矬峒都、潮居都、海宴都。都斛属矬峒都，而当时仍没有名字，有人提出应该叫什么名字好呢？祖辈看到都斛地大田多，每年收获很多粮食，百姓出海捕鱼，差不多手到捉来，容易之极。鱼米都很丰富，可称鱼米之乡，既属矬峒都，不如取回都字，上面加一个斛字，便叫斛都（即富庶的都邑）。斛是宋代丞相贾似道所创制，它是古代量米的容器，是最大的，一斛就等于十斗，粮不多，何需用斛去量。祖辈感到斛都二字听来不顺耳，后又把斛都二字倒过来，成为今天沿用的都斛了。①

都斛镇是台山农业大镇，全镇耕地总面积 3281 公顷，其中有“广东第一田”美誉的都斛万亩水稻高产示范区，是国家级农业综合开发项目。

① 《都斛侨刊》创刊号第 29 页：《都斛这个特具风采的名字是怎样来的》，1990 年 1 月。

按照“灌溉硬底化、品种良种化、田园林网化、耕作机械化、管理科学化”的标准要求，推广良种良法，强化品种布局，把优质品种落实到田，产品畅销全国。

都斛“禾海稻浪”水稻田文化主题公园，是台山中国农业公园的起步项目之一。公园内分综合服务区、岭南农耕文化区、稻田主题游乐区、田园养生养老区、乡村文化休闲区、禾海温泉度假区、生态农业展示区、万亩稻田示范区等八大功能区，集农业示范、农耕体验、科普教育、旅游观光、休闲娱乐、温泉度假于一体，成为广东首个水稻主题公园。其中，入口牌坊牌匾上的“台山中国农业公园”八个大字由中国杂交水稻育种专家、中国工程院院士袁隆平题写。

都斛菜花也叫椰菜花，是台山著名的土特产。据《新宁县志》载：“近年得诸外洋又一种曰椰菜花，形如鸡冠，淡清黄色，大可如斗。”都斛菜花以花大如盆，色如白玉，味甜脆口而盛名。它虽不是都斛始产，却在都斛盛产。椰菜花分秋冬两植，以冬植为主。

都斛名胜有北峰山刘三妹风景区、辘马潭和南峰山罗隐潭、通天烛古墓等，景观奇丽，有着美丽的传说和典故。屹立于崖门海口的独崖岛，风光旖旎，是凭吊南宋末代皇帝赵昺及民族英雄陆秀夫负帝蹈海、崖门失玺、古战场遗址的最佳之地（该岛清朝时期曾驻军）。

田头侨刊

《田头侨刊》创刊号（1992.7）

《田头侨刊》是台山市原田头镇侨联会主办的一份镇级侨刊，创刊于1992年7月，刊号为CN-44（Q）第0136号。创刊时社长吴焕尧，主编罗玉良，栏目主要有《市讯》《乡闻》《侨情》《人物志》《教育》《耆老福音》、《文苑》《诗坛》《服务台》《地方史实》等。曾获“广东省侨刊乡讯评比”表扬奖。

1991年，经省人民政府批准，原赤溪镇所属的田头、铜鼓地区设立镇建制，定名为田头镇。田头镇政府于同年5月22日正式挂牌对外办公。

田头镇与毗邻的赤溪镇同为客家人聚居区。清咸丰年间（1851—1861年），久居此地的陈、吴、曾、罗诸姓合建田头墟，从堡名。后为镇政府所在地。田头镇原下属有中心、茭荀、亲仁、冲金、元山、水围、长安、杨梅、长沙、罗卜坑、铜鼓、田头圩12个管理区。建镇时，全镇共有3548户家庭，15683人，镇政府设在田头圩。

为加强与海外乡亲联系，共同参与家乡建设，振兴家乡经济，建镇后第二年，田头镇侨联会正式筹办《田头侨刊》。

2001 年 9 月，根据广东省政府《关于调整我省乡镇行政区域的通知》精神，原从赤溪镇分离出来的、建镇只有 10 年的田头镇重新并入赤溪镇，《田头侨刊》出版至第十九期后也随之停办，相关事务被并入《曹峰侨刊》。

原田头镇地域依山傍海，毗邻港澳，地理位置优越。水陆交通方便，水路距香港 78 海里，距澳门 40 海里，距广东西部沿海高速公路 4.86 海里。陆路有台山市南北公路和广东西部沿海高速公路横贯而过，是广海湾华侨投资开发试验区的中心区域，也是台山大型火力发电厂——国华台山电厂、万吨级鱼塘港建设的所在地。

田头镇建镇伊始，本是一个“十里稻香牧笛吹”的纯农业乡镇，但随着国华台山电厂和万吨级鱼塘港建设，一跃成为台山市的工、农、渔三业并举的重镇。

国华台山电厂（以下简称国华台电）位于台山田头镇铜鼓湾，由广东国华粤电台山发电有限公司投资建设。该公司成立于 2001 年 3 月 28 日，由中国神华能源股份有限公司出资 80%、广东省粤电集团有限公司出资 20% 共同组建。机组规划建设总容量 900 万千瓦，其中一期为 5 台 600MW 燃煤机组，二期为 4 台 1000MW 燃煤机，并预留 2 台 1000MW 机组占地，是亚洲规划建设最大的火力发电企业。建厂以来，国华台电肩负着“为社会提供绿色清洁电能”的崇高使命，以“艰苦奋斗、开拓务实、追求卓越”的企业精神，获得行业及政府级荣誉上百项，包括工程建设最高奖鲁班奖、全国五一劳动奖状以及全国“安康杯”竞赛优胜企业六连冠、全国电力行业优秀企业、广东省环保诚信绿牌企业四连冠、节能调度优胜企业等重量级荣誉。2019 年，国华台电发电量 173.28 亿千瓦时，实现产值 71.1 亿元。2020 年 5 月 5 日，随着 6 号机组顺利并网，国华电力台山电厂2020年首次实现7台机组同时运行。

在田头镇的鱼塘湾（广海湾东侧）内，还建有一大型港口——鱼塘港。该港口经国务院批准为对外国籍船舶开放的国家级一类口岸，是一个多功能的、外向型的万吨级深水港，离国际航道仅有12海里。鱼塘港设计为10000吨级泊位一个，5000吨级泊位两个，包括码头、防浪护岸、陆域回填、港池航道疏浚、生产及辅助生产建筑物、堆场道路、装卸机械以及供电、给排水、通信导航、港作车船和环境保护等。鱼塘港陆路北抵佛山、广州，东连珠海、澳门，并与新台高速公路和广东西部沿海高速公路连接，构成水陆交通网。鱼塘港的建设及投入使用，无疑又给田头镇的经济发展注入新的活力。

台山紫菜，是台山著名土特产，以产自铜鼓为最佳。在铜鼓内海，有个由无数礁石组成的叫"铜鼓大排"的小屿，礁石周围盛产紫菜，铜鼓紫菜又以产自此处为最佳。据《新宁县志》载："紫菜，生大海中，附石，正青色，取而干之，则紫色，产自铜鼓者尤佳。"紫菜属红藻类，依附在礁石上生长。它有一种脾性，风浪越大的地方，就长得越多越茂盛。而铜鼓附近的海面，风急浪大，正是紫菜生长的特好环境。紫菜好吃，但取之不易，一般要在冬至过后的深冬季节才能采摘。此时，海面上寒风呼啸，海水冷冻，采摘者乘一小舟到半露海面的礁石群里，用小耙把紫菜从礁石上刮下来。新刮下来的紫菜呈青绿色，晒干后才变成紫色。紫菜不但有很高的营养价值，还可作药用。可泻火降血压，对动脉硬化、高血压和结核之类疾病有较好的预防作用。而铜鼓紫菜大片厚身，味美脆口，深受珠三角地区人们的青睐。

岭风

《岭风》是台山市台城街道岭背村委会邝氏族人自办的一份族刊，创刊于 1946 年 3 月，新中国成立前夕第一次停刊；1955 年复刊时更名为《岭背族刊》，至 1966 年第二次停刊。1981 年 3 月复刊时恢复《岭风》之名。

《岭风》复刊号（1981.3）

第二次复刊时，蒙南坑村旅菲族侨邝光槐及其大儿子邝潮铨慷慨解囊捐助复刊所需经费，邝荣锦、邝汝活、朱得莉等人积极组稿，在广州、台城等地工作的乡亲大力支持，使《岭风》顺利出版；复刊后，又陆续得到海内外族侨的无私资助，使《岭风》越办越好。刊号为 CN-44(Q) 第 0052 号。复刊时社长和主编均由邝沃祥担任，栏目主要有《家乡消息》《专稿》《鹊报喜讯》《诗歌》《邑闻》《邻乡风光》《溯源盛况》等。曾获“台山市侨刊乡讯梅健行奖”二等奖。

岭背村委会位于台城西面，东与桂水相接，南与平岗毗邻，西与罗洞相连，北与淡村接壤，距台城 6 公里，辖区面积 4.5 平方公里，属丘陵地区。有自然村23条，人口330多户1100多人，设14个村民小组。以农业经济为主，主要生产水稻、蔬菜、花卉和开展水面养殖。

关于邝氏和台山邝氏源流，据《台山姓氏源流》介绍：

邝氏之先，始姓方。江南方氏支系七世祖方廷英，生三子，长子以平，讳询，号三七，改取邝姓。宋高宋建炎三年（1129年），邝询在宋朝廷任内侍（传达皇命的小官吏）。三月，发生“苗刘之变”，询公忖思朝政动乱不安，于1129年4月全家南迁广东南海大镇乡尚书朗里，构庐建业，教子成名。询公也就是广东邝氏始祖，南海大镇乡也就是广东邝姓发祥地。

以平，生四子曰谚、让、诚、谆。谆公生三子，长子一元、次子一声、三子一俊。谆公1142年登进士，1146年登科，1152年膺任临安京城大尹（汉代都城行政长官称尹），1168年，诰封光禄大夫（官名，主要掌管皇室的膳食），太子太保（辅助皇太子的官），宣城侯爵。何、冯夫人荣膺正一品夫人之封。谆公官居临安60年之久。1217年，元兵攻宋，谆公上疏缓金伐元，次年被贬辞朝，带领全家南迁惠州河源县，1219年愤懑而死。谆公逝世后，兄弟三人，秉承遗嘱，遵从父命，分居各处。一元公以世臣之子，留居河源，长守父墓。一声公迁新会县古冈（历史上曾置冈州，州治今新会城，故会城又名冈城，新会又名冈州，古冈山在新会城附近，“古冈独松真茂盛”，是新会县八境之一），为新会、开平、台山三县邝氏之祖。一俊公返居南海大镇乡。

三世祖一声公生于1155年10月2日，终于1246年7月8日。26岁登第进士，点为朝奉大夫，刑部主政，历任刑部主事、国子监祭酒、尚宝司署、钦差提督、刑部尚书，诰封太子太保、朝奉大夫等，前后达三十余年。谆公逝世后，一声公于1225年由河源迁新会古冈，后又迁古博里潘村甲。木房（现属开平市辖）。一声公生二子。长子讳奎，字公昭，是开平潘村邝氏之祖。次子讳兴，字公表，生于1179年9月9日，终于1269

年3月。公表公于宋理宗淳祐年间（1241—1252年间），由潘村迁至新宁县冲云堡忠心村（现属台山三八镇冲云管理区忠心村）。四世祖公表公是台山邝氏始祖，忠心村是台山邝氏发祥地。[①]

岭背分支是以13世祖金华（云岫）由冲云迁居岭背繁衍的，以附城镇（今台城街道）岭背为基地，子孙分居于三合、四九、那扶、都斛等地。

岭背村委会邝氏族人奉汤举翁为先祖，在边村建有汤举祖祠予以纪念。汤举祖祠为一座两进一层古式大祠堂。村委会（原称大队）数十年来在此办公，是乡人日常往来的集中点。1980年，为适应发展需要，物尽其用，将祠内两进中间的天井口用桁桷瓦盖封，屋面开设明瓦天窗。次年又承蒙光槐翁慷慨捐款，将此祠前面中厅和两侧改建成钢筋混凝土结构的二层楼，面积达200多平方米。

① 《台山姓氏源流》第150页：《雷、方、邝氏》，1998年4月。

光大季刊

《光大季刊》是台山市叶氏族人自办的一份族刊，创刊于 1923 年，刊名“光大”二字由中国革命先行者孙中山 ① 先生题写。

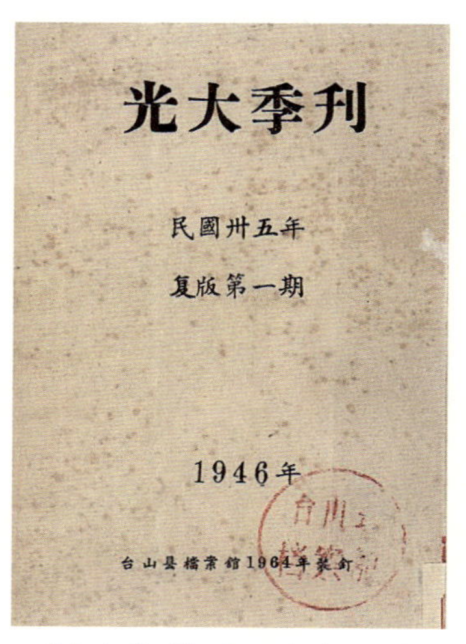

《光大季刊》复刊号（1946）

《光大季刊》复刊号（1981.9）

① 孙中山（1866—1925 年），名文，字载之，号日新，又号逸仙，又名帝象，化名中山樵，伟大的民族英雄、伟大的爱国主义者、中国民主革命的伟大先驱，中华民国和中国国民党的缔造者，三民主义的倡导者，创立了《五权宪法》。他首举彻底反帝反封建的旗帜，“起共和而终两千年封建帝制”。光绪二十年（1894 年），在檀香山创立兴中会。光绪三十一年（1905 年）成立中国同盟会。宣统三年（1911 年）10 月 10 日，发动武昌起义。辛亥革命后被推举为中华民国临时大总统。1925 年 3 月 12 日，因癌症在北京逝世。1929 年 6 月 1 日，根据其生前遗愿，葬于南京紫金山中山陵。1940 年，国民政府通令全国，尊称其为“中华民国国父”。

创刊初期，报道范围仅限于台山筋坑叶姓族人所在地，后因日军侵华于1936年停刊。抗战胜利后于1946年复刊。此次复刊，又得孙中山长子孙科题赠“潜移默化”四字，后因政权更迭再次停刊。1957年10月第二次复刊。是时，与《光华季刊》合并，报道范围同时扩展到群厚乡，但发行了20期后又因故停刊。1981年9月，《光大季刊》第三次复刊，刊号为CN–44（Q）第0054号。复刊时社长叶镜池，总编辑叶敬文、叶飘平、叶俊民，栏目主要有《台山消息》《家乡消息》《海外侨情》《文化教育》《通讯特写》《诗词文章》《杂俎趣闻》《来鸿去雁》等。复刊后，报道范围进一步扩大，涵盖台山筋坑、独冈、群厚、模塘升平、斗山西栅、都斛牛尾山、白石、端芬墩寨、深井牛围、上川大良湾等台山叶氏族居地区。曾获“广东省侨刊乡讯评比”三等奖，并在“台山市侨刊乡讯梅建行奖”评比中屡获奖励。

关于叶氏和台山叶氏源流，据《台山姓氏源流》介绍：

叶姓，第一世乃始自成语“叶公好龙”的那位，即距今已2500多年的叶公。

据史册载，叶公原名沈诸梁，字子高，春秋时期楚国人。他的父亲是楚桓王朝代被封为司马的沈尹戌，因平白公胜之乱，有功于楚，得封南阳（今河南叶县南，又称“叶”地），赐爵为公。后来沈诸梁继承了其父的封地“叶”，乃称为叶公，并以封地“叶”为姓，称作叶沈诸梁。自此，其后人均改沈姓为叶姓（其他沈姓的仍保留以沈为姓）。如今，河南叶县仍有叶公陵园存在。

叶公沈诸梁自继承其父职之后，一心治国安邦，关心子民，其后裔在叶地代代相传，绵绵不绝。直至其第六十二代裔孙叶一琅，仕职后唐，清泰年间任朝奉大夫，乃随官迁至江西赣州府信丰县。

后，又传至叶公第六十四代裔孙，即一琅之孙叶延庆，由信丰县迁至福建兴化府仙游县。

又其后，传至叶公第六十六代裔孙，亦即延庆之孙叶颙，字子昂，号清介，别字诚美，卒谥正简，生于大观元年，进士出身，任广东南海主簿，捕盗有功，官拜兵部尚书，又擢观文殿大学士左仆射兼知枢密院事，后居南海大圃而不归闽。叶颙，乃广东叶姓之始祖。

宋朝年间，时沈诸梁之第七十代裔孙，叶颙之第五代孙叶琼枝，字陵阳，号王宇，任宋朝知府，诰封朝政大夫，其后裔由南海分别迁新会、花县、鹤山。其中裔孙如琛、松寿、椿寿、柏寿（叶沈诸梁的第七十三代）由新会迁台山独冈坑尾村和松山村；后，又有琼枝之五代孙（叶沈诸梁的第七十五代）叶有兴由新会迁至台山独冈珠岭村，再有琼枝之六代孙（叶沈诸梁的第七十六代）叶松兴由新会迁至台山群厚地区。

一般来说，台山除群厚和都斛居点外，独冈坑尾、松山、珠岭三村是台山叶姓最早之发源地，故此，素有台山叶姓“万年根本在独冈”之称。其他如附城光明和大坑、三合君子坑和横塘、端芬墩寨叶屋、斗山、冈宁、三八、上川茶湾等地的叶姓者，基本上是由独冈迁出或间接迁出的……如今冈宁（旧属独冈）之光华学校还有“叶公琼枝纪念堂”存在。[①]

我们了解了台山叶氏来源，还想知道《光大季刊》是如何得到孙中山先生珍贵题字的呢？

原来，筋坑村有一位旅美华侨名叫叶崇濂，他曾是广州金融界知名实业家，支持过孙中山领导的革命，后移居美国，加入兴中会。1923 年，光大学校的两位青年教师辗转联系到叶崇濂，由叶崇濂请孙中山亲笔题写“光大”二字，当年即成为《光大季刊》的刊名题字。

此后，光大学校因孙中山的题字而声名鹊起。受其影响，台山县内其他叶姓族居地方也相继建立了光大分校，最多时有八处。

台山光大学校于 1913 年由位于台城西南的筋坑村委会的叶氏族人所创办，1917 年 12 月 5 日举行落成典礼。1952 年，叶姓与谭姓合为一村，叶姓的光大学校和只有一墙之隔的谭姓昌明学校合并，学校新名各取一字，合称为光明小学。1968 年曾附设初中班。但改革开放后，该地有不少

① 《台山姓氏源流》第 27 页：《叶氏》，1998 年 4 月。

人陆续移居海外和迁入台城，本地人口逐渐减少，至1996年，该校生源严重不足，不得不停办，学生并入培新小学。

光大学校原教学楼是一座中西合璧的洋楼式建筑，继承了中国传统轴对称的建筑布局，礼堂居中，教室分列礼堂两侧，主体建筑之后是教工宿舍。礼堂正面是一神台，正面墙壁上刻着最初筹资捐建光大学校的人名，两侧墙壁上刻着两次修缮时捐资的人名；教室每层4间，共二层，楼体黄白色调相间，庄重大气，古色古香。楼的正面，11个拱门呈轴对称排列，拱门大小错落有致，组成回廊，气度不凡；护栏美观大方，西式方形廊柱凝重肃穆；楼的顶层正面是一个西式钟楼。教工宿舍与教学楼有走廊相连，融为一体，中间设有一天井，天井空地上置有一个鱼池，体现了中国岭南民居中颇为常见的建筑风格。

据介绍，光大学校曾有过一段辉煌的革命史。抗日战争时期，台山地下党委曾经把光大学校作为革命据点来建设，中共党员叶永禄以校长身份为掩护从事地下党的工作。当时，全校的教职员工基本上都是共产党员，学校附近的群众革命基础又特别好，很多地下党员都住在周围的老百姓家里。由于教职员工、周围群众可靠，台山地下党组织决定把党的县委机关设在光大学校，中区特委机关报《人民报》也在光大学校油印，边印刷边发行。由此，光大学校一时成为当地重要的革命运动中心。当时，时任广东省抗日解放军政治部主任的刘廷夫曾来视察和指导。东江纵队北撤之前，光大学校成为革命队伍转移的中转站，粤中地委经过光大学校，可以在光大隐蔽几日，然后经过香港、广州再到东江的沙头角。当时，滨海地区的军事工作会议在光大学校召开，中区解放军司令员谢立全参加了会议，决定一部分军队北撤山东，另一部分留下继续在滨海地区打游击。日军投降后，大部分教职员工仍留在学校工作，但因该据点最后暴露，一部分同志去了东江纵队，另一部分去了香港。光大学校曾作为台山县的革命中心和革命队伍的中转站，也因此提升了它的历史价值。

浮山月报

《浮山月报》是台山市斗山镇浮石乡（现浮石村委会）赵氏族人自办的一份族刊，创刊于 1935 年。

关于创办初期情况，据《浮山月报》介绍：

我乡刊物出版，最先以《钟社月刊》为嚆矢，继之有留省青年主办之《火焰》（后与《龙溪青年》合办，改名为《浮龙杂志》）；及留台青年学会出版之《浮石青年》，可称蓬勃一时。因立场不同，见仁见智，时发生文字争论，但殊途同归，大家以改善乡政为目标。加顿（锦津）兄为集中青

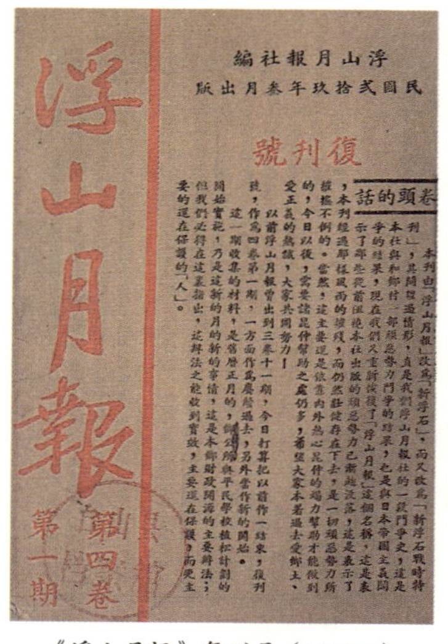

浮山月報
第四卷
第一期

浮山月報社編
民國貳拾玖年叁月出版

復刊號

卷頭的話

本刊由「浮山月報」改為「新浮石」，而又改為「新浮石戰時特刊」，其間經過情形，真是我們浮山月報社的一段鬥爭史，這是本社與和鄉村一部頑惡勢力鬥爭的結果，也是與日本帝國主義鬥爭的結果，現在我們又重新恢復了「浮山月報」這個名稱，這是表示了那些從前阻撓本社出版的頑惡勢力已漸趨沒落，這是表示了，本刊經過那樣風雨的摧殘，而仍然壯健存在下去，是一切頑惡勢力所摧撼不倒的。當然，這主要還是依靠內外熱心昆仲的竭力幫助才能做到的，今日以後，需要諸昆仲幫助之處仍多，希望大家本着過去愛鄉土、愛正義的熱誠，大家共同努力！

以前浮山月報曾出到三卷十一期，今日打算把以前作一結束，復刊號，作為四卷第一期，一方面作為慶賀過去，另外當作新的開始。

這一期收集的材料，是舊曆正月的，鄉公所與平民學校擬訂計劃的開始實施，乃是這新的月的新的事情，這是本鄉財政開源的主要辦法；但我們必得在這裏指出，這辦法之能收到實效，主要還在保護，而更主要的還在保護的「人」。

《浮山月报》复刊号（1940.3）

《浮山月报》复刊号（1982.1）

年力量，节省财力物力，促进家乡建设，特邀三方代表会商，共同组织浮石协进会，仍假钟社为会址，出版《浮石月刊》。[①]

《浮石月刊》出版后，以报道乡情，指陈乡政，揭发不合理行径为己任，故时有冒犯权贵。当时土豪劣绅把持党政，把《浮石月刊》视为眼中钉，想尽一切办法对其诬谤，并致其入罪。后来，经乡贤赵仁三，旅美华侨赵澄波及诸多师长出面帮助，疏通人事关系，才得以化险为夷。不料，出版数期后，又遭莫须有罪名查封。《浮石月刊》为与土豪乡绅做不屈不挠斗争，遂改名为《浮石月闻》进行地下出版，继续揭发其暴行。为避开土豪劣绅耳目，《浮石月闻》出版后只寄南北洋海外昆仲。邮寄封套，亦借用邻乡刊物名义，以防被没收。《浮石月闻》一面出版，一面以《浮石月报》名义进行合法登记。后来，在乡贤赵仁三的帮助下，终获批准。于是，《浮山月报》正式创刊，时为 1935 年。

《浮山月报》创刊后，即租赁以佩公私产作为社址开展工作。不料，在举行成立典礼之日，乡公所特派专人送来公函，说“浮山”为“浮石”之别名，未经批准不得使用。报社人员遂以刊物已经合法登记，且“浮山”二字非区公所私有，凡浮石人均有权使用为由与之展开辩驳。后继续举行典礼，对其置之不理。当时，乡公所无可奈何，后来又诸多刁难，最后不了了之。

但是，由于社会动荡，《浮山月报》自创刊以来，报途多舛，共经历了四次停刊和复刊。由于形势所迫，曾改名《新浮石》，继而又改名《新浮石战时特刊》，其间经过，犹如一部与地方恶势力和日本军国主义的斗争史。1938 年 5 月出版至第三卷第十期后宣告停刊。1940 年 3 月复刊时恢复《浮山月报》刊名。最新一次复刊时间为 1982 年 1 月，刊号为 CN-44（Q）第 0071 号。复刊时社长赵顺金，总编辑赵顺之，栏目主要有

---

① 《浮山月报》复刊号第 7 页：《浮山月报创刊忆想》，1982 年 1 月。

《专论》《邑闻》《乡闻》《教育通讯》《升学调查》《乡亲往来》《物价调查》《婚嫁调查》《浮山人物》《诗坛》《赤石风光》《文苑》《浮山掌故》《来鸿去雁》等。曾在“台山侨刊乡讯梅健行奖”评比中屡获奖励。

《浮山月报》刊名原由国民党元老于右任[①]先生题写，但在 1982 年 1 月复刊号封面上只置其名，没有采用原题字，后期才恢复使用。笔者喜欢书法，尤喜欢于右任草书，曾以于体创作书法作品入选广东省书法家协会举办的展览。

1983 年，《浮山月报》经第三地转寄顺利进入中国台湾地区，送达 30 户浮石村去台人员手中，成为改革开放后大陆发行到台湾地区的第一份杂志。

关于浮石村委会的概况，据斗山镇人民政府介绍：

位于斗山圩的东部，距圩 3 公里，背山林密，与其乐管区隔河相望，与西栅、田稠、曹厚、横江海管理区毗邻。（2020 年）耕地面积 7343 亩，其中水田 7215 亩，岗田 128 亩，总人口 6432 人。明清时期属矬峒都辖地，民国期间 1938 年前称五和区浮石乡，1938 年后称台山县第三区浮石乡。1958 年后分斗山公社浮东、浮西两大队，1986 年合并改称为斗山镇浮石管理区。管理区驻在三坊村，距县城 29 公里，台赤公路过境，可通汽车。辖一坊、二坊、三坊、四坊、五坊、六坊、七坊、八坊、九坊、十坊 10 个自然村，村民小组 10 个。古时，该地有一石，形如石雁浮湖，故曰“浮石”。地属少丘陵，半围田地区……产水稻、番薯、蔬菜、甘蔗、

① 于右任（1879—1964 年），陕西三原人。原名伯循，字诱人，尔后以“诱人”谐音“右任”为名；别署“骚心”“髯翁”，晚年自号“太平老人”。中国近现代政治家、教育家、书法家。早年是同盟会成员，长年在国民政府担任高级官员，同时也是中国近代书法家，是复旦大学、上海大学、国立西北农林专科学校（今西北农林科技大学）的创办人和复旦大学、私立南通大学校董等。于右任 1932 年创办《草书月刊》，集成《标准草书》千字文，所书写的草书自成一派，被尊称为于体。

林木。特产番薯、菜花。畜禽以三鸟、生猪以及耕牛为主。①

浮石赵氏后人，乃宋太祖赵匡胤之后代。浮石世谱的传承分为两个时期：

第一期北宋朝一世祖，由太宗之子数起，派文“元允宗仲士不善，汝崇必良友季同”14个字，周而复始，轮回不易。迨南宋遭受元兵侵犯，崖海沉舟，我祖宗为皇帝带胄，殉国与焉。第二期以入广始祖必次公为第一世（必字派），托孤新会睦洲林护公（琼知府州）抚养二子，良铃、良聪公为第二世（良字派），友通公为第三世至第四世宗远公开族于浮石，即浮石之始祖。②

浮石村委会在继承和发展传统民间艺术中尤为出色，其中“浮石飘色”享誉三台。每年除参加本地活动和台山市历届艺术节表演外，还应邀到鹤山、开平等县市，以及江门五邑世界华人嘉年华进行巡游展示，深受各界人士好评。由于各级领导重视，群众积极参与，使作为台山民间艺术瑰宝的“浮石飘色”历久不衰，并不断发展。1991年、1993年、1999年曾三次被澳门邀请参加水灯节和庆祝“澳门回归祖国”的演出；1996年被广东省文化厅授予“广东省民间艺术之乡”称号，后又被中华人民共和国文化部、社会文化图书馆授予“中国民间艺术之乡”称号；1998年10月被评为“江门市文明单位”；2008年6月，入选第二批国家非物质文化遗产名录；2019年7月入选首批全国乡村旅游重点村名单。

“浮石飘色”是一种保持传统特色的传统民俗文化造型艺术，至今已有300多年历史。清光绪十四年（1888年）浮石族谱已有记载，是台山市民间习俗艺术的一枝奇葩。

明末清初，浮石村举人赵家璧赴京考试，在中原接触到飘色这一民间

① 斗山镇人民政府网：《浮石村委会》，2020年12月。

② 《浮山月报》复刊号第53页：《追本溯源》，1982年1月。

艺术，回到村后便凭记忆与村民模仿传承。浮石村有座北帝庙，以前每逢农历三月初三和九月初九，便组织民间艺术队伍，如舞龙队、彩旗队、醒狮队、高跷队、八仙队、八音锣鼓队等，抬着北帝菩萨出游祈福。从那时起，便形成一种特定的岁时节令庙会。

浮石自兴起飘色以来，每年都举行飘色游行。抗日战争期间，飘色游行停办了几年。在20世纪50年代初期，因服装、色架等保管不周而致散失和损坏，亦曾停办。在1957年送浮石子弟参军、1958年斗山人民公社成立和1962年与驻防当地的人民解放军联欢的三次活动中，由浮石琳琅剧社负责搜集旧色袍与所需器材，勉强装成两架飘色参加活动。在1984年至1985年间，得到旅港、澳乡亲的支持，捐资购置七套色袍和一批道具，浮石飘色又重新恢复活动。规定每年农历正月初六，都要出动飘色参加乡民祭始祖活动，祭祖后游行全浮石。后来得到旅美乡亲赵炳炎先生赞助，增添色袍三套，还添置抬色人员彩服，全归浮石琳琅剧社统一管理。后经过剧社人员精心构思，推陈出新，使之比过去益显巧妙奇特。

浮石飘色共设10个色架，各以一个传说或历史故事来命名。如《嫦娥奔月》《木兰从军》《昭君出塞》《仙姬送子》《平贵别窑》《劈山救母》《穆桂英挂帅》《吕布与貂蝉》《西施与范蠡》《赵子龙救阿斗》等，反映村民对传统美德的追求。每逢出游，前有旌旗、罗伞、锣鼓、瑞狮、色标开道，后有八仙贺寿、八音管弦相随，队伍庞大，古色古香，以祈求人口平安、五谷丰登，六畜旺相。出游当天，旅外乡亲赶回村中，外界人士四方云集，形成万人空巷、夹道观摩的热闹场面，成为名传远近的民俗专项活动。

风采月刊

《风采月刊》创刊于 1925 年 1 月，由当时台山县的余姓族人创办，是台山县余姓族人自办的一份族刊。1952 年，原台山部分余姓地区划归开平管辖，故《风采月刊》后来变成为台山开平两地余姓族人共同主办，刊号为 CN-44（Q）第 0045 号。

1924 年底，族中同仁余友夔、余怀德、余仲山、余兰楚等人发起倡议创办《风采月刊》。当时，他们在台城召集该县本族著名族人余赍予、余春池、余冠伯、余天休、余卓鸣、余佩弦、余敏杰、余连章、余国章等

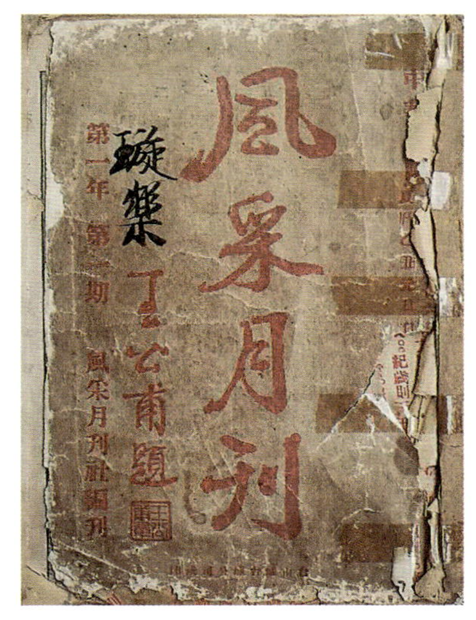

《风采月刊》创刊号（1925.1）

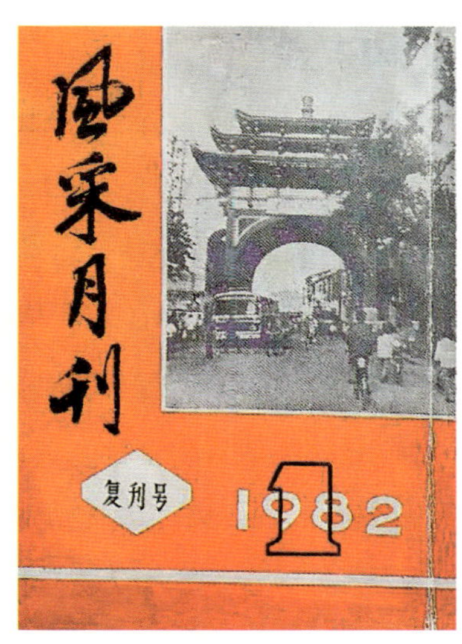

《风采月刊》复刊号（1982.3）

216 人召开盛会，讨论创办本族刊物事宜，与会者对创办族刊表示热烈支持，即成立创刊筹备委员会，并制定《风采月刊社简章》。12 月 7 日，在台城召开的族中同仁会议上，一致通过了社章，并选出《风采月刊》社职员。社长余逊齐，总编辑余仲山，发行人余品三。1925 年 4 月 3 日，为创办《风采月刊》，不辞劳苦的总编辑余仲山不幸逝世，社务委员由第三期起改选，当选社长余友夔，总编辑余冠伯。

社章对《风采月刊》的命名、宗旨、社址等作了具体规定。宗旨为："以阐扬祖德，联睦宗亲，互证见闻，交换知识，谋权策权力之结合，为应兴应革之研究，以促进家族自治，上符民主立宪之精神。"社址暂设在台山西宁市中和街维新公司三楼，同时规定了《风采月刊》的栏目设置为《论著》《族闻》《邑闻》《要闻》《宗先事略》《函牍》《学校成绩》《文苑》等。

《风采月刊》之所以取名"风采"，其目的是纪念本族先祖余靖忠襄公。

余靖（1000—1064 年），北宋韶州曲江（今广东韶关）人。本名希古，字安道，号武溪，谥曰襄，余氏迁徙入闽始祖焕公第九世孙，岭南地区的余氏族谱尊其为宋代始祖。北宋政治家，"庆历四谏官"之一。

天圣二年（1024 年），考中进士，历任集贤校理、右正言，出使契丹，还任知制诰、史馆修撰，出任桂州知府、集贤院学士、广西体量安抚使，以尚书左丞知广州，跟随名将狄青打败侬智高。宋英宗继位，拜工部尚书，病逝于江宁，享年 65 岁，追赠刑部尚书，著有《武溪集》20 卷。

余靖一生为国家竭智尽忠，建策匡时，抚民治吏，三使契丹，两平蛮寇，光辉业绩彪炳青史，动人风采流芳百世。与余靖同朝为官的蔡襄赞其"必有谋猷裨帝右，更加风采动朝端"，宋仁宗御笔亲题"风采第一，广南定乱，经略无双"。

关于取名之事，据《风采月刊》介绍：

本社刊，曷为以风采名也。我祖襄公，秉两大浩然之正气，间世而生，其立朝大节，炳若日星。君主礼焉，僚友敬焉，权奸惮焉。蔡端明诗：必有谋猷裨帝右，更加风采动朝端之句，盖为我公咏也。迄今韶州芝海，巍然岿然，为纪念我公之建筑物，曰风采楼。省会邑属，堂哉皇哉。为追报我公之祭献地，曰风采堂。本社社员，同为襄公后人，本社月刊，亦遂定名风采，厥意深且远。盖风采二字，实为我族最有价值之好名词，向之为楼堂名堂者，今并为社名刊名矣。①

关于创刊之日，具体时间为1925年1月1日。其创刊号封面右侧竖印有“中华民国夏历乙丑元旦日字样”。据《风采月刊》介绍：

今何月乎？非中华民国十四年一月乎；今何日乎？非夏历乙丑元旦乎。乎一月，是年新月新；元旦，是年月日皆新。于时贺新岁之语，频入于耳；颂新禧之柬频接于目。环顾宇内，形形色色，万象咸新，诚哉吾人不可忽视之一日也。而本刊即以是日第一期出版焉。且夫新者旧之对也，古书中言新者，不一而足。曰：周虽旧邦，其命惟新，此以因为新者也；曰：旧染污俗，咸以惟新，此以革为新者也；曰：温故而知新，则新旧合而相成；曰：人惟求旧，器非求旧惟新则新旧分而各得。兹姑勿论。②

关于后期停复刊之事，据《风采月刊》介绍：

1938年3月，由于日寇侵华，国内政局和社会动荡，办刊经费筹集遇到困难，兼遇邮局暂停包裹刊物收寄，万般无奈下停刊。1939年11月重新复刊。1943年，战祸延及台山，家乡沦陷，美好家园在日寇铁蹄下遭蹂躏，《风采月刊》又一次被迫停刊。1945年，抗日战争胜利，在内外宗亲共同努力下，《风采月刊》劫后余生，重新发挥她的特殊作用，在余族的文化园地里，留下了璀璨夺目的篇章。1949年10月，大陆政权易主。新中

① 《风采月刊》创刊号第2页：《发刊词》，1925年1月。

② 《风采月刊》创刊号第1页：《发刊词》，1925年1月。

国成立初期，百废待兴。《风采月刊》原有编辑人员，由于生活所驱，劳燕分飞，故此无暇顾及办刊之事，致使《风采月刊》默默无闻，安然沉睡。①

1981 年 7 月，台山、开平两县余族有关人士，在宗亲余质夫、余剑魂的倡议下，齐集台城台山中国旅行社，座谈恢复族刊出版的问题。大家一致认为，为增强海内外宗亲的联系，群策群力，发展家乡建设事业，恢复《风采月刊》的出版很有必要。在大家的热情鼓励下，他们开展了筹备工作。

第一次筹备大会于 1981 年 9 月 19 日在开平荻海风采堂召开。出席会议的宗亲有：余柏、余晴、余焕栋、余道卿、余荣仕等 34 人。会议通过了“成立《风采月刊》复刊筹备委员会、修改《风采月刊》社简章、选举《风采月刊》复刊筹备委员会常务委员”等事宜。其中，社章暂定每三个月出版一期。栏目为《论著》《族闻》《邑闻》《校闻》《文艺》《书信》《侨胞消息》等。

同年 11 月 16 日，假座台山三八公社侨联会召开第二次筹委会议。到会委员 25 人，由常委会提名，经过全体与会筹备委员讨论协商，选出了《风采月刊》新一届领导班子。社长余柏，总编辑余晴。

经过新一届筹备委员的共同努力，《风采月刊》终于 1982 年 3 月正式复刊，从此揭开了《风采月刊》发展的新一页。《风采月刊》坚持以报道本地侨情为主，以突出本族人事为重，使之成为广大海内外余氏宗亲的集体家书，笔者也每期得到赠阅，感觉无比光荣。复刊以来，曾获“广东省侨刊乡讯评比”三等奖，并在“台山市侨刊乡讯梅建行奖”评比中屡获奖励。

复刊伊始，《风采月刊》社一无物业，二无经费，举步维艰。1989 年，香港余氏宗亲会和香港余风采五堂会长老有见及此，捐资港币 5 万元在台

---

① 《风采月刊》第 78 期第 1 页：《〈风采月刊〉简史》，2005 年 12 月。

城草朗街购置楼房一套，用于日常办公。从此，《风采月刊》社大大改善了办刊条件。1993 年，香港余氏宗亲会和香港余风采五堂会又捐资港币 3 万元，对原有物业进行了扩建，原一层的结构变成二层。其中，一楼 58 平方米，作为宗亲聚会之地；二楼 56 平方米，作为族刊办公之所。

至于余氏历史渊源，据《风采堂百年祖祠变迁史》介绍：

欧阳修在《余氏族谱序》中写道："余之先，叔虞之后，自由余相秦，世封下邳，又为秦人。"而余靖所撰之《余氏谱序》也认为余氏之先，出自黄帝之子玄嚣，后历经近五十世，有苗裔曰由余。寻根溯祖，余姓起源又据《风俗通》载，余姓为"由余后，世居歙州，为新安大族，望出下邳、吴兴"。由此可见，余族是名门望族。又余姓以"下邳"为堂号。东汉永平十五年（公元 72 年），改临淮郡置国，治所在下邳（今江苏省徐州以东邳州市）。辖地北至江苏新沂、邳县，南盱眙和安徽嘉山，东至江苏涟水、淮安的江市，南宋时改为郡，称下邳郡。据历史记载，余姓于汉代入安徽歙县一带，并落籍此地不断繁衍。魏晋南北朝时，余姓已成为新安郡一望族。又因北方连年战乱，中原土族开始第一次大举南迁，其中有一部分余姓族人跟随南迁，或入鄂，或入赣，或入湘。唐代以后，余族迅速繁衍壮大起来，再次迁入闽。

余氏入闽最早的祖先是青公名鐩，号大成，曾任建阳县令，生八子，后其长子焕公又历经江西鄱阳—闽北建阳—古田县杉阳，亦称"三阳开泰"。余族三迁之后，余氏后代不断在三阳地域繁衍，由入闽始祖焕公算起，直至第九世孙余靖开始，由三阳迁入粤北韶关曲江。以后陆续在新会、开平、台山等南粤地区开枝散叶。至余靖公第三世孙嗣立公（叔英祖房后裔）再迁入开平月山镇横江仁和里和朝安里开族。

经查族谱，嗣立公以余靖为始祖计起为第三世。因此，仁和里的嗣立公应是余靖后人（叔英祖房）最早从韶关曲江迁居到台山、开平的先人，而仲荀祖房的，由始祖余靖算起的第四世孙正翁，于宋绍兴二年（公元

1132 年）任冈州（今新会）司牧，是由曲江迁居冈州（新会），成为余靖后裔迁居冈州（新会）和台山（现开平）儒林里的始迁祖之一。

至明清时期，余姓族人已大量迁入江南各地，所以不知经过了多少个朝代的更替，余氏源远流长，并非虚言。[①]

如今，遍布世界各地的广大余氏族人，无不以先祖余靖为荣，他们自发成立的各种会、堂、馆、所，如美国、加拿大、东南亚以及岭南许多余族聚居地的余族堂会、社团和建筑物，均冠以“风采”之名。“风采”一词，已成为广大余姓族人引以为傲的徽号。当中，最为盛名的要数坐落于韶关的“风采楼”和开平的“风采堂”了，但从规模和精致这两角度来看，开平的“风采堂”比韶关的“风采楼”更胜一筹，被誉与广州陈家祠齐名。2019 年 10 月 16 日，被国务院核定为第八批全国重点文物保护单位。

开平“风采堂”始建于清宣统元年（1909 年），竣工于民国三年（1914 年）。接着，在祠堂后面建成风采楼。两者总建筑面积 5364 平方米。风采堂为传统的三路三进制。中路三进共 3 个厅、两个庭院；东西两路复式两层，叫东斋、西斋，三进共 12 个厅、4 个庭院。三路合起来为三进十五厅六庭院，气势宏伟，蔚为壮观。

风采堂中路正中大门上方镶有一块刻着“名贤余忠襄公祠”7 个颜体大字的巨型大理石匾，字迹雄浑苍劲；大门两侧悬挂有一副刻着“门襟三江，名冠四贤”的柚木楹联。一进大堂中，迎门设有 4 扇镂雕木屏门，分隔内外空间；转过此屏风，进入前院；再转过前院，进入拜堂，也就是二进大堂，这里是聚会议事的场所，真正意义的“风采堂”，也是整个风采堂的中心所在；转过后院回廊，就是三进大堂，这里当年曾供奉余忠襄公神主牌位，现在则供奉着一尊巨大的，供余族后人祭祀和瞻仰的余忠襄公坐姿铜像。东西两路的建筑风格较为简洁，是左右对称的二层书斋式建

① 《风采堂百年祖祠变迁史》，中国文史出版社，2014 年版，第 124–126 页。

筑，素雅大方。

在风采堂二进、三进中后柱、两侧墙体以及风采楼三楼前、中、后柱等地方，原来悬挂着不少用木材雕刻而成的楹联。但这些楹联历经浩劫，早已不复存在和不知去向。在2007—2009年“风采堂”大修时，一些有心人士从《增邑碧江余氏族谱》中找出一部分，加上余氏后人发动外地余族同宗兄弟的搜集，整理出旧作11副，另由余氏后人新创作4副，邀请一些余姓书法家和个别外姓书法家书写，并用柚木精雕后重新悬挂于上。

笔者虽然不才，然酷爱书法，早年加入广东省书法家协会。此次重写，有幸被列入邀请之列。我的老家就在离风采堂不到一公里的思始村委会龙冈村，小时候曾经常听大人说起风采堂，但未曾去过，总觉得那里是一个很神秘的地方。直到工作后才有机会进入参观，想不到后来竟有一副由笔者书写的楹联墨迹，被镌刻于精致的柚木条匾上，永久悬挂于本族祠堂内，另《风采月刊》也时有刊登笔者书法作品，此乃笔者之莫大荣幸也。

笔者喜爱收藏，早年从江门范罗冈旧货市场购得两张宣统三年（1911年）由风采堂在筹建时开出的捐款收据，二话不说，即捐给“荻海名贤余忠襄公祠理事会”，以作回报。该收据被刊入《风采堂百年祖祠变迁史》一书，并在风采堂作常年展出，一圆笔者的报恩梦。

在五邑地区里，新会也有一间风采堂。新会风采堂位于会城街道南宁社区惠民西路新会一中内，民国十二年（1923年）兴工，民国二十六年（1937年）竣工，为开平狄海余氏族人合力兴建，现用作新会一中图书馆。新会风采堂坐北向南，台基高1.4米，宽27.3米，深21.2米，砖混结构，重檐歇山顶，天花板施民族形式图案，华丽典雅，古色古香，是民国时期新会现存代表性建筑之一。

密冲通讯

《密冲通讯》复刊号（1982.3）

《密冲通讯》的前身为《密冲族讯》，1938 年 8 月由台山密冲乡李氏族人李金活、李文逸、李长斌等爱国青年所创办，是台山市水步镇密冲村委会李氏族人自办的一份族刊，后因时代变迁而停刊。迨 1957 年春，在该乡老归侨锦祖公的倡议和各界族人的协助下复刊，后于 1966 年停刊。

1982 年，密冲李氏族人又开始商议复刊之事。当时，有人提议“族讯”仅局限于本族信息，改革开放后，本刊除继续报道本族信息外，还应多报道国家的侨务政策等，提议由“族讯”改为“通讯”。这一提议马上得到全体同仁的认同，故《密冲族讯》在复刊时改称《密冲通讯》。复刊时间为 1982 年 3 月，刊号为 CN–44（Q）第 0060 号。复刊时社长李长斌，主编李敏参，栏目主要有《专载》《家乡消息》《文化教育》《三八各地》《县闻摘要》《文艺》《特写》《集狙》等。曾被评为省市优秀侨刊。

密冲村委会原属三八镇管辖，后于2006年划入水步镇，位于台山市水步镇西南部，总面积7.9平方公里，下辖31条自然村，总人口约2500人。改革开放后，经济发展主要走“公司+基地+农户”的“三高”路子，主要农产品有水稻、蔬菜、玉米、豆类等，养殖业以三鸟、淡水鱼类和生猪为主。

在密冲村委会赤水坑村门前有一口古井，成为密冲建村的历史见证。此井历史悠久，其井水之清洌甘凉，从不枯竭，驰名远近。从前，凡到密南赤水坑村去的人，天热必到该井品尝清泉为快。最难得的是该井底面直径不过二尺，井深不过五尺，但井水常满外溢，水清见底。井底水源，滔滔不绝。不但经年累月供应村民饮用，而且冬令时至，附近各村井水枯竭，都纷纷来此打水运回家里食用。现在则成为此地的甘泉古迹，很多华侨从国外回来，都想来此看看，以唤起一丝“离乡别井”之乡愁，慰藉一下“饮水思源”之心境。

2018年11月2日上午，台山市外侨局就曾带领参加美国“寻根之友·麦礼谦寻根项目”的寻根团成员到该镇寻根。寻根团成员 Ric Jong 和 Michelle 是两兄妹，这次他们特意回来外祖父的故乡，寻找外祖父的故居，了解家族的情况，并拜祭先人。在乡的亲戚热情地带去他们外祖父出生的地方，讲述过去趣事，品尝家乡井水，并向他们称赞美丽乡村建设给村里带来的一系列变化。

《密冲通讯》创办后，不仅履行职守，及时报道乡闻趣事，还为筹建密冲中学奔走呼吁，立下大功。

原来，密冲地区除有一乡办高级小学（精一学校）外，尚有村办或联村办小学十间之多。20世纪50年代后期密冲划分为密冲、密南、公义三个大队，原有的小学也改组、合并为密冲、密南、龙冈三间小学，为各个大队的公办学校。但本地没有中学，小学毕业生除少数考上外地初中外，大多数学生年少失学，家长们深感不安。1985年4月，《密冲通讯》侨刊社根据群众要求，在开平三埠邀集在台、开工作的乡亲、乡干部和文艺界人士 40 多人开会商议，一致通过筹建密冲中学。随即成立了密冲中学筹委会，并向广大乡亲发出倡议。在筹建中学的倡议书发出后，马上得到海内外乡亲的响应和捐款支持。如旅加乡亲李日如、李钜宁、李廷光等分别捐款人民币七万元、加币一万元、美元四千元；旅美乡亲李祝来伉俪捐款美元一万元，李耀凑、李添柏、李仕保、李煜亮与旅澳乡亲李迎荫等各捐款美元二千元。至 8 月底，内外乡亲共捐款折合人民币达三十万元。筹得善款后，选定原清溪祠旧址作为校舍建设用地。至 1987 年 8 月底，一座礼堂与两幢三层高的教学大楼全部竣工，建筑面积达 1200 平方米，并于当年 9 月正式接收新生，解决了当地小学生读初中难的问题以及家长们的后顾之忧。

光裕月刊

《光裕月刊》的前身为《谭氏自治杂志》，是台山市谭氏族人自办的一份族刊，创刊于1917年，抗战胜利后改为现名。后于内战期间停刊，1956年4月复刊。后又因故停刊，1982年12月再度复刊，刊号为CN-44（Q）第0047号。复刊时社长谭锡润，主编谭庭标，栏目主要有《乡闻》《特写》《文化教育》《人物志》《乡亲简讯》《升学调查》《县闻》《专载》《文艺》《杂俎》等。曾在“台山市侨刊乡讯梅建行奖”评比中屡获殊荣。

《光裕月刊》复刊号（1982.12）

1982年2月，《光裕月刊》正式开始筹备复刊工作。由于资金和人才均十分缺乏，所以就由该族多位退休老师组成编委会开展工作。社长由曾毕业于中山大学，历任台山二中、台山师范等校校长，台山政协委员谭锡润担任；主编由曾在台山附城中学、石化中学、水南中学、台山二中等学校任教过的谭庭标老师担任；副社长由曾在台山二中任教过的谭树沛老师担任；副主编由曾在开平某中学任教过的谭雁滨老师担任；编辑由曾毕业于广州新闻学院，在台山白水小学担任校长长达30多年的谭秀夫老师担任。他们热心公益，不计报酬，全凭一颗赤子之心，为族人加强团结和联系而献出余热。

5月，旅居美国纽约的该族城西塔脚茂林村族人谭鸿儒随美国洪门致公堂访华旅行团再度回乡探亲、观光，受到台山县有关部门及《光裕月刊》社领导的热烈欢迎。谭鸿儒时任美国纽约洪门致公堂总干事，此行为复办《光裕月刊》提出了不少宝贵意见，并乐助200美元表示支持。

6月，旅居美国加州罗省市的本族横湖南华村族人谭石庵偕同家人返回台山，受到台山市政协和侨联领导的热情接待。谭石庵时任美国加州罗省市永昌隆办庄的新月酒家董事长及旅外“谭氏光裕堂”名誉会长。回乡后，谭石庵会见了《光裕月刊》社的相关负责人，共同商议《光裕月刊》的复刊事宜。谭石庵不但提出了许多宝贵意见，还题写了刊名，并勉励本刊工作人员共同努力，把家乡信息经常向海外报道。复即捐助500美元为复刊经费，还表示回美后向旅美谭氏昆仲汇报复刊情况，争取海外乡亲积极支持，群策群力共同办好族刊。在谭洪儒、谭石庵等人的带头和倡议下，本族海外华侨纷纷慷慨解囊，使《光裕月刊》社一时募得不少善款，并得以顺利复刊。

关于谭氏和台山谭氏源流，据《台山姓氏源流》介绍：

“谭”在古代，属姬姓的一支。周文王的一个后裔，受封于“谭”（即现在山东省济南市龙山镇东北）这个地方，建立了一个诸侯国：谭国。

公元前698年，与谭国邻近的大国齐的国君齐喜公死了，由他的长子齐襄公继承君位。齐襄公的两个弟弟公子纠和公子小白（即以后的齐桓公）都逃到国外避难。当公子小白路经谭国的时候，谭君对他很冷淡，没有接待他。公元前685年，齐国的大夫高奚派人从莒国把公子小白迎回齐国当国君，这便是齐桓公。齐桓公即位的时候，谭国没有派遣使者去祝贺，引起齐桓公的不满，于公元前684年派兵把谭国灭了。谭君逃到莒国（现在山东莒县）去，他的后人就“以国为姓”，称作谭氏。

大宋乾德年间，陈桥兵变，宏轶翁与妣由江西虔州西后村，迁入广东南雄府始兴县珠玑巷居住。翁为入粤始祖，讳虔，字崇纪，号宏轶，宋建隆资政大夫吏部侍郎，迁刑部尚书，加封三千岁，生二子，长子洪翁，次子瀚翁。

虔翁祠建于广州城隍庙后街旧仓巷口（即今越华路）。清乾隆年间，幸庄、有恭取回重修宏轶书舍，设立“光裕堂”。抗日期间（1938 年 5 月间）遭日机空袭，全座荡然无存。

六世祖慕凌公又是四邑谭氏之始祖。公乃五世祖达翁之四房遗烈翁之后裔。公初居新会县古冈州，随迁白龙池。慕凌公传至七代裔孙子政公，原居新会东门，后迁炎洞村，生三子。长子茂义择里而居。

茂义公又生三子：德官、德秀、德宝。翁与三子由炎洞村迁入新宁（即今台山市）境内濠冲墟。

茂义翁是迁台山之始祖，一直在台山繁衍后代。①

据不完全统计，整个台山的谭氏约有 5 万人，海外谭氏也约有 5 万人。600 多年前，谭氏始祖天麟公迁入台城定居河北村委会，世代多聚居于此。在城北台城河段两岸都是谭家人，往来甚密。以前的交通工具主要是渡船，但一河两岸间的船只早已停驶，现在的河北和圆山、白水只能隔河而望，需绕入城区才能相见。

现在河北岸的谭氏公祠均已拆毁，而在南岸的圆山村仍保留较多遗迹，如圆山圩、谭氏公祠、潮盛村等。在清光绪十七年（1891 年）创建的谭氏潮盛村，经民国四年（1915 年）扩建后现存 180 多座建筑，清一色青砖瓦房，有传统的三开两进结构和新式居庐结构。可以想象，当年谭氏乃是城北的大户人家。

相传，在河北岸西华山上的“紫霞云雾”是谭氏代代相传的美景。新中国成立以前山上的河道没改道前，每当黄昏降临，可见紫雾环绕，直到入夜才消失，是“台山八景”之一，如今已消失。

---

① 《台山姓氏源流》第 161 页：《谭氏》，1998 年 4 月。

提领月报

《提领月报》复刊号（1983.1）

《提领月报》是台山市斗山镇六村地区陈氏族人创办的一份族刊，以祖先有志公的官衔“提领”为刊名，创刊于1926年。

是年，六村旅美侨胞陈庆云在纽约倡议创办，并向各埠乡亲筹集款项，汇回六村乡公所以创办。初由六村乡公所教育股陈庚云负责编辑，其后由陈德初、陈云程等相继接任。后因人事变动，时断时续，于1930年至1931年间，完全停刊。侨胞对此非常不满，乃于1932年派人回来与乡公所共商复刊计划。于是陈卓平负责总编辑，陈焕文、陈迥常为副总编辑，宣告复刊。后于1934年，因陈焕文不幸病故，陈卓平又远在香港鞭长莫及，而陈迥常亦因商务繁忙提出辞职。后由陈宁人接任，仅出版二期后即告停刊。

改革开放后，六村华侨再次要求复刊，后由族人组建复刊筹委会，经多次磋商，选取报社编辑人员，并得到西乔大队侨联会预借3000元作为复刊经费，大湾小学提供课室为社址，才得以于1983年1月再度复刊，刊号为 CN–44（Q）第 0069 号。复刊时社长陈迥常，总编辑陈馥泉，栏目主要有《专稿》《邑闻》《文苑》《诗坛》等。

台山六村形成于宋朝年间。当时，六村还是个人烟稀少的荒芜地方，潮涨潮退，海滩连片。据查考，那时只有东骆里（东篱）、西骆里（朗美）、萧村（秀墩）、冲柴（中礼）、明虾地（属中礼）、赤坎（属朝阳）等六条小村落。除赤坎是陈姓人居住外，其余各村，散居着骆、萧、钟、黎、何等各姓人。为了增进邻里情谊，陈氏三世祖有志翁（即提领祖）特倡议由此六条小村，合建一座庵堂，庵名亦内含六村和睦之义，故曰六和庵，六村地名也由此而远传。该庵建在鳌山脚下，故后来又改为鳌足寺。据说寺门“鳌足寺”三字，是槎洲村老解元陈遇夫所题，可惜这一历史文物已被拆毁了。

关于六村陈氏的繁衍，据《提领月报》介绍：

后来，陈族人口繁衍，村落日增，其他各姓人也相继迁走，如原居中礼的钟姓人，因伯齐公住下开族，便自动迁徙到都斛沙岗村去。几经沧桑，荒芜之地已变成鱼米之乡。现在的六村包括田美、秀墩、大湾、中礼、莲洲和朝阳等六个大队的五十条村落。但人们还是习惯称为六村，称在此居住的人为六村人。其实，居住在墩头、浮月及山背等村的陈姓人，都是有志翁的后裔，也可以说是六村人。[①]

《颍川月刊》也作了考证：

据谱牒记载，台山陈氏源出一脉，都是陈辉的后裔。陈辉生七子：谟、宣、英、恺、闰、图、仁。其中闰迁潮阳县开枝，仁迁清远县开枝，其余五子均在新会、台山开枝，后人也有迁东莞、顺德、中山等地。台山六村（包括墩头、山背、下川、冲蒌朝中、开平魁岗）陈氏，新会石头陈

① 《提领月报》复刊号：《六村地名考》，1983 年 1 月。

氏，江门潮连陈氏，都是二子陈宣的后裔。陈宣即陈猷。[①]

提领原是一种官名，其等级次于县尉，属文职。有志公曾任此职，为官廉明，爱百姓如子女，民亦敬之如父，因此称之为陈提领，而不称其名字。后世子孙为纪念宗祖正声，亦沿用之，所以在有志祖祠之门额大书曰：“提领陈公祠”。

关于提领有志公的家牒流传，据《提领月报》介绍：

考陈猷太公初自南雄珠玑巷迁至新会石头里，住歇于冯天诚家，以后就在石头里开族。传二世陈巧公，三世陈迪公，四世仁甫公、义甫公、礼甫公、智甫公。仁甫公传五世天任公、天祥公。天祥公（即从善公）于元入主中国时期，迁居台山上阁东山里开族，是为南来台山的初迁祖。二世梦麟公，三世就是提领有志公。[②]

据传，有志公来到此地时，只有零星六村，并半为弃地。但见此地连山连海，一望无垠，公以地土广而腴，可堪栖止，乃于洪武年间发动家人来此开荒田 40 余顷，筑陂塘 10 余所，以时蓄泄，隔障咸潮，而蓁芥之区。遂成肥沃之地，遗嘱子孙，迁居于此。有志公传四世七一公、七二公、七三公，三代单传，至此方庆繁衍。却不幸于永乐二年（1404 年），七二公、七三公同往菩提山收租，至奇零海，遇风覆舟，兄弟溺亡。七一公生二子，元康公、元福公。元康公于明正统年间，析居朗美而开族；元福公留居东山，其后迁居山颈墩头。元康公迁来朗美，始居赤坎，是赤坎为六村陈族发祥地。其后遍布六村纵横二十余里，丁口二万余众，遂成望族。

由于六村地处台山边陲，经济并不发达。但六村人却特别重视教育、医疗等公益事业，如秀墩小学、大湾小学、西乔小学等学校的大力兴办和

① 《颍川月刊》复刊号第 44 页：《陈猷究竟是谁》，2000 年 12 月。

② 《提领月报》复刊号：《提领考》，1983 年 1 月。

太和医院的顺利开业，曾为各界津津乐道。特别是太和医院的筹建和开业，《提领月报》当时做过大量的宣传和呼吁，为广大华侨传递信息，使广大华侨纷纷解囊，给予无偿支持。可以说，在六村这样一个小小的乡村内，能建成一间规模不小的医院，《提领月报》功不可没。

民国十五年（1926 年），陈卓平鉴于本族人烟稠密，疠疫易生，求医困难，于是通过《提领月报》提出倡议，在本族区域内建立一间医院，立即得到了全体族人的支持。民国十八年（1929 年），陈卓平不辞劳苦亲赴美洲、南洋等地募捐，共募得港币 14 万余元。随即组织建院委员会，负责筹建一事。医院于民国二十年（1931 年）3 月动工，民国二十一年（1932 年）12 月建成，取名太和医院，并举行开业典礼。医院开业后，陈基良院长秉承慈善为怀的宗旨，无论内诊外诊，不分畛域，一视同仁。同时对乡间环境卫生的整治，流行性疾病的医治和预防等做出了积极贡献。民国二十二年（1933 年），第一届董事会捐资，在医院东侧建设纪念馆，后改为 X 光室。民国二十三年（1934 年），港商陈绮云为其父陈程学捐资，在医院左后侧建设纪念堂，后改为二院。同年，中礼村式谷堂捐资，在大院前建设巨型金鱼池；斗山公昌行陈礼捐资，在入口处建设红墙绿瓦牌坊一座。民国二十六年（1937 年），抗日战争爆发后，台山曾数度沦陷，但医务人员冒着生命危险，仍然坚持为群众诊病。1952 年，台山县政府对该院采取民办公助形式，从资金、人事上予以大力支持，使太和医院得以不断发展，造福一方。

1999 年，为纪念提领先祖，斗山镇提领旅外乡亲、社团捐资共 80 多万元兴建的斗山提领纪念大楼于 10 月 22 日在斗山镇沙坦市落成。其中旅港乡亲陈策文、陈德各捐助港币 10 万元。大楼建筑面积 700 多平方米，楼高三层半，内设六村侨联会、《提领月报》社办公室和提领纪念室，并作为内外乡亲进行联谊活动的场所。

三省月刊 / 三省专刊

《三省月刊》复刊号（1983.3）

《三省月刊》的前身为《曾边特刊》，是台山市曾氏族人自办的一份族刊，由该地老前辈曾琴鹤在三省学校执教时倡办，创刊于1923年。当时，曾琴鹤鉴于社会黑暗，政治腐败，早存愤世嫉俗之心，更见邻乡赠来各种族刊、校刊，受到启发，认为报刊宣传，足能振聋发聩，扶持正气，警惕奸邪。同时，曾姓在上阁聚居约有四五百户，人口约2000余人，应该有一维系情谊之刊物，以期促进社会进步。为此，他与同事商议，得到积极赞同。当即着手筹办，但经费无着落，正在酝酿如何解决之时，适山后村曾岳毓由美返乡，得知此事，承诺不足部分由他负责，才使办刊工作得以顺利进行。关于刊名如何拟定，大家几经商议，决定按照各地方习惯，沿用姓氏或地方名称冠其首，故最终定名为《曾边特刊》。

创刊号面世后，国内外乡亲纷纷来信表示热烈欢迎和大力支持。曾边地区以外的宗亲，如北洋、稔坪、广潮、南洋、和乐、广海岗咀、都斛白石、三合大龙湾等地的乡亲，迫切要求合办。该社遂通知各地选出通讯员，以兹联系。自此，各地送来大量稿件，使得该刊报道范围迅速扩大。此后，大家觉得原刊名局限于曾边一隅，已无法符合发展需要，通过商议，集中各方面意见，决定采用宗圣公曾子“吾日三省吾身”遗训，定名为《三省季刊》。

季刊出版后，旅外乡亲因阅读心切，嫌版期过长，遂提出改为月刊。该刊于是顺应乡亲要求改为月刊，并改刊名为《三省月刊》。此后，该刊为了规范管理，特设编辑、出版、发行三个小组，交由三省小学校长教师主办，财政则另推一公正人士执掌。并议定每年农历正月初二，在三省学校举行全体社员大会，以总结过去一年工作，制订新一年工作计划。每次大会，各地社员都能按时参加，并畅所欲言，提出宝贵意见，使刊物越办越好。是时印发数量500册，其中国外300册，国内200册。不料，时至抗战最深入阶段，广州及香港相继沦陷，邮路不通，不得不宣告停刊。

抗战胜利后，社会暂得安宁，该刊又继续出版。但由于经过多年战乱及1943年大饥荒，本地到处满目疮痍。于是，广大华侨和各地人士捐出大量物资，交由当时政府发放救济。但是，本地土豪劣绅欺上瞒下，巧取豪夺，致使赈灾工作难以有效落实。该报如实揭露，从而引起当权者不满。他们想方设法控制该刊言论，派人执掌编印之权。但该社人员不畏强权，在广州另设乡声月刊社，出版《乡声月刊》，继续揭露当地强权暴行，与他们做坚决斗争。至新中国成立前夕，因诸种原因，《三省月刊》和《乡声月刊》均相继停刊。

改革开放后，得蒙本族海内外乡亲予以鼓励，在稿件上予以支持，在经费上予以襄助，《三省月刊》于1983年3月正式复刊，刊号为CN-44(Q)第0070号。复刊时社长曾叔平，主编曾可芬、曾炳堂、曾泽尧、曾海峰，栏目主要有《论文》《新闻（乡闻）》《乡亲往来》《教育消息》《通讯报道》《地方人物》《诗歌》《杂俎》《来鸿去雁》《调查》等。随着形势的变化和根据本族原因，后于20世纪90年代又改名为《三省专刊》。

据悉，600多年前，曾氏一族由新会迁至如今的斗山镇上阁地区东部，建村名为曾边。后因宗族兴旺，人口繁衍，曾边村民四散繁衍，子孙开族，迁至现今其乐、东边、山后、三兴等地，原来的曾边旧村反而衰落了。

据台山市斗山镇人民政府网介绍，其乐村委会明清时期属矬峒都所辖，民国期间，1938年前为五和上阁乡所辖，1938年后为台山县第三区上阁乡所辖。1958年称斗山公社其乐大队，1986年改称为斗山镇其乐管理区。管理区驻在东边村，辖其乐、长南、东边、山后、三兴5个自然村，村民小组5个。

在其乐村委会的山后村，有一排房屋与当地的民房建筑风格格外不同，带着一点西洋风，当地人称为“加拿大屋”。据悉，这些“加拿大屋”建于1930年左右，一共9间，灰砖水泥墙壁，里面却为木结构，红色窗户，绿色窗棂，在周围民居中格外显眼。

居正月报

《居正月报》复刊号（1983.12）

《居正月报》的前身为《黄氏月报》，是台山市黄氏族人创办的一份族刊。创刊于1926年12月，创刊4年后改为现名。“居正”乃指居正翁，为黄氏宋一世祖，也是本刊名之由来。

20世纪40年代因时局变化而停刊，1983年12月再度复刊，刊号为CN-44（Q）第0046号。复刊时，社长黄栽华，总编辑黄扳，栏目主要有《乡音族闻》《族里新姿》《江夏之光》《追本溯源》《江夏文荟》《宗亲鱼雁》《画页》等。曾获“广东省侨刊乡讯评比”一等奖。

《居正月报》筹办复刊时，1983年8月27日，副社长黄仁达、黄伟韬、黄策经，总编辑黄扳，副总编辑黄仁夫、黄仲楫等专程前往广州，邀请在穗的知名宗亲座谈，商讨如何办好《居正月报》。在穗宗亲们积极参与，畅所欲言。其中黄文宽[①]先生回顾了台山在清代末年，由于当时社会

---

① 黄文宽（1910—1989年），早年读于教会学校培正小学和培正中学，广州法学院。历任广州大学法律系主任、中山大学教授、广东省文物保管委员会委员、人大常委会法制委员会委员、律师协会常务理事、文史馆副馆长、中国书法家协会理事、广东分会常务理事及广东省政协委员等。

混乱，以致形成“壮者散之四方”的华侨出洋史，以及在这100多年来华侨对台山的发展所做出的贡献，说明做好华侨工作，加强海内外宗亲联系的重要性。此后，他还为该刊亲笔题签，复刊时的刊名“居正月报”四字即出自黄文宽先生之笔。

关于黄族和台山黄氏之由来，据《居正月报》介绍：

据史记所载，伯翳之后，嬴姓分封于黄（今湖北地），以国为姓，始有黄氏。因我们上历代祖宗，世居江夏（即汉口一带），故以江夏郡为我黄氏之郡名……迨至北宋，我宋一世祖居正翁，出任为广南运使时，由福建省莆田县携眷复归广东省南雄府保明县沙水村珠玑巷定居。后因南雄失妃事，主子震怒，拟欲屠杀当地人民，于是南雄百姓，南下逃难。二世祖源深翁昆仲，各挈眷走广州避祸。临行时，居正翁诚恐子孙散居异地，将来无法认宗，在匆促间，作家训诗一首：

策马悠悠出外疆，任从随处立纲常。年深异境犹吾境，日久他乡是故乡。朝夕莫忘亲命语，晨昏须奉祖宗香。若然苍昊垂庇佑，三七儿男永炽昌。

嘱咐子孙背熟，代代相传，以便日后兄弟相逢，彼此背诵家训诗，相认宗亲。所有聚居广州府一带之黄族，大多是居正祖之子孙，是以后世尊奉居正翁为第一世祖。①

黄姓族人由肇迁居台邑，盖自南宋始，至今约有800年。昔族人移居新宁之时，几乎遍布六都（旧时新宁分为德行、文章、平康、矬峒、朝居、海宴六都），尤以南北两坑、横独两江（冈）、洞口潮沙、坂潭大亨等地集居最密。经长期繁衍，今人口已逾十万之众，占全市居家总人口九分之一以上，属于台山大族姓。

① 《居正月报》复刊号第29页：《黄族由来》，1983年12月。

莘村族刊

《莘村族刊》始办于 1922 年，是台山市都斛镇莘村村委会李氏族人自办的一份族刊。初以《潭洲月刊》出版，时断时续。1937 年“七七事变”后，莘村旅外工作知识青年，接受了进步思想影响，目睹国难当头，生灵涂炭，国家将亡，于 1937 年初夏回乡，参加本地抗日救亡运动。1938 年 2 月，组织成立“莘村青年社”，有组织地带领村民一致抗日。1939 年 9 月，创办《战时莘村》，结合壁报、画报、街头剧等开展救亡宣传工作。但因战乱投递困难，曾印小型《战时族报》。迨抗战胜利后，遂复原版，改称为《莘村族刊》。

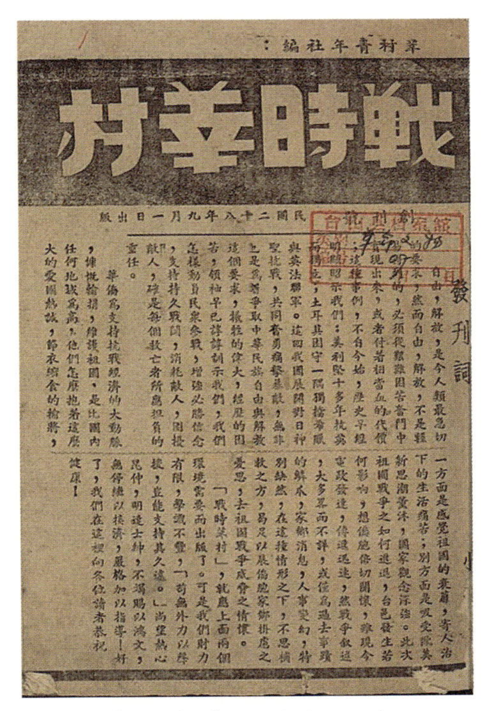
莘村青年社編：

戰時莘村

創刊號

民國二十八年九月一日出版

發刊詞

《战时莘村》创刊号（1939.9）

1950 年 5 月，《莘村族刊》正式复刊。但因时代和任务不同了，故改名为《新莘村》，并以创刊之名出版。这事在《新莘村》的《发刊词》里有说明：

《新莘村》是《莘村族刊》的继承者，它的任务，一部分是过去《莘村族刊》所负担过的，为联络乡侨忠诚地向海外昆仲报道家乡消息，及倡导乡中应兴应革的事宜；另一部分是《莘村族刊》在过去环境中不能做而要在今天的环境中才能做的，如反霸肃特与宣传人民政府的政策政令等。此外，在新民主主义的旗帜之下，如何配合地方情况，鼓励组织与推动农村人民积极建设新民主主义的政治经济文化事业，也是今天出版的《新莘村》所应负的责任。因此根据这一环境的变迁与任务的增加，旧日的《莘村族刊》，就有改变名称与内容的必要。换句话说《新莘村》实在是由《莘村族刊》发展而来的。[①]

《新莘村》创刊号（1950.5）

此后，《新莘村》也因故停刊。1956年再度复刊，并恢复《莘村族刊》之名，后又再度停刊。改革开放后，海外华侨纷纷回国观光和省亲，并热切要求复办《莘村族刊》。1983年12月，《莘村族刊》正式复刊，刊号为CN-44（Q）第0023号。复刊时社长李勤让，主编李欢年，栏目主要有《特稿》《乡

《莘村族刊》复刊号（1983.12）

① 《新莘村》创刊号扉页：《发刊词》，1950年5月。

闻》《区闻》《转载》《诗歌》《海外来鸿》等。曾获“广东省侨刊乡讯评比”二等奖。《莘村族刊》刊名“莘村”二字由中国著名画家刘海粟[①]先生题写。

莘村村委会位于台山市都斛镇东北部，东面是广阔的平畴，紧接崖门口黄茅海，与珠海经济特区隔海遥相对望；南面与下莘村村委会相邻；西面群峦叠翠；北面与古逻村委会接壤。辖南华、楼前、大楼、仁厚、渌水、里仁巷、吉示、吉庆、东凡9条自然村，人口5200多人；耕地面积10000多亩，咸围水产养殖面积7000多亩，山地面积15000多亩。

莘村是都斛镇人口最多的行政村，也是台山市有名的五大村之一。过去，说到台山的大村庄以“三村两石”为最。“三村”指都斛镇莘村、汶村镇汶村、斗山镇六村；“两石”指斗山镇浮石村、都斛镇白石村。莘村海外华侨和乡贤众多，是有名的华侨古村落。

莘村是抗日战争和解放战争时期的游击根据地，是台山革命老区之一。1938年就建立莘村党小组，后来成立党支部。新中国成立前，刘田夫、郑锦波等在此蹲点工作。自改革开放以来，莘村村委会积极调动海内外乡亲热爱家乡、建设家乡的积极性，近年来，海内外乡亲共捐资1000多万元，兴建莘村幼儿园、潭州小学、莘村中学、崇湖纪念图书馆、春晖楼、自来水、中心广场和修铺水泥路等工程，还集资400万元兴建江门市村级第一间综合体育馆。

莘村土地肥沃，资源丰富，是全国著名的高产水稻示范区，被中央有关领导誉为“广东第一田”。2006年8月，被江门市和台山市定为社会主

① 刘海粟（1896—1994年），名槃，字季芳，号海翁。江苏常州人。现代杰出画家、美术教育家，中国民主同盟盟员。历任南京艺术学院一级教授、院长、名誉院长，上海美术家协会名誉主席，中国美术家协会顾问。英国剑桥国际传略中心授予“杰出成就奖”。意大利欧洲学院授予“欧洲棕榈金奖”。曾任第三、第四、第五、第八届全国政协委员，第六、第七届全国政协常委。

义新农村建设示范点。莘村是岭南首个国家级农业公园台山中国农业公园——“禾海稻浪”水稻田生态文化主题园的所在地，园内农耕文化展示馆是一座全面展示及弘扬农耕文化、历史实物的主题博物馆。2018 年 3 月 9 日开园至今吸引众多游客前来参观游览，与周边富都温泉度假邨、东凡村华侨古村落等旅游景点串联形成集农业示范、农耕体验、科普教育、旅游观光、休闲娱乐、温泉度假于一体的旅游线路。2019 年 12 月 25 日，莘村入选第一批国家森林乡村名单。

五邑著名的“飘雪温泉”——富都温泉度假邨位于台山市都斛镇莘村大石古山，靠近广东西部沿海高速公路旁，距离高速公路出口 800 米。

富都温泉首创全国温泉与瑞雪巧妙地结合于一体的室内温泉奇观。位于度假村西面的假山内，温泉池内的水温高达 45℃，而室内温度低至零下 8℃，温泉池的上空大雪纷飞；池边的树枝头、岩石上是银装素裹，分外妖娆；池边的地面上更是冰冻三尺。在这里浸泡温泉，漫天雪花飘舞，满池芳香四溢、云雾缭绕，宛若人间仙境。想体验更动感的，这里还有音乐喷泉和水上乐园，随着音乐的节拍，可以尽享水中曼舞的别样风情。

溯源月刊

《溯源月刊》是台山市雷、方、邝三姓族人共同创办的一份族刊，创刊于 1926 年。抗日战争时期第一次停刊，1947 年 7 月复刊；1949 年下半年因故第二次停刊，1984 年 9 月再次复刊。刊号为 CN-44（Q）第 0048 号。复刊时筹委会主任邝愈文，总编辑雷子风，栏目主要有《邑闻》《乡音族闻》《追本溯源》《通讯》《文艺诗词》等。

《溯源月刊》复刊号（1984.9）

树有根，水有源，根深者繁茂，源远者流长。宗枝奕叶，瓜瓞绵绵。然而千流万派，毕竟朝宗。追本寻源，原来，雷、方、邝三姓乃是源同一脉，派衍三宗。所以雷、方、邝三姓之氏族团体命名为“溯源堂”，取义于此，以示数典不能忘祖。是则“溯源堂”之诞生，本刊之得名。

关于雷、方、邝三姓的源流和关系，据《溯源月刊》介绍：

雷氏诞生于原始社会……是神农氏的子孙，居于河南省今之方山县，后迁徙于陕西大荔县冯翊郡。此处系富饶之乡，又是中原文化兴盛之区，使雷姓大为发祥繁衍。因此先人为了饮水思源，慎终追远起见，故从此家家户户，供奉冯翊堂上历代祖先，是为雷姓冯翊堂之由来。以后到公元1101年宋徽宗时，有河南开封府祥符县雷姓之后裔承直郎讳兰，字馨，号芝堂，另号汝南，进士，建籍南雄是为广东雷姓的始祖，葬于南雄寿山，出子二人，长曰豫、次曰复。长子后徒番禺韦涌乡，为韦涌雷氏之始祖；次子后徙至新宁塘面乡，为新宁雷氏之始祖。迄今已历十二三世，皆枝叶繁茂，子孙昌盛，分散聚居于台山县大江、水步、附城、四九、冲蒌、斗山、三合、海宴等区乡，人数达二万多人。

方姓来源溯始西陵。据福建莆田方氏旧宗图序云，方氏之先，始得姓者曰雷，为神农八代孙帝榆岗之子也。相传黄帝伐蚩尤，以功封于方山，故其后再另而为方。又考晋语所载，黄帝之子25人，其仝姓者二人而已，惟青阳与夷鼓，皆为己姓。青阳，方雷氏之甥也。注云，方雷，西陵氏之姓。黄帝娶于西陵氏之子，曰嫘祖，实生青阳，螺音同雷，故称方雷。又考诸风通俗，雷子之下，注以方雷氏之后。方雷之下，亦注以方雷氏之后，可知雷方二姓，异委同源，信而有徵。至台山方姓乡亲则是从新会迁徙而来，多聚居于下川水洋、家寮等地。

邝姓则来源于方，犹如方姓导源于雷一样。据溯源堂家塾序云，吾邝氏之姓，始自方来。方氏之姓，本于黄帝，得姓曰雷。盖方氏之后，历传至唐季，有方公廷英，系唐御史中丞殷符公之第五子也，号朝仪，生三子。长以严，生四子：谚、让、诚、谆。谆公字愈平，宋进士，官京城尹，以女选妃，封宣县侯，后官刑部尚书，太子太保，本贵戚之谊，盱衡时局，上缓金伐元疏，忠言不纳，修怨权奸，挈眷而迁，因改为邝姓。

总之，雷、方、邝分之为三姓，合之则为一本。其来有自，信而有徵，初起于河南陕西，继徙于安徽及福建而至广东，源远流长，本因枝繁，早已蔚为大族。[①]

雷、方、邝三姓历来团结，互相支持，不因地处不同而影响。北美、南美、南洋等地均有“溯源堂”。“溯源堂”既为联宗念祖、同气连枝之团体，又是维护宗亲合法权益，同舟共济之协会。从而彼此匡扶，协办家乡公益事业。诸如坐落于开平水口之“溯源家塾”，矗立于台城之“溯源中学”、“溯源别墅”的兴建，饮誉一方之“溯源小学”的开办，等等，皆为三族先贤共同发起，旋得海外“溯源堂”及侨亲之鼎力支持的结果。

在五邑华侨华人博物馆里，现存有一块由美国西雅图溯源堂捐赠的雕刻于民国时期的“溯源堂”匾额供长期展出。

据悉，早在1936年间，台山市雷、方、邝三姓国内外乡亲群策群力，筹集巨款，在台城建成“溯源中学”，并由清代遗老进士邝兆富雷公亲主持开幕式，后因日寇侵华而停办。抗战胜利后，溯源小学数年后也因故停办。新中国成立后，其校址曾被台山县农业局、水利局、林业局占为办公之用。1983年11月，旅美“溯源堂”元老雷法图宗长一行多人回乡，首先回到“溯源中学”旧址进行了瞻仰，后向县政府提出申请，要求退回校舍以供溯源堂办学之用。1984年5月，台山县政府落实华侨政策，经县长办公会议决定，同意退回。此后，台城部分宗亲先后于1984年5月9日、19日、29日召开了三次会议，商讨溯源堂复校复刊等事宜；5月12日在台城召开了有200多位宗亲参加的筹备复校复刊大会，并当即成立了复校复刊筹备委员会。经分工协作，共同努力，最后使复校之事得以顺利达成。

---

① 《溯源月刊》复刊号第25页：《溯源堂来历的探讨》，1984年9月。

玉怀双月报

《玉怀双月报》是台山市三合镇玉怀乡陈姓族人自办的一份族刊，创刊于 1931 年。

1931 年 9 月 18 日，日本驻中国东北地区的关东军突然袭击沈阳，以武力侵占我国东北，开始了长达 14 年的侵华战争。1937 年 7 月 7 日，日军在北平西南卢沟桥附近演习时，借口一名士兵失踪，要求进入宛平县城搜查，被中国驻军严词拒绝，日军随即向宛平城和卢沟桥发起进攻。中国驻军第 29 军 37 师 219 团奋起还击，进行顽强抵抗，揭开了我国全面抗战的序幕。《玉怀双月报》就在这样的背景下创刊和办刊的。

《玉怀双月报》复刊号（1985.2）

1937 年，由于抗日战争的全面爆发，台山很多侨刊相继停刊，但《玉怀双月报》却仍坚持发行下去，扛起抗日大旗，激发壮丁参军，与敌寇拼搏；组织家乡自卫队，维持地方治安。直到香港沦陷后，终因交通受阻，邮递闭塞，经济断绝，发行到第七卷第二期时，才被迫停刊。

抗日战争胜利后，举国欢腾，《玉怀双月报》随即于1947年复刊。直至新中国成立前夕，再次停刊，所余经费交由农民协会接收。

改革开放后，玉怀乡村民非常重视《玉怀双月报》的复刊工作，积极向上级部门申请复刊。待上级部门批复后，随即进行人事组织，分担工作。1985年2月，《玉怀双月报》正式复刊，重获新生，刊号为CN-44（Q）第0062号。复刊时社长陈拱辰，总编辑陈玉轩、陈乙荣、陈嵩山，栏目主要有《县闻》《校闻》《乡闻》《财务开支》《海外来信》等。

玉怀乡坐落于台山市三合镇境内，有台海公路相通，距台城约8公里。这里属丘陵地带，全乡由15条自然村组成，均为陈姓。他们自古聚族而居，自认是华清祖的子孙，世代守望相助、亲如一家。

关于玉怀乡陈氏族人的世祖和祠堂简况，据《玉怀双月报》介绍：

华清祖之孙观海翁，于明朝万历甲子年带着林堂太婆与东堂太婆和几个子侄，由坑口村迁来玉怀定居，迄今有400多年了，不知何年建成一幢雄伟的祖祠，前后分为两进，端详而庄重。后进构造，采用传统的榫卯连接，吻合严密，天衣无缝。四根木柱顶着上盖，古朴雅丽。在光绪八年（1882年）重修，扩建辅祠魁星阁，阁上两耳参天。相传如此建造，可以出大魁云。30年代被风打塌了，改建为校舍。[①]

建校费用，得到海外侨胞陈春年夫妇、陈宗任夫妇、陈伍繁、陈瑞沃等乡亲慷慨资助。建校事宜，则委托董事长陈拱辰，建校主任陈杰权，工程司理陈嵩生，财务陈国华负责。在大家的共同努力下，玉怀学校旧貌变新颜。

2004年7月，原玉怀、沃英、环安三个村委会合并，称温泉村委会，辖48条自然村。合并后，温泉村委会耕地总面积8200多亩，总人口6400

① 《玉怀双月报》复刊号第75页：《华清陈公祠》，1985年2月。

多人。其中水田 3561 亩，主种水稻，兼种瓜、菜等。山地面积 2.5 万亩，植湿地松为主。有两所小学。玉怀乡群众性体育活动活跃，村村都建有排球场。境内有牛栏闩、洪坑水库，总库容量 82.4 万立方米，可灌溉农田 2000 亩。玉怀乡山清水秀，到处茂林修竹，风景宜人，曾在广东省内远近闻名的台山温泉即位于此。

台山温泉，又名热水湖、汤湖，是台山市第一矿泉矿养地。台山温泉源出玉怀山的玉怀河，自南向北流经玉怀墟，该墟因此叫作温泉墟。台山温泉地热出露带长达数百米，具有众多的天然温泉出露点。水温高达 80℃，日流量为 4000 吨，属氯化钠型水，富含锶、偏硅酸、硫等矿物质，矿化度为 0.836 克 / 升，PH=7.62，具有高温、恒质、无异味等特点。可进行理疗、饮疗，对于高血压、心血管疾病、风湿病、肠胃病、神经衰弱、皮肤病等具有显著疗效，同时对皮肤保健也具有显著效果，为理想的医疗保健型热矿泉。

台山温泉开发利用历史悠久，1931 年旅外华侨集资在此建成温泉浴室；1957 年广东省第三工人疗养院在此落成，并配套了相应的服务设施。近年来，台山温泉的开发利用得到了迅速的发展，先后建立了宾馆酒店、度假别墅区、康体娱乐楼、会议中心等，已初步形成度假旅游中心。有温泉药浴、温泉泥沙浴、穴位按摩温泉池、酒温泉浴、户外全循环大型温泉泳池、全天候康乐泳池、温泉桑拿、温泉戏水乐园、儿童温泉游乐中心等游乐项目。其开发不仅注重温泉的自然疗效，还注意把健身与游乐、休闲与养生有机地结合起来，形成一风格独特、闻名于海内外的大型温泉度假休闲胜地。

水南侨刊

《水南侨刊》的前身为《水南族刊》，是台山市原附城区水南乡（今台城街道水南村委会）陈姓族人创办的一份族刊。创刊于1930年，出版至第五期停刊，后于1964年12月复刊。据《水南族刊》介绍：

> 溯自1930年创刊后，风行海内外，备受乡亲欢迎，族侨视作“家书”，尤为喜爱。及后以编辑人员星散，或执鞭于他乡，或升学于都市，或服务于外县，或作客于他邦，遂尔停刊，以至今日。①

《水南族刊》复刊号（1964.12）

《水南族刊》复刊后不久又因故停刊，后于1985年7月再度复刊，同时改名为《水南侨刊》。复刊时得到香港陆海通有限公司捐助港币3000元，陈新章捐助港币500元，陈树舜捐助港币300元，陈庭芳捐助人民币100元，巧云女士捐助人民币50元，台山侨中教师宁雨田老师捐助人民币20元。

① 《水南族刊》复刊号第1页：《复刊词》，1964年12月。

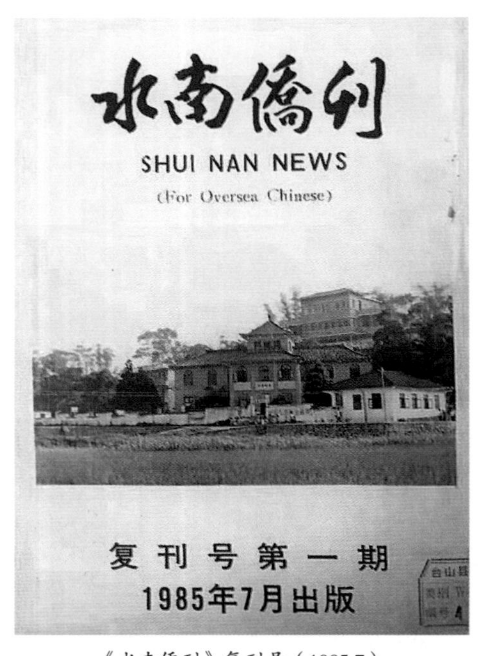

《水南侨刊》复刊号（1985.7）

有他们的经费支持，使得《水南侨刊》顺利发行。复刊时社长陈庭芳，总编辑陈灼乐。栏目主要有《邑闻》《乡闻》《专载》《侨乡人物》《文化教育》《百花园》《卫生常识》《人事调查》《来鸿去雁》《财务报告》等。曾获“广东省侨刊乡讯评比”二等奖。

台城街道水南村委会原是台山附城镇辖下一个大队，1984 年 1 月改为水南乡人民政府建制，后又改为水南村委会。村委会驻水南圩。关于水南圩的历史和现状，据台山市人民政府介绍：

清代的一段时期，台山平岗圩是由不同姓氏的宗族组成的，由于各种原因，这里被朱、黄、邝等姓把持，某些姓氏的村民遭到排斥，陈姓则是其中之一。无奈之下，只得在水南河北岸地名为“海边”的公产地选为新的圩址，规划建设东来街、西华街、南盛街、东兴街四条街道，共分 8 墩，每墩第一面墙由“绥靖伯庙”出资，定为公墙，并规定任何人都不能拆建。

该圩原名“南昌市”，逢 4、9 日为圩期，1949 年后易名为“水南圩”。整个水南圩沿河而建，大致呈一面旗帜的形状，东来街、南盛街、西华街围成回字，内建圩廊，沿东南方向向外延兴建东兴街，约 200 米长，直达当年新宁铁路沿线。

水南圩现存的骑楼有 78 幢，最大规模的是楼高 4 层的“联安饷押”，周围还有始建于清同治三年（1864）、三开间三进的“文起陈公祠”；为纪念宋代剿匪将领陈仲真、始建于清光绪十六年（1890）、广三路三进的绥靖伯庙（又名陈老倌庙）；建于民国二十四年（1935）、红墙绿瓦的“南强学校”。

水南圩是当年新宁铁路沿线一个重要的圩镇，且周边人文资源丰富，对研究侨圩文化、建筑文化、宗教文化、地方史具有较高的价值。①

台山水南陈氏始祖谟翁，原居南雄珠玑巷，后因皇上失妃之事，被迫南迁。其南迁经过在《水南侨刊》中有记载：

谟翁祖生三子：文振、文龙、文起。仓促携眷南逃，在途中兄弟相约，今后不论到什么地方定居，村名必以“水边”命名，意味水流到大海必然相汇，预兆兄弟必有重逢团叙之日。再说我们文起这一支几经辗转，逃到现在三合区的潢村。潢村后有山峦重叠，林木茂盛，前有碧水蜿蜒而过，可说是山清水秀。文起阿婆持一竹枝探测河水的深浅，不料拿起一看，竹枝竟粘满了海虾。乃十分欢喜地说：“这是鱼米之地，就在这里定居好了。”②

而文起翁的第四子（即谟翁之孙）仲真公，后由三合潢村迁居附城水南，成为水南陈氏的开族始祖。其事迹在《水南侨刊》中也有记载：

仲真陈公为始祖谟翁的孙，文起翁的第四子，初居潢村，迁居水南，宋朝人。公诞生于庆元二年（1196年）农历正月十六日，娶甄氏、黎氏、麦氏；生二子：长希尧，次希圣。宁宗年间，受职校尉，到理宗王朝（1225—1264年）为校尉兼掌屯田，主镇守围田。时有倭贼扰乱，先祖亲率乡团，日夜巡守，贼未得逞。他奉命剿贼，曾和两个儿子领兵与李猛龙贼帮屡次战于百峰山下（是台山、新会两县界山），斩贼魁，贼败去，仲真公黑夜大宴士卒，准备乘胜直捣贼巢。贼利用内奸，用生鸡鲤鱼黄酒等

① 台山市人民政府网：《台山侨圩·水南圩》，2015年4月。

② 《水南侨刊》复刊号第41页：《始祖南雄珠玑巷逃命史略》，1985年7月。

物，赂鸩他们父子，都中毒而死，葬于百峰山五指膝下。传说公死后威灵显赫，土人立庙，修其真容，每有瘟设祷告，极为灵验。道光年间，北京疫疠流行，全朝震惊。那时邑人邝吉祥先生是皇子的教习，向道光皇奏请，恭迎仲真公的灵位赴京镇疫，最后同意他的请求。威灵赫赫，三天而后疫息。道光廿四年农历二月初五日奉旨加封为绥靖伯。同年十一月初九日新宁县知事李延福，通知水南耆老乡绅赴县接封，他们欣然前往。我们的后一代，为怀念祖先，在飞鹅山下，水南河畔，建立绥靖伯庙奉祀。

1869 年，香港大疫，曾迎威神莅港驱疫，得到奏效。

民国二十二年（1933 年），澳门瘟疫，亦赖座镇。自此以后，名传海内外，如台、开、新、番、顺、中等县，亦多立庙奉祀。[①]

---

① 《水南侨刊》复刊号第 50 页：《绥靖伯陈仲真太祖史略》，1985 年 7 月。

紫阳月刊

《紫阳月刊》是台山市朱氏族人创办的一份族刊，创刊于1925年，1945年因侨汇中断、经费不继而停刊。1986年5月再度复刊，刊号为CN-44（Q）第0049号。复刊时主任朱白天，总编辑朱毓兴，栏目主要有《族闻》《简讯》《县闻简报》《调查报告》《文苑》《政策问答》等。曾获“广东省侨刊乡讯评比”三等奖。

《紫阳月刊》复刊号（1986.5）

关于“紫阳”名称的由来，据《紫阳月刊》介绍：

紫阳原是山名，在安徽省歙县城南。朱熹的父亲朱松（韦齐）读书于其上。后来，朱熹居福建之崇安，在其厅堂悬上“紫阳书室”一匾，因此也自号“紫阳”。后人因于歙县建紫阳书院，各省相继建者颇多。为了追慕先祖先贤，本刊定名为《紫阳月刊》，“紫阳”实际上已演变为朱氏的代称了。①

可以说，“紫阳”乃为纪念朱熹而来，现中国各地的朱姓人，无不以朱熹为上祖，并以“紫阳”之名，团结遍布世界各地的朱姓人，这也是台山朱氏族人创办《紫阳月刊》刊物的初衷。《紫阳月刊》在《复刊词》中说：

我台山朱氏，虽同为有宋著名哲学家、历史学家、教育学家兼诗人朱仲晦翁的子孙，但聚居点分散于台山各区乡，向无联系机构，平素缺于往还，各自囿于一隅，无以通声气而联宗谊，更谈不上亲亲仁人，格非陈善，以振家声。同时，海外侨胞经历世界大战的艰难岁月后，身在江湖，心悬乡国，眷顾桑梓，远过往昔。际兹运会，我族有识之士，审时度势，根据主客观条件，认为唯有凭藉新闻媒介，才能内以联络乡亲，外以团结侨胞，内外沟通，浑为一体，始能发挥力量。于是组成“紫阳月刊社”，出版刊物，而《紫阳月刊》遂应运而生了！②

朱熹（1130—1200年），南宋哲学家、教育家。字元晦、仲晦，号晦庵，别称紫阳。徽州婺源（今属江西）人，侨寓建阳（今属福建）。曾任秘阁修撰等职。平生广注儒学典籍，对经学、史学、文学、乐律以至自然科学均有贡献。在哲学上发展了二程（程颢、程颐）关于理气关系的学说，集理学之大成，建立起客观唯心主义的理学体系，世称程朱学派。教学授徒50余年，又提出对自然变化的科学见解，其学说在明清两代被确立为儒学正宗。其博览和慎思精神，对后世学者影响至深。所著有《四书章句集注》《周易本义》《诗集传》《楚辞集注》，及后人编纂的《晦庵先生朱文公文集》和《朱子语类》等。

关于朱姓和台山朱姓源流，据《台山姓氏源流·朱氏》整理：

---

① 《紫阳月刊》复刊号第42页：《“紫阳”名称的由来》，1986年5月。

② 《紫阳月刊》复刊号第10页：《复刊词》，1986年5月。

相传古帝颛顼高阳氏后裔曹挟，周封于邾（今山东省邹县东南），其国民以国为姓，称邾氏。战国时邾国为楚所灭，其遗族去邑为朱姓。

第一期为宋时臣民。宋时元兵入侵，宋皇朝被逼从中原迁都江南临安（杭州），后又从临安败走广东省的新会崖门。故有大批宋时臣民随之涌进江南，部分流入台山。时下聚居于台山西北部的附城镇朱洞、平岗、泡步、淡村暨三八镇邹村及三合的朱氏，其先祖是这个时期徙入台山的。入粤始祖系文焕公。文焕公系南宋理宗嘉熙二年进士、大理寺评事。

第二期为明朝冠带千户指挥使繁衍的后裔。朱氏在明朝时是国姓，明皇朝分封其子孙为王为官，由帝都四溢全国，据广海东荣里（老朱村）村史的传说和族谱记载，他们是在明朝由一位冠带千户指挥使的官员朱少弟遗下的子孙繁衍起来的。现在广海城的朱家巷暨乐家村、东荣里等村落的朱氏，是鹤侣公繁衍的后裔。

第三期为清乾隆年间徙入的客家朱氏。据赤溪县志暨该地朱氏族谱记载，该支客家朱氏，其入粤始祖是章甫公。章甫公是朱熹的第七世孙，江西芦陵参佐铨公的后裔。约于南宋末年或元朝时从江西入粤，在嘉应州以儒学立业。后其子孙经多处流徙，于清朝乾隆年间流入台山，分居于四九和三合两个地带。迨至咸丰六年（1856 年），五邑地区爆发土客相斗，这两个地区的客家朱氏再流徙至本市东南临南海的赤溪半岛居住。

于宋、明、清时徙入台山的朱氏，随着时间的推移，其子孙在就近连片聚居的同时，并向西南沿海海宴地区及外省市（县）拓展，甚至向美加等地移民。据《紫阳月刊》与海外宗人联络的资料记载，在海外的台山朱氏，旅居美国、加拿大的人数最多，尤其在美国加州的三藩市，人数既多又相对集中。而在国外华侨聚居的地方，一般都会成立社团以团结广大族人，相互照应，共同发展。在美国三藩市，以台山朱氏为主体成立的组织有“美国三藩市朱沛国总堂”，并在南加州的洛杉矶市成立“罗省朱沛国分堂”；还有以朱洞兰玉公系成立的新广房和平溪房；以景文公系成立的淡溪房和邹溪房，同时两房还联合购置楼业成立“思德堂”，共同奉祀景文公。这些宗亲团体与美加各地宗亲广泛联系，与故居地一脉相承。可见，他们祖籍在台山，根在台山。1995 年，以我国港澳宗亲以及海外美、加宗亲为主，合力在台城城西筹建的“朱沛国楼”的落成，成为台山朱氏慎终追远、寻根问祖的中心和海内外朱氏宗亲联络宗谊的桥梁。

在现代台山朱氏名人中，朱正贤是一位家喻户晓式的人物。朱正贤出生于 1937 年，早年旅居香港，事业有成后不忘故乡，20 世纪 80 年代起就在内地致力捐资兴办公益事业，特别是对家乡的体育事业和中国女排的健康发展有积极贡献。在朱正贤的支持和台山县政府的共同努力下，1987 年，台山县被国家体委命名为“全国体育先进县”，广东省体委批准台山县成立“台山排球运动学校”。

胥山月刊

《胥山月刊》复刊号（1986.10）

《胥山月刊》是台山市伍氏族人自办的一份族刊。清朝末年，台山伍氏族人为念祖德，增添宗谊，于海内外相继建立伍胥山堂，并于1920年春创办《胥山月刊》。当时以伍润三等宗长倡议创刊，至20世纪40年代后期因故停刊。1986年10月再度复刊，刊号为CN–44（Q）第0050号。复刊时主任伍润强，总编辑伍其荣，栏目主要有《乡人快语》《族闻仁声》《胥山之光》《雅俗诗文》《富民通讯》《宗史掌故》《台山鹏翼》《飞洋鸿雁》《金榜题名》等。曾获“广东省侨刊乡讯评比”二等奖。

台山伍氏族人于20世纪20年代中期曾捐资白银24万余元在台山公益埠潭江边兴建“胥山纪念堂”，1929年底落成。“胥山纪念堂”高四层，楼顶中耸钟楼，四角方亭对峙，红墙绿瓦，甚为雄伟。翌年春季，以此为校舍创立“胥山中学”。该校于抗日战争后期，曾因各种原因改名为“广东省立越华中学”，后又更名为“越华中学”。改革开放后，于1984年8

月经台山县教育局批准，恢复“胥山中学”校名，后又改为“台山市越华中学”。

1945 年 9 月 28 日对于台山市越华中学而言，是一个值得永远铭记的历史时刻。当时，在江会日军的投降仪式就是在该校教学楼二楼会议室举行的。

2018 年年初，台山市委书记李惠文专程深入越华中学调研，并提出四点要求：一是充分利用声、光、电等现代科技，生动重现 1945 年 9 月 28 日四邑江会日军在台山公益登岸的过程和在胥山纪念堂签降的画面等历史；二是按照修旧如旧的原则，恢复胥山纪念堂原貌，争取将胥山纪念堂申报成为广东省文物保护单位；三是深入挖掘台山教育历史资源，以胥山纪念堂为主场馆，把台山打造成为“书院之乡”；四是加大宣传，积极组织本镇乃至全市学生走进基地参观学习，接受教育。

2018 年 4 月 16 日，纪念《胥山月刊》创刊 99 周年庆典活动在台山市举行，来自世界各地的伍氏宗亲代表、侨刊领导等 600 多人欢聚一堂，沟通乡情，联系乡谊，凝聚侨力。在庆典活动上，《胥山月刊》社长伍新雄代表《胥山月刊》与美国《侨报》签署了战略伙伴关系。根据协议，双方将在《胥山月刊》在美国的宣传发行、联络交流等方面展开全方位合作，共同报道伍氏族人以及华人华侨在美国的历史和现状，弘扬中华文化，为侨社和侨胞服务，为中美两国的合作与发展做贡献。

何谓胥山？相传为山名，并因伍子胥而得名，在江苏省吴县西南。《史记·伍子胥列传》:“(伍子胥)乃自刭死。吴王闻之大怒，乃取子胥尸盛以鸱夷革，浮之江中。吴人怜之，为立祠于江上，因命曰胥山。”

伍子胥（前 559—前 484 年），春秋末期吴国大夫、军事家，名员，字子胥，本楚国椒邑（今湖北省监利县黄歇口镇伍场村）人。伍子胥之父伍奢为楚平王子建太傅，因受费无忌谗害，和其长子伍尚一同被楚平王杀害。伍子胥从楚国逃到吴国，成为吴王阖闾重臣，是姑苏城的营造者，至今苏州有胥门。公元前506年，伍子胥协同孙武带兵攻入楚都，伍子胥掘楚平王墓，鞭尸三百，以报父兄之仇。吴国倚重伍子胥等人之谋，西破强楚、北败徐、鲁、齐，成为诸侯一霸。伍子胥曾多次劝谏吴王夫差杀勾践，夫差不听。夫差急于进图中原，率大军攻齐，伍子胥再度劝谏夫差暂不攻齐而先灭越，遭拒。夫差听信太宰伯嚭谗言，称伍子胥阴谋倚托齐国反吴，派人送一把宝剑给伍子胥，令其自杀。伍子胥自杀前对门客说：请将我的眼睛挖出置于东门之上，我要看着吴国灭亡。在伍子胥死后，吴国为越所灭。

关于伍氏和台山伍氏源流，据《台山姓氏源流》介绍：

台山伍氏远祖，据岭南伍氏谱籍记载，追溯远古有谓，神农之子曰雍侯，封河陇之地，第八世孙曰雍克，始都安定，至唐虞时雍绍迁椒地（属浙江徐州，春秋为吴楚之郊，战国属楚，汉曰武陵之地）曰椒侯，历夏商周，及周平王东迁，诸侯背叛，芊楚强大，并椒，椒侯为庶人，而氏曰椒，椒望曰安定，此安定望之由始，望之后人即椒参，及至椒参之子椒举，仕於楚，封以伍地，故又以伍为姓，易椒为伍，此伍姓之所由始也。

伍氏远祖以周朝椒参为太始祖一世，椒举后称伍举为二世，伍襄三世，伍奢四世，伍员五世，伍度六世。所以南唐乔公为参公三十六世孙，以后传下历代相承，至宋徽宗时钦公为四十四世，钦公六子，仕商旅泯工贾为四十五世。

自宋以来，伍氏世居台山即旧文章里之宗族，只有钦公三子旅公，与四子泯公，两大房之后裔子孙，并且各朝各代，均有从文章里迁出外地繁衍者。

台山伍氏宗族，皆由古新会文章里，即斗洞大巷开枝散布，或远迁邻县地，亦属柱国房、翰苑房两房子孙之向外发展又开新族者也，谱牒有载曰柱国房子孙散居南山、幕村、麦园、伦滘、广州、横江、阳春、阳江、那马等处。翰苑房子孙分居大巷、山前、良舍、马岗、上坪、官窦、沙头冲、那扶、高要、新兴上关村、香山大榄等地。两房世系有字派可考。

柱国房字派：自氓公后十四世“启”字起，即“启元应瑞重，道德允维荣，文学于时尚，世思绍圣明”二十字派。

翰苑房字派：自旅公后十三世“绍”字起，即“绍宜伟茂奕，运会际昌明，鸿勋耀列祖，嘉猷献大廷”二十字派。①

在大江镇，有一间宋上柱国伍公祠，是台山柱国房伍氏子孙为纪念始祖伍氓而建。该祠始建于宋朝，明神宗万历六年（1578 年）迁建于现址，记录着斗洞伍氏的成长与发展。上柱国伍公祠原为三进的古旧建筑，由于年代久远，前、中两进已废，仅剩下第三进，亦残烂不堪。2005 年伍氏族人倡议重建，2009 年奠基，2010 年 5 月正式动工，2011 年重修落成。祠堂占地面积 420 平方米，坐东南向西北。正门呈国字形，砖木结构，清水砖外墙，灰瓦覆面，玻璃瓦剪边，屋檐浮雕。

柱国是一个官衔名称，上即是正职的意思。据伍氏族谱记载，上柱国伍公，名氓，出生于北宋绍圣四年（1097 年），河南汴梁（今河南开封）人，宋徽宗宣和三年（1121 年）春进士，任殿前校尉，敕封为上柱国将军。宋高宗绍兴七年（1137 年），谪岭南镇守南恩州。宋高宗绍兴二十二年（1152 年），岭南始祖宋上柱国大将军伍氓公壮志未酬，魂归客乡，奉旨葬于广东阳江象山。始祖母宋诰封一品夫人麦氏，坚志守节，抚养二孤，置田三万七千余石，遂成巨族。

有意思的是，这家祠堂门前的梯级是七级半。据传，明朝的神宗皇帝认为，上柱国伍公的行为高风亮节，比当时已非常有名的“竹林七贤”的行为还超出一大半，所以当时重建祠堂时，皇帝特别允许，这间祠堂门前的梯级，可以比七级再多出半级，就有了我们现在所见到的七级半。

从此，伍氏一族在这里开枝散叶，并繁衍迁徙至岭南各地。目前，台

① 《台山姓氏源流》第 34 页：《伍氏》，1998 年 4 月。

山的伍氏族裔有 8 万多人，主要聚居在大江、四九、冲蒌、斗山、端芬、海宴、深井等地，海外的伍氏族裔有九万多人。据不完全统计，上柱国房伍氏后裔人口已达百万之巨，现主要分布在广东、广西、海南以及海外。为了更好地发扬及传承伍氏团结精神，大江伍氏族人 2010 年成立了台山斗洞伍氏宗亲会，加强伍氏族人的沟通联系，积极组织伍氏代表参与氏族大型活动。2019 年 4 月 7 日，107 个国家和地区的伍氏族人相聚台山市大江镇，在该镇宋代皇帝特颁圣旨御建的功勋祠上柱国伍公祠，参加纪念民族英雄伍氓大将军诞辰 922 年活动。

敦睦乡刊 / 敦睦侨刊

《敦睦乡刊》复刊号（1986.12）

《敦睦乡刊》的前身为《敦睦月刊》，是台山市汤氏族人创办的一份族刊，创刊于1925年。曾一度停刊，1986年12月再度复刊，刊号为CN-44（Q）第0067号。复刊时社长汤炎，总主编汤法铎，栏目主要有《家乡消息》《海外侨情》《台山县闻》《水步大江新闻》《海外专稿》《调查汇报》《文史知识》等。后又改名为《敦睦侨刊》，曾获“广东省侨刊乡讯评比”三等奖。

汤氏大宗祠（统祖）的堂号是敦睦堂，意思是敦亲睦邻，内外宗亲团结一致，和谐相处，互相关心，携手共建繁荣汤族。本刊因之得名。《敦睦乡刊》创刊之初，汤义炽、汤定显、汤定爵、汤子尧、汤灿森、汤金波等，曾为创办族刊捐资献策、撰稿编辑，给子孙后代留下宝贵文库。《敦睦乡刊》于1986年复刊时，司前永建村汤炳润及三子汤春林，在得知《敦睦乡刊》准备复刊喜讯后，曾为此特自捐助人民币500元以表支持。

据传，汤姓系承于商汤，故汤姓的最早发源地是今河南境内。由于商朝历经七次迁都，故商代汤姓遍布河南、山西、河北及周围一带中原地区。秦汉时期，汤姓尤以河北一带繁衍最旺，故在汤姓的发展史上有中山郡及范阳郡两大郡望。此期亦有汤姓南迁于交趾（今越南北部）。史载，汉武帝时，南越归顺，武帝派汤璋于交趾，职刺史。魏晋南北朝时，北方军阀混战，中原时有烽火，汤姓遂大举南迁，主要向东、南两个方向避乱。唐朝时期，汤姓随中原二次南下移民分布到安徽、浙江、江西、湖南、四川、福建等地，明朝时汤姓南迁两广地区。清初汤姓进入台湾。

在五邑及周边地区，汤、甄两姓同属中山堂，同拜一祖先；清明同扫墓，重九共登高，凝结着两族人的深厚感情。香港长沙湾道现还存有一所中山堂同乡会馆，汤、甄两姓族人亲如手足，经常在此聚会。那为什么会这样呢？据《敦睦乡刊》介绍：

据老一代传说，在元朝中叶，粤北南雄县兵荒马乱，官兵杀戮鱼肉百姓，民不聊生，妻离子散，许多人离乡背井，落荒逃避他乡。在外逃避难百姓中，有两位汤氏同胞兄弟，逃到潭江沿岸的一个集镇（现新会、开平市之间）安顿下来，以干苦力度日。兄弟相依为命，扶幼共济。但由于劫难当头，烽火云烟，兄弟俩虽是苦命挣扎，也难维持生计，生活仍是苦不堪言。在此生死存亡之秋，兄弟商议，兄长为不拖累弟弟，恳切地对胞弟说："为了兄弟的生存，为兄只可出走奔波远离他乡，你留下在此安居谋生，以后大难不死，兄弟重再团聚。"就这样，兄弟俩抱头痛哭，被迫依依惜别，各谋生计。弟弟就在潭江沿岸颠沛流离，几经周折，历尽艰辛，终能定居（现在水步镇芦霞地区）。兄长别离弟弟后，到处奔波，捱尽苦楚，终于流浪到罗塘地区定居生息（现在的大江镇陈边乡福山、福田村）。

为什么原是汤姓改为甄姓呢？据传，当时为了逃避官府追踪，保存性命，弟弟只好忍痛把汤姓改掉成为姓甄。[①]

就这样，兄弟俩各处一方，开枝散叶，繁衍后代，成为五邑汤氏族人的始祖。现五邑汤姓后人主要遍布在台山、新会、恩平、鹤山、中山、高州、广州、佛山、增城、信宜、东莞、阳江、吴川、怀集、清远、化州、新兴、肇庆等地。以台山、新会、中山、广州花都、增城人口居多。

在台山和新会，汤氏族人均奉统公为始祖。统公之墓，坐落在台山市白沙镇朗南村委学安新村背后的龙山上，至今已有 800 多年了。1999 年 5 月 30 日，香港汤氏宗亲会成立。会上，由新会司前旅港乡亲汤广烈、汤宝森、汤杨慧等发起筹资修复统公墓，并带头各捐港币 3000 元，与会的其他 30 多位宗亲积极响应，纷纷解囊，共筹得港币 18800 元。是年 6 月，台山、新会汤氏后人对统公墓进行了大修。

在台山，汤姓主要聚居于大江、水步两个镇，共 10 条自然村，叫汤边、莲安、硕堂、中和、福塘、福林、福山、福田、新安、田心村，共 1000 多人，海外华侨也有 1000 多人。此外，在端芬、广海、下川、深井、斗山、都斛、海晏、台城等地也有汤姓宗亲居住。

在新会，汤姓为司前大族，主要聚居在司前圩附近的“四里”（硕乔、西乔、见贤、贤美）和格村以及公路对面的爰处村。他们很早就建有汤氏祠堂，纪念司前汤氏开基祖耕隐，地点在河村“德庞坊”（古名），后改称“格堂坊”，今与“和鸣坊”又合称为“和格村”。该祠原为新会汤氏七世祖耕隐小宗祠，纪念他于明洪武十七年（1384 年）35 岁时始迁格堂开基。清光绪二十八年（1902 年）重建扩建为汤氏宗祠，奉祀汤氏先祖一世至七世。

① 《敦睦乡刊》复刊号第 19 页：《有关中山堂的传说》，1986 年 12 月。

敬修月报

《敬修月报》是台山市李氏族人创办的一份族刊。1922年，台山李氏族人曾出版过《李族月镜》和《敬修校报》，后因故停刊，1987年10月复刊时将两者合之并取现名，刊号为CN-44（Q）第0051号。复刊时社长李劲，总编辑李史明，栏目主要有《专载》《台山消息》《各地新闻》《侨情》《通讯》《诗坛》等。

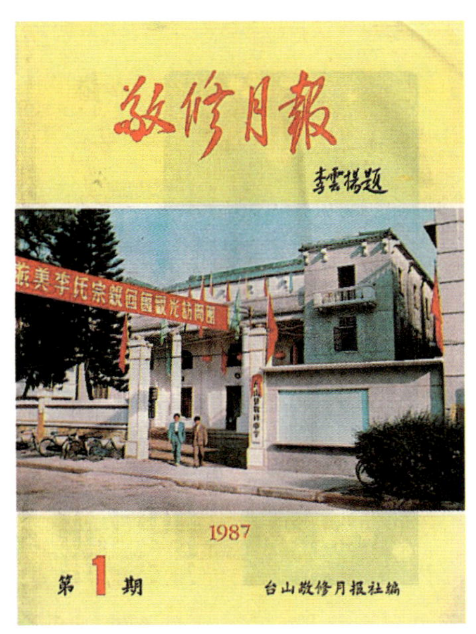

《敬修月报》复刊号（1987.10）

“敬修”意为“敬德修业，严勤爱洁”，台山李氏族人以此作为新办族刊的刊名，是沿集本族所创办的敬修学校校名而来。敬修学校不仅以“敬修”作为校名，还以“敬德修业，严勤爱洁”作为校训。“敬修”二字现已成为台山李氏族人的代名词，所办的很多公益事业都以“敬修”来命名。

敬修并非李氏始祖、先贤的名号，但李氏学校为何叫“敬修”呢？据台山市人民政府介绍：

1946年（民国35年）5月25日，由敬修出版委员会编印的《敬修中学校报·复刊专号》记载，当时的《台山敬修初级中学校歌》开头即是“敬修，敬修，何所敬兮何所修？敬德，修业，敬德修业为其首。”这是当时筹建族校时，李氏先辈拟定的办学宗旨，是对每一个走进这个校门的教师和学生的寄望。[①]

1922年，台山李氏宗亲衮宸、典宝等人组织成立李族学会，以台城草朗街一带李氏祖祠为校舍创办敬修学校，李芹波为首任校长，是年12月初正式开学。1927年增建新校舍，并扩办初中；1941年，台山县遭受日军侵略而沦陷，致使学校设施损失严重，初中停办；1944年台山再度沦陷，学校被洗劫一空；1947年，抗战胜利后学校再次复办，但只有小学，后于20世纪50年代初又因故停办。1984年5月，台山县政府根据有关政策及广东省内外李氏乡亲的愿望，将敬修学校校舍退还原主。后李氏宗亲将学校修葺一新，复办初中，并于1986年9月1日复校。1988年起，敬修学校正式开办职业高中班，开设美术、服装两个专业。1995年，增开装潢和家电两个专业，进一步扩大办学规模。1998年起，敬修中学又陆续开设了计算机应用、商务英语、旅游管理、管道应用、汽车维修与应用等专业，学校也由全日制完全中学逐渐转变为全日制高级职业中学。

2005年年初，台山市政府在台城礼边划拨土地163亩建设新校区，在海内外李氏族人的鼎力支持下，2008年9月，新校区落成，学校整体迁入新校址并更名为台山市敬修职业技术学校。2015年10月，与之只有一墙之隔的原台山卫校整体并入该校，实行“一套班子，两块牌子”的管理模式，仍保留台山市卫生职业技术学校校名。现在，台山市敬修职业技术学校已发展成为广东省重点中等职业学校、台山市中小企业培训示范基地。

关于李氏及台山李氏源流，据《台山姓氏源流》介绍：

① 台山市人民政府网：《秉持敬修之道宗祠兴学90载》，2015年9月。

李氏起源，根据历史显示，黄帝之子留意生子颛顼，颛顼生大业，大业生女华，女华生皋陶，皋陶生元旦，元旦生畋成，畋成的子孙在虞、夏、商各朝代，俱任“大理”职，由于该项官职的称号，这家族的人也就叫做“理氏”。及至商纣时代，家族中有“理徵”的，为官正直敢言。由于商纣是历史上的暴君，哪能容许这个刚正敢言的忠臣，于是随便找个藉口，把他赐死了。理徵的妻子带了儿子利贞，逃难到“伊侯”地方，饥渴交困靠吃李子得以活命，因此就改“理氏”为“李氏”，就是李族的起源。利贞的儿子昌祖居陈（今河南省）。昌祖生彤德，彤德的子孙无从稽考，只知道他的曾孙叫做“硕宗”。硕宗的儿子又无可考据。从历史记载只能知道他的五代孙子叫做乾（字无果），乾生子耳，字伯阳，号聃，周朝大哲学家，道教始祖，著有《老子》一书，凡五千言，又名《道德经》。老子，即李耳，是李氏的始祖，也是李氏的老祖宗。他有一位儿子李宗，由陕西省迁居陇西地方，因人口众多，且属大族，故称李陇西，如今台山李氏家中堂上贴有“陇西堂上历代祖先”字牌，实出于此。

当宋徽宗崇宁初（1102 年），元崖内扰，柱国公以王命镇抚粤边。李联以御史监其军，自闽入广，别率舟师鼍阳东下……故李联公是为李氏入粤始祖。

联公既卒，三子桓江旋奔越南。长子凌江次子梧江，仍居江西吉安……梧江有二子，长曰栋，次曰棕。栋公号任堂，宋任天台县尹，世居吉水，以勤劳王室，身在行间未遑兼顾。而赣南盗氛孔亟，所过为墟，遂命子侃、侚、佁奉始妣禤氏太夫人迁居南雄，旋下广州以避乱。因侨寓省城高弟街素波巷，继迁番禺溪里。后栋公以年老解兵柄，亦南下至广，卜居新会城礼仪坊中步巷。其后子孙分别徙居新会、中山、鹤山、顺德、台山等地。

当年台山（新宁）属新会郡新会县。宋、明、清时期，新会县县境几经变迁……明弘治十一年（1499 年），从新会县析出得行、文章、泷水、潮居、矬峒、海宴六都之地立新宁县……台山李氏就从立县前后，由始祖栋公、禑氏及其子孙后代，分别从南雄珠玑巷、广州和新会等地陆续迁入台山定居，繁衍后代。

目前，李氏后代子孙繁衍分布台山市各镇，估计在台山李氏人口超过10万人。①

李姓是台山市的大姓，全台山共有456个村子的人姓“李”，其中数台城、四九、冲蒌、三合最多。台城共有83个“李家庄”，草朗街、草朗横街一带当时聚居的都是李姓人。

在台城草朗街28号，有一座庭院式的民国时期建筑，是李氏大宗祠及敬修中学旧址所在地。李氏大宗祠至今已有90多年历史，1927年3月动工，1928年4月竣工。2011年11月3日，300多名海外李氏宗亲齐聚于此，为大宗祠重修竣工揭幕。李氏大宗祠现已成为台城的标志性建筑之一。

---

① 《台山姓氏源流》第65页：《李氏》，1998年4月。

金紫之声

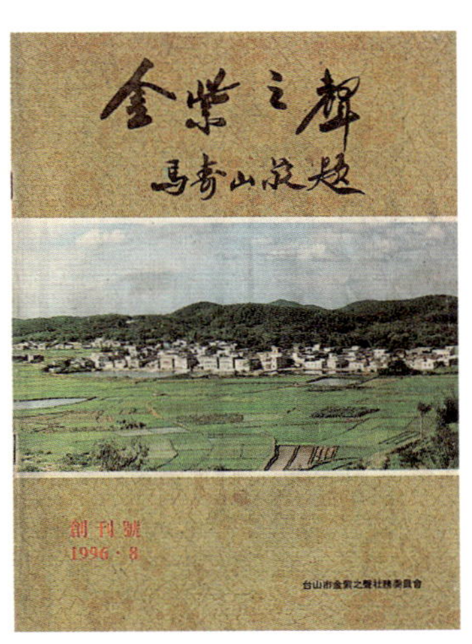

《金紫之声》创刊号（1996.8）

《金紫之声》是台山市马氏族人创办的一份族刊，创刊于 1996 年 8 月，刊号为（台内印）准字第 9604 号。创刊时社长马齐，主编马福荫（兼），栏目主要有《市闻览要》《金紫家声》《赤子新编》《宗亲来往》《海外侨情》《扶风之光》《多彩人生》《文艺长廊》《掌故传说》《奇闻趣谈》《金紫人语》《侨务政策》等。

台山马氏此前曾办过两份族刊，一份是在广州创办的《伏波月刊》，另一份是在台山白沙创办的《金紫月刊》。这两份刊物都是报道乡情、联络宗亲的园地，后来均因故停刊了。那么，台山马氏为什么要用“伏波”和“金紫”二词来命名本族的刊物呢？原来，“伏波”是古代对将军个人能力的一种封号，“伏波”为“降伏波涛”之意。中国在历朝历代中曾出现多位被授予伏波将军的人物，最著名的伏波将军是东汉光武帝时候的马援，是马氏人最敬重的本族先祖之一。“伏波”得名由此而来。另外，相传台山马氏始祖直北公随宋高宗南渡临安，于建炎年间止居古冈城南（今会城）金紫街。金紫得名由此而来。由此可见，“伏波”和“金紫”二名均带有纪念始祖之意。据悉，现在的台山白沙圩还有一条金紫街，就是纪念以“金紫”为堂号的马氏而命名的。

关于马氏和台山马氏源流，据《台山姓氏源流》介绍：

马氏世族一本相承源于赵氏。战国时期的赵奢，因其战功赫赫，被赵武灵王（一说赵惠文王）赐封为马服君，从此，中华民族的大家庭中出现了马的姓氏。马服君时为六国豪杰，是当时三十六郡中的扶风郡郡主，自朝廷赐姓马氏后，以马为姓诏徙安居于陇西（即今陕西省扶风县茂陵一带）。马服君是我国马氏的鼻祖，“扶风”是我国马氏的发祥地。

马服君十三传后裔驷随西汉的汉高祖刘邦（前206—前195年）入关，驷入关后由回族归属汉族。驷的马氏一族先定居于咸阳，其嗣后迁居开封汴梁，一族宗支浙江临安府。

宋初（1127年—1130年），奉政大夫直北马公随宋高宗赵构由浙江临安南渡入粤，定居古冈……直北马公宗传八代后，其裔孙已遍及新会的会城和东亭、江门市的潮莲和高沙及麻园、台山的白沙和横山、番禺的谢村和植村、从化的马村、四会的高要、顺德的水藤、广州市的河南、中山的古镇等地，尔后各房马氏子孙又分居于汕头、潮州、阳江、高鹤、吴川、广西、海南等地。直北马公实为我岭南马氏开族第一人。又因直北马公名门望族，朝廷二封金紫（二世祖持国公与三世祖唏骥公受封），故直北马公祖居地称为金紫街。现岭南各地马氏及海外马氏聚居地立堂朝拜先祖用“金紫堂”这一名称就是这个缘故。

从岭南马氏始祖直北公宗传八代至台山马氏的直系血缘是：始世祖直北、二世祖持国、三世祖唏骥、四世祖绍龙、五世祖良弼、六世祖行逊，七世祖循善传八世祖康平至九世祖尧佐和君佐及帝佐（居横山濠冲）。八世祖康定生三子，由新会麻园下朗迁居横山宗支，因此时此地生活环境恶劣，加上宋末元初的兵乱骚扰，康定后裔大部分迁居潮州、汕头和新会。

八世祖康平无子，由其堂兄康成次子湍（名为田波）承继。明朝永乐年间（约1410年左右），康平与继子田波由新会麻园迁居白沙马洞。田波公美慕马洞村落洞山秀拔，石门振朝，因而积休垂兴，大振宗传。九世祖田波公生六子，长子渔隐、次子樵隐、三子耕隐、四子牧隐、五子炼隐、六子植隐，族内堪称其为有功不祧之祖。

作者是田波公第十九传裔孙（即岭南马氏二十八世），于1995年、1997年两次与几位马氏宗长对居住在台山的马氏分居和人口情况进行比较系统的调查。调查结果表明，台山马氏宗支分居比较集中的有白沙镇、三台镇、四九镇、横山镇、汶村镇等。台山马氏现已宗传32代，据调查，常驻市内人口近5万人。旅外宗亲及分居在市外国内的新会、恩平、高州、吴川、阳江、鹤山等地的宗亲，据不完全统计，在8万人以上。[①]

由此可见，田波公于明永乐年间由新会麻园迁居台山白沙马洞，随后在台山开枝散叶，成为台山马氏的先祖。田波公生六子，名渔隐、樵隐、耕隐、牧隐、炼隐、植隐，其后裔遍及台山白沙、三合、四九、冲蒌、斗山、端芬、广海、海宴、汶村、横山、深井、那扶、下川、台城等镇和新会、鹤山、恩平、高明、阳江、吴川、高州等县市。

田波公墓位于台山市白沙镇马洞管理区梨山塘后山，原是一座弧岭穴俑形土墓。新中国成立前，每年正月初七，当台山马氏各房宗亲前往马洞领“公尝猪肉”并为田波公做“神忌”时一并恭拜。新中国成立后，由于上述族事中断，田波公陵墓50多年均得不到及时修整。直到1995年，台山市（马氏）东华艺术学校董事局本着弘扬中华民族崇亲念祖的传统美德，为旅外宗亲回乡寻根问祖创造良好环境，从而激发爱国、爱乡、爱校的爱国主义热情的宗旨，决定由董事局领导和（马氏）东华艺术学校总务处组成工作班子，负责实施修筑、恭拜田波公陵墓的计划。3月21日，董事局领导和三合上陈村马泽后、马泽焕、马荣超等人会同梨山塘村马来旭荣、马维燕等宗亲根据族谱提供的资料前往寻山时，在铲除近2米高的杂树山草后才发现原土墓的轮廓。在台山市（马氏）东华艺术学校董事局的

① 《台山姓氏源流》第11页：《马氏》，1998年4月。

倡议和带领下，台山马氏族人积极捐资，于 1995 年 11 月 29 日至 12 月 10 日及 1996 年 4 月 12 日至 5 月 15 日，共分两期对田波公陵墓进行了大规模修整。其中，共有 148 位乡亲捐资，合人民币 6 万多元。

台山市（马氏）东华艺术学校董事局与马氏台山东华高级实习学校的历史有关。

1927 年，台山马氏先辈们利用本族在台城镇城东马路巷之子质马公祠和台城镇东云路第 72 号、第 74 号、第 76 号铺房开办“马氏台山东华高级补习学校”。该校当时是马族著名侨领马笃生、香港太平绅士马叙朝发起并号召马氏族侨、邑内宗亲捐资举办的。当年校董会理事长由马笃生和马叙朝荣任；校董有族耆马耀东、马持隆、马周仁、马维伦、马叙天、马渠俊、马策廷、马海畴等和族侨马淮伦、马璧伦、马阜伦等；校长由燕京大学毕业的马栽伦担任。

马氏台山东华高级补习学校于 20 世纪 40 年代末因故停办，其校舍产权从 1953 年起，一直归属台山县房产管理部门。几十年来，“收回产权、复办东华”成为台山马氏海内外宗亲的强烈愿望。1992 年，台山马氏族侨、邑内有识之士代表台山马氏 10 多万宗亲，以复办东华、兴学育才为宗旨，经报请台山市人民政府同意，于 1993 年 3 月 18 日以台府（1993）24 号文批复，退回原东华补习学校产权给台山马氏族人，继续用于办学。是年，经集议成立“马氏台山东华学校复校理事会”，着手接管产权和进行一系列复校准备工作。1995 年 7 月初，复校理事会在听取各方面意见后作出决定，拆掉子质马公祠及铺房，重建面积达 2800 平方米的新校舍，开办“台山市东华艺术学校”（简称“东华艺校”），并报请台山市教育局批准。后由台山市马氏各乡族代表组成“台山市（马氏）东华艺术学校董事局”取代“马氏台山东华学校复校理事会”，全面开展筹建、开办东华艺术学校的准备工作。

颍川月刊

《颍川月刊》是台山市陈氏族人创办的一份族刊，创刊于 1926 年 2 月，后因故停刊。

据当时由台山陈氏家族自治会制定的《台山颍川月刊组织条例》规定：本月刊每月望日（农历十五日）出版；以提倡本姓实业、教育团防及输进常识为宗旨；以台城正市横街、陈氏家族自治会为编辑发行处；设总编辑 1 人、编辑 2 人、发行兼庶务 2 人、撰述员由自治会全体职员担任；栏目设《论说》《族闻》《邑闻》《省闻》《国闻》《通讯》《文苑》《小说》《学生成绩》《瀛谈》。在《颍川月刊》创刊号里，一共刊登了 7 篇《发刊

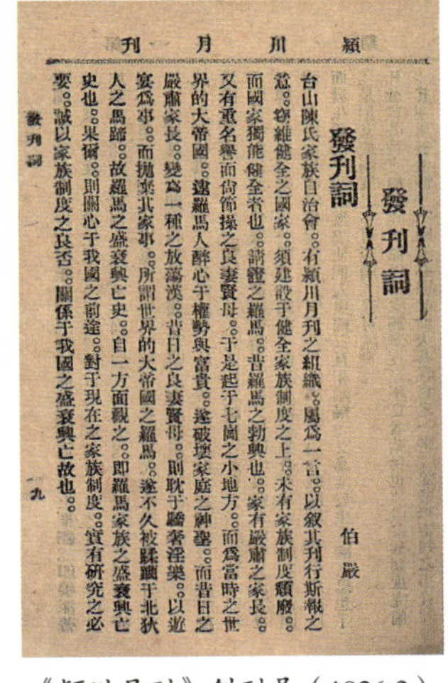
穎川月刊

發刊詞

伯嚴

台山陳氏家族自治會。有穎川月刊之組織。屬爲一言。以叙其刊行斯報之意。竊維健全之國家。須建設于健全家族制度之上。未有家族制度頹廢。而國家獨能健全者也。請證之羅馬。昔羅馬之勃興也。家有嚴肅之家長。又有重名譽而尚節操之良妻賢母。于是起于七崗之小地方。而爲當時之世界的大帝國。逮羅馬人醉心于權勢與富貴。遂破壞家庭之神聖。而昔日之嚴肅家長。變爲一種之放蕩漢。昔日之良妻賢母。則耽于驕奢淫樂。以遊宴爲事。而拋棄其家事。所謂世界的大帝國之羅馬。遂不久被蹂躪于北狄人之馬蹄。故羅馬之盛衰興亡史。自一方面觀之。即羅馬家族之盛衰興亡史也。果爾。則關心于我國之前途。對于現在之家族制度。實有研究之必要。誠以家族制度之良否。關係于我國之盛衰興亡故也。

發刊詞 一九

《颍川月刊》创刊号（1926.2）

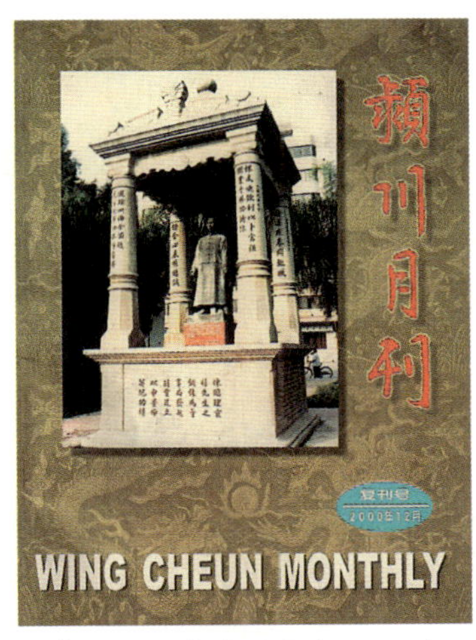

《颍川月刊》复刊号（2000.12）

词》，这在五邑侨刊中是比较少见的。创刊以来，它在传递信息、联络宗谊、提倡教育、推动公益、宣传科学、改良风俗与促进地方建设诸方面，起过一定的历史作用。中山大学东南亚历史研究所郑德华博士 1982 年在《广东华侨历史学会通讯》第四期撰文介绍台山历史上的刊物时，称赞它是当时较有影响的侨刊之一。

1997 年，台山市陈氏族人为纪念先祖，联络族谊，发起成立台山市颍川科技信息研究会，专门负责《颍川月刊》复刊事宜。

1997 年 3 月，台山陈氏宗亲光惠、瑞琏、炳常等人见到台山市 30 多家侨刊中，唯独没有一份传达全体台山颍川乡亲心声的侨刊，觉得十分遗憾。于是便联名发出复办《颍川月刊》的倡议。倡议发出后，立即得到许多热心人士的响应，并于 4 月 25 日召开了首次碰头会，当即成立复办《颍川月刊》筹备小组。陈卓权、陈毅荣、陈权发还分别捐出了活动经费。后又召开多次碰头会，筹备成立台山颍川联谊会，即台山市颍川科技信息研究会，以该会名义复办《颍川月刊》。经过一年多的努力，后又得到旅港乡亲陈国强、陈绍炽的鼎力支持，分别捐赠人民币 40 万元和港币 20 万元，购买了台城宁凤园 99 号 203、204 两套房屋共 200 多平方米作为会址。这样，使得《颍川月刊》复办工作得以顺利进行。

2000 年 12 月，《颍川月刊》正式复刊，刊号为（内印）台字第 200021 号。复刊时社长陈卓俊，总编辑陈文俊，栏目主要有《颍川通讯》《颍川侨情》《颍川之光》《追本溯源》《颍川故事》《颍川传奇》《颍川文艺》《颍川诗坛》《唐诗译析》《颍川园地》等。刊名采用中国岭南画派著名画家陈树人[①]先生旧题。

---

① 陈树人（1884—1948 年），原名政，名韵，又名哲，别号“葭外渔子”。广东番禺化龙镇人，与高剑父、高奇峰同为岭南画派创始人，并称为“二高一陈”。自幼喜爱美术，早年师从著名画家居廉。曾留学日本，毕业于西京美术学校和东京立教大学，并追随孙中山参加资产阶级民主革命，历任要职。其画风清新、恬淡、空灵，独树一帜。

台山市颍川科技信息研究会是一个非营利性质的民间机构。它的成立，台山陈氏族人赋予其两大任务。一是复办《颍川月刊》，这一愿望于2000年12月已圆满实现；二是筹建台山颍川大厦，这一愿望后来改为筹建陈颍川堂。

2012年，由台山市海内外陈氏族人集资兴建的，位于台城沙岗湖路及台南路交会处的陈颍川堂正式奠基，2015年7月竣工。陈颍川堂占地面积6.5亩，建筑面积1480平方米，耗资1800万元。该祠堂仿照广州陈家祠模式及侨乡建筑特色，采用“一台二路三进”格局。祠堂的布局严谨对称，空间宽敞，主次分明。在建筑的处理上，以中轴为主线，两边以低矮偏间、廊庑围合，衬托出主殿堂的雄伟气概，形成纵横规整而又突出主体的布局。祠堂门厅与正厅之间的天井两旁，还特别建了两座四角阁楼，分别为“文昌阁”和“魁星阁”，寓意陈氏子孙金榜题名。其中整个祠堂最重要之地是“圣德堂”，里面陈列着祖宗牌位。

步入陈颍川堂广场，首先映入眼帘的是左右两端的华表，柱上蟠龙飞舞，饰有流云纹，散发出汉族传统文化的气韵。穿过广场，拾级而上，便是祠堂。陈颍川堂以青砖蓝瓦为主要建筑材料，展现了传统侨乡建筑的特色。在2018年全国最美陈氏宗祠评选中，台山陈颍川堂榜上有名。

颍川是古郡名，即今河南省禹州市，在历史上一直是个大郡。秦王政十七年（公元前230年）置，以颍水得名。《史记·秦始皇本纪》载：“十七年，内史腾攻韩，得韩王安，尽纳其地，以其地为郡，命曰颍川。”颍川郡自设立以后，一直是京师之外人口最多，最为繁华的地方，治所在今河南省禹州市，是中华民族的发祥地。黄帝生于此，夏禹建都于此，因此也成为中国众多姓氏的发祥地。东汉时期颍川郡属于豫州刺史部（即今安徽亳州）。唐朝改颍川县为长社县，改颍川郡为许州。从此颍川不再作为地名存在，甚至原颍州之名也归属了颍水下游的原汝阴郡（郡治汝阴，在今安徽省阜阳市）。北宋时，在此建颍昌府，之后基本称许州。

关于陈氏和台山陈氏源流，据《台山姓氏源流》介绍：

陈氏，乃虞舜之后裔。

夏禹得帝位后，曾封舜之子商均于虞城（今河南虞城县）。后又移封于商，让他由虞城迁到陕西商县。商均迁走，他的后人虞思仍留在虞城旧地。

武王灭商后，为追封前代圣王之后人，找到虞思之裔妫满，将其长女太姬许配给他，封他为陈侯，后人以陈为姓。其国都宛丘，在今河南淮阳县城东三里，有颍水出自阳城县西北，故陈氏以颍川为堂号。妫满死后，谥号陈胡公。胡公成为陈氏得姓之开山祖。

自陈胡公建立陈国起，经历传幽公、宣公、厉公、灵公、闵公，至公元前 478 年，为楚国所灭。从妫满封陈到陈闵公亡国，历时 588 年。

春秋中期，陈国曾发生了一场争夺王位的斗争。宫廷之乱的结果，使得陈厉公之子陈完为避难逃到姜姓齐国，在那里当了个称之为公正的小官。

陈完，字敬仲，逃到齐国寄人篱下，改陈姓为田姓。

田完传五代孙田乞，为齐景公大夫，施惠于民，大得众心。田乞之子田常，又任齐简公之相，从此田氏世代为齐相，垄断齐国政权。田常之子田盘又使兄弟宗人任齐国各都邑的大夫，进一步把全国地方政权全揽在田氏一族手里。

田盘之孙田和夺了姜姓齐国，自立为齐太公，并受到周王朝和列国的承认，后来成为战国七强之一。八传至齐王建时为秦所灭，历时 184 年。

齐王建被秦灭后，后代子孙纷纷改姓，其中一支改姓王，成为北海、陈留两郡王姓之祖；齐王建之三子田轸，逃至楚为相，封为颍川侯，因重迁入颍川，复姓陈氏，是为陈轸。

后来，有陈胜率先反秦，田齐族人田儋也组织起来杀县令，据地称齐王。后又有田荣之弟田横也自立为王。

汉朝太邱长陈实字仲弓，守颍川，传五世生登、跃。陈登字元龙，举孝廉。弟跃，字梦龙。传十二世生洪进。又传二十二世生陈瑚。陈瑚公因避战乱迁居福建隆溪。瑚公生九子：汉、隆、烈、铎、旋、东、宗、襄、旭。烈生圭，圭生吾仁、吾义；吾仁生兆,兆生文、纪、纲。陈文是陈实51世孙，因谪官由福建隆溪迁入广东南雄珠玑巷。而今其后裔遍布珠江三角洲及粤北、粤东、粤西。此外，广东陈姓也有从其他地方迁入的，但不管来自何方，都是颍川世泽，太史家声。陈氏是广东第一姓，人口二千万。为了纪念祖先，各地陈姓集资，在广州市中山七路兴建了“陈氏书院”，又称“陈家祠”。该祠建于1890至1894年，共三进五间，九堂六院，面积8000平方米，现已成为全国重点文物保护单位。

台山陈氏来源于南雄珠玑巷。太始祖陈辉是陈文四世孙，陈文自福建谪迁南雄珠玑巷，生二子：鼎、鼐。鼎生万山、凤山，万山生陈辉、陈炜。

陈辉翁，号凤台，宋朝进士，官至谏议大夫，娶南雄珠玑巷大尹公邝谕平之女为原配。邝氏宜人，生四子：谟、宣、英、恺；妾侯氏生三子：闰、图、仁；共七兄弟。南迁散居珠江三角洲及潮汕各地。其中陈辉长子陈谟、二子陈宣、三子陈英、四子陈恺，其后裔主要迁居台山、新会、江门。①

由此可见，春秋时，陈厉公之子陈完为避难出奔齐国，改称田氏，其后裔在战国时取代姜氏成为齐国国君，史称“田氏代齐”。公元前221年，齐国被秦国所灭。齐王建的第三子田轸，在齐国尚未灭亡时便投奔楚国，后当上宰相，被封在颍川，并改回陈姓，成为颍川陈氏始祖。此后，颍川陈氏瓜瓞连绵，生齿甚众，成为颍川名门大族，而“颍川”也成为陈氏重要郡望。

---

① 《台山姓氏源流》第73页：《陈氏》，1998年4月。

台山彭城

《台山彭城》创刊号（2012.6）

《台山彭城》是台山市刘氏族人创办的一份族刊。创刊于2012年6月。刊号为内印台许字第1501号。创刊时社长刘卓荣，主编刘锡活，主要栏目有《大会盛典》《章程与组织机构》《台山刘氏俊彦》《史海钩沉》《宗亲情深》《侨乡动态》《诗文荟萃》等。

2012年3月1日，来自台山市各镇和海内外刘氏宗亲代表200多人，以及来自五湖四海的关、张、赵等兄弟代表、朋友，欢聚台城，隆重举行“台山市刘氏宗亲联谊会暨刘氏彭城月刊社成立大会”。台山市刘氏宗亲联谊会是台山市刘氏族人为沟通海内外宗亲，共求发展而成立的非营利性民间团体。

台山刘氏，是台山大姓之一，全市及国内外刘氏宗亲有近10万人。2005年，广东省刘氏宗亲联谊总会成立，台山刘岳先生当选为常务副会长。同时，省联谊总会要求各县市刘氏成立相应组织。会后，刘岳先生立即向本市刘氏宗长沃林、卓荣、沃羡、均亭、景城等汇报和提出立即着手筹建台山刘氏宗亲联谊会建议，几位宗长当即表示赞成。在经费这个关键问题上，刘卓荣、刘沃羡宗长各捐出人民币10万元，刘均亭、刘景城宗长各捐出人民币5万元。经费问题解决后，场地、组织机构等其他问题也迎刃而解，联谊会得以顺利成立。而台山市刘氏宗亲联谊会作为刘氏彭城月刊社的主办机构，它的顺利成立，也使得《台山彭城》得以顺利出版。

"彭城堂"是全国刘氏众多堂号中最为著名的堂号。这是因为彭城郡曾被置为沛郡（今江苏徐州），是最兴旺发达的刘氏族源地，是汉高祖刘邦及大汉帝国的皇胄龙裔的老家。许多刘氏宗族都将自己的祠堂称为"彭城堂"，以标明自己为彭城刘氏，是正宗的汉家后裔。

徐州，简称徐，古称彭城，江苏省地级市，地处江苏省西北部。原始社会末期，帝尧时彭祖建大彭氏国，是江苏境内最早出现的城邑。徐州历史上为华夏九州之一，自古便是北国锁钥、南国门户、兵家必争之地。徐州有超过6000年的文明史和2600年的建城史，是著名的帝王之乡，有"九朝帝王徐州籍"之说。同时，徐州又是两汉文化的发源地，有"彭祖故国、刘邦故里"之称。所以，自古刘氏以彭城人自居。

关于刘氏和台山刘氏源流，据《台山姓氏源流》介绍：

刘氏，源出祁姓，乃陶唐氏帝尧之后，是尧鲍儿子源明，受封于刘，即以邑为姓。至十八世刘累，为夏养龙，赐姓为御龙氏。因四条龙养死一条而惧罪潜逃。隐讳名氏。至南遂为豕韦氏；在周则为唐杜氏。刘累第三十三世孙唐杜伯，其子隰叔在晋国任土师，隰叔之子士毂以官名为氏，遂为土氏，士为之孙士会出走秦国，数年后复回晋国任职，先得封邑于随，后得封邑于范。因而其在晋国的后代分为土氏、随氏、范氏三支；留在秦国的子孙复姓刘、其后代几经曲折到了魏国，徙居沛县丰乡（古属彭城，今属江苏省）。

士会第十九世孙刘丰，其曾孙乃是破秦灭楚建立西汉的汉高祖刘邦。

传至十二代（214 年）孝平帝被王莽药杀篡位 26 年，后经景帝裔孙刘秀起义师诛灭王莽复兴汉室，号称光武帝，是为东汉。复传至十二代献帝（196 年）被曹丕篡位，废为山阳公。后在光武帝第十三代孙刘备复回三分帝业，建都于四川，是为后汉，称为汉昭烈帝。传位给刘禅，封其次子刘永为鲁王。刘永之子刘晨迁至洛阳。唐朝末年黄巢起义，兵荒马乱。刘晨第廿五世孙刘祥兄弟三人在江南各自逃散，二人不知所踪。只有刘祥携眷逃至福建汀州府宁化县石壁洞葛荇凹村居住。

刘祥第十六世孙广传公，巧开七公之子，任江西省瑞金县正堂，因与文天祥一事而尽忠任上。原配马氏生九子，名巨源、巨腺、巨洲、巨渊、巨海、巨浪、巨波、巨涟、巨江；妾杨氏生五子，曰巨淮、巨河、巨汉、巨浩、巨深。（称十四巨）散居各省州县，或文武科甲，或士农工商，各司其业，巨淙公偕眷南行，落户于广东南雄宝昌县。生六子散居各地。

清廉公是巨燥公的四公子，迁往始兴县牛田村，十四图珠矶里。生三子，长曰俊号杰甫，次曰兆熊（少雄）号参甫，三曰沙亭号毅甫。因胡妃之祸，深怕牵连，乃随罗贵祖等九十七人于宋开禧元年三月十六日南迁。刘俊兄弟三人同到广州西门外达观桥分袂，各择居地。俊翁与子政公二孙富翁贵翁乘筏逐流至新会县文章都亨头官桥村定居；沙亭入赘中乐都，兆熊人居新宁（台山）里坳，是为台山刘姓源流之始。其班派是：“大明泰会遇中天，重道崇儒显尊贤。有日克其汉业振，富贵荣华世相传。”①

据刊于《台山彭城》创刊号里的《话说横水》一文介绍，台山横水是台山刘氏最重要的发祥地之一，台山的刘氏大部分在这里开枝散叶。

横水，位于水步镇东边，以水步圩旁的小圩新荣市为起点，向东延伸至古兜山脉支系，长约 10 公里，宽约 4 公里，面积约 40 平方公里的广阔地带。因一水发源于古兜山脉的凤山，九曲十八弯流至新荣市而得“横

---

① 《台山姓氏源流》第 48 页：《刘氏》，1998 年 4 月。

水”之名。在这一大片土地上，聚居着清一色的刘氏大族群，他们有共同的祖先世华，故称横水一族。这一族集中分布在乔庆、天狮坡、新塘三大村委会辖下的全部村庄，以及井岗、长坑、长塘的部分村庄，且无异姓掺入，故有“横水无异姓”之说。现在，横水地共有自然村 56 条，在村居户籍人口超万人。无论从人口数量上还是从土地规模上来说，横水几乎占了水步镇的半壁江山。

历史上迁入水步镇定居的刘姓有两大支系，最早支系是横水支系。这里的刘氏族人奉刘俊为太始祖，世华为始祖。清廉翁之长子刘俊（字杰甫）经广州迁入新会文章都亨头官桥村，其四世孙世华于元朝至正年间（约 1350 年）从新会亨头迁文章都纸山甲（今乔庆村委会中闸坊）建舍而居，是为横水村。第二支系为水步的坑口、旗尾支系，均奉清廉的次子兆熊为太始祖。兆熊的八世孙税明于元末明初（约 1368 年），迁大江里坳定居，其十世孙于明永乐年间（约 1415 年）迁水步坑口定居，并逐渐繁衍成坑口各村。

世华在横水开基创业。600 多年来，子孙繁衍，开枝散叶。其后裔向东沿溪而上，择地辟壤建村，逐渐形成了 50 多条自然村。其间，一些后裔又陆续从横水地向外迁移。有的迁居四九、附城、冲蒌、都斛、广海、上下川、深井、海宴、大隆洞等地，还有的迁居新会、阳江、南海、恩平、鹤山等县市和海南省，迁到全国各大城市和国外的也不计其数。

台山培英校友会会刊

《台山培英校友会会刊》创刊号（1986.1）

《台山培英校友会会刊》是台山培英校友会自办的一份会刊，创刊于 1986 年 1 月。创刊时主编李宗岳，栏目主要有《人物介绍》《校园回顾》《大家谈》《校园新貌》《校友归宁》《学生作文选登》等。

1984 年 11 月，台山培英校友会在台山中国旅行社举行成立大会。第一届会长由刘耀祖校友担任。章程规定：台山培英校友会是由台山培英中学（包括附小和曾经易名台山二中、附城中学）历届校友、历任教职员工组成的群众团体。只要本人自愿，并遵守本会章程，交纳会费者，均可登记为该会会员。

台山培英中学从建校起一直奉行“白绿精神”。“白”是指白色的鸽子，“绿”是指绿色的植物。传说人类起源之初，曾有过一次特大洪水，一些人被困在了一高地之上。这些人因为长时间不知道外界情况，于是便放飞一只白鸽去探听消息。后来，这只白鸽衔回了一枝橄榄枝，橄榄枝上长着几片绿色新芽。就是这些新芽，给他们带来了活下去的希望。因为橄榄枝一旦长出新芽，即证明外界的生存环境没有被洪水恶化。一片绿叶，只要有阳光空气滋润，便可不断地生长。犹如沙漠上的一片绿洲，只要远远隐约可见，便可给那些正面临着死亡威胁的旅人带来求生的欲望，从而迸发出无限的力量。

培英中学以白、绿为自己的校色。奉行“白绿精神”，就是要表明他们的事业是何等的崇高和纯洁，就是要求他们可长期保持坦荡的情怀和蓬勃的生机。事实证明，作为白绿儿女，有如高空上的翩翩白鸽以及远方的油油绿植，在默默地为社会作出无私奉献。未来还可证明，“白绿精神”将永远存在。因为它不仅存在于自然之中和社会之上，而且还深深地埋藏在人们的心里。

《台山培英校友会会刊》创刊号的封面设计，底部是一幅世界地图，主图下方是一片波浪翻腾的汪洋，远处是一行碧绿参天的大树，中间有一只白色的鸽子在腾空飞起。这是对“白绿精神”内涵最形象的诠释。

据《台山培英中学简史》[①]介绍，台山培英中学的前身为原位于台城台西路的刚德小学。1930 年 2 月由广州培英中学接办，易名为广州私立培英中学台山分校，开办初中，附设小学，先后由张兴孝、李圣华、郑寰任校长，当时学生仅百余人。

嗣因当时政府明令，私立学校不得设立分校，乃成立校董会，易名为台山县私立培英初级中学。1934 年 1 月，徐浩然任校长。在他任内，三载勤耕，校誉日隆，四方学子，负笈而来者，日见踊跃，人数大增。1935 年 9 月，学校获广东省教育厅批准立案，并于翌年 2 月获教育部批准备案。

1937 年抗战爆发，日机滥炸台城，学校为安全计，迁至冲云墟继续上课。后广州沦陷，四邑受胁，学校曾一度停课。迨时局稍缓，又迁回台城

① 《台山培英校友会会刊》创刊号第 4 页：《台山培英中学简史》，1986 年 1 月。

原址复课。其间历经台山两次沦陷，员生离散，校具损失惨重。1944 年 6 月 24 日，台城第三次沦陷，学校再迁于那金乡借南华小学继续开课。是时学生由 594 人锐减至 197 人。

1945 年 8 月，抗战胜利，9 月即迁回台城原址，重整校园，就学者接踵而至。至 1948 年，学生人数已增至 1700 多人。鉴于校舍不敷所需，徐校长在校董会上力陈筹建新校舍之必需，得刘一非董事长等的支持，并向社会发起募捐。其后，徐校长不辞劳苦，不仅亲赴国内广州、香港，还远赴美国等地筹款。同时，全校师生也纷纷捐助，共集得港币 20 余万元。筹到款后，徐校长又废寝忘食，跑遍宁城山水，才确定选址猫山。该山南枕牛山，遥望龙潭化雨，西临通济河，风景清幽雅静，为读书治学之佳处。遂于 1948 年春购置下来，随即于春末开工建设。第一期工程于猫山南山腰建平房课室 6 座，西边山腰建平房课室 4 间，厨房一座，同年 9 月竣工，即迁新址上课，员工宿舍则仍用旧址。第二期工程于 1948 年冬在猫山西北山腰之间建三层女宿舍和两层男宿舍各一座。此时，四方弟子得知新校舍落成，前来求学者更众。有鉴于此，徐校长再次向有关方面筹集资金，在男宿舍大楼之上加建一层。两楼工程于 1949 年 6 月如期建成使用。从此，中学部乃全部迁入新校舍，旧址交附小使用。

1950 年 1 月，校董会派黄哲贤任校长。翌年 1 月校董会改组，推选邝炳衡、朱伯濂为正、副董事长，同年 3 月台山县府派谭鹏飞代理校长职务。1952 年 9 月，人民政府接管学校，奉台山县人民政府令，改私立培英中学为台山县第二初级中学，并由县府委派谭锡润代理校长职务，不再设附小。

1956 年 9 月，学校增设高中，成为完全中学，易名为台山县第二中学。学校校舍此时已不敷应用，得县政府支持，陆续拨款，于猫山东侧建物理、化学实验室各一座、课室一座、音乐室一座，于牛山北麓建体育室一座。为美化绿化校园，师生利用课余时间义务劳动，在猫山顶修建小花园；同时削牛山填洼地，修建成200米跑道的体育运动场一个。20世纪50年代，该校体育人才辈出，伍毅仁校友被选为国家男子排球队主力队员，荣获运动健将称号；黄婉珍校友被选为省女子体操队队员，荣获运动健将称号。

1960年，学校已有高中6个班，初中14个班，学生1040人，是年高中毕业生升学率为96.29%，初中毕业生升学率为97.2%。1963年，为贯彻国家“调整、压缩、充实、提高”方针，该校停办高中，充实初中，教学质量继续提高。在1963年县数学竞赛中，该校获得优良成绩。男子少年排球队参加县少年排球选拔赛，该校荣获冠军，并由陈子平校长和伍国荣老师率领代表台山往湖南长沙参加全国少年排球比赛，荣获亚军，邝沃民同学还被评为全国少年男子最佳攻球手。

1978年，由县政府重新易名为台山二中，并用学校勤工俭学的积累资金及县政府拨款，扩建了教师饭堂，第二年又建了校门。1980年又在猫山山顶建教学楼一座及教工宿舍楼一座。在校园西侧建了一条长500米、高2米的围墙。1982年，将东区两座教室与实验室的平房改建为两层的楼房。1984年，县政府拨款建设办公楼兼图书馆一座。1985年又建学生宿舍一座。与此同时，还添置了一批教学器材，学校面貌有所改变，教学质量又有提高，1983年以后，该校高中升学率均居县前三名之列。1983年开办职业技术教育，经过20多年的发展，培英职业技术教育已成为国家级重点职中，是台山职业教育的“龙头”。

1985年1月20日，学校向县政府申请并获批准复名为台山培英中学。学校复名，海内外校友十分高兴，奔走相告，并共同为振兴母校献力。先由集资重修校门开始，进而建校友楼，建铜管乐队，开始了改造培英残旧面貌、重振校威、弘扬校誉的宏大规划。

1991年3月，学校首先拆除猫山向南前两排残旧的平房课室，兴建一座面积近4000平方米、高四层的教学大楼，并于当年11月落成剪彩。

其中旅港黄国熙校友斥资 120 万元，香港培英校董会资助 20 万元，朱尚超、伍灼和等海内外校友也积极捐助。1992 年至 1994 年，黄国熙校友斥巨资兴建了男生宿舍（继祖楼）和女生宿舍（雅静楼）各一座；斥巨资兴建了科技楼。1992 年旅加拿大校友伍伯良伉俪捐资 45 万元兴建了一座漂亮别致的图书馆；1994 年又捐资在校园西面临河滨大道处兴建了一座极具特色的新校门。旅美李畅怀校友捐资建了一座学生活动中心楼。香港培英校董会积极资助、旅新西兰余娟娟校友及国内外校友捐资扩建了山顶花园前的教学大楼为校祖楼。1995 年，黄国熙校友长子、旅美乡亲黄英活先生代表其黄家兄弟，为纪念其父捐巨资兴建了一座师生文体活动中心——国熙楼，可容纳 2000 多人同时集会。1996 年，旅加拿大黄金逗校友、香港培英校友会以及市政府联合出资兴建了基础课程实验楼。1997 年，旅港李伯荣校友斥巨资 250 万元兴建了学生生活综合楼。加上香港培英校董会和台山市教育局联合出资修建的高标准体育运动场，学校逐年绿化、美化，台山培英中学得到了较彻底的改造和重建，面貌焕然一新。

1995 年，台山培英中学的普高被评定为江门市一级学校，职高被评为广东省重点职业高中。2000 年被教育部评为国家级重点职业高中。2002 年被省教厅批准为广东省中等职业教育实训中心。2006 年数控技术应用专业被列为省重点建设专业，是江门市及台山市职业教育骨干示范学校。2008 年 6 月职高通过“国家级重点职业中学复查”。21 世纪初，学校先后获得“全国中学生社会实践先进单位”“广东省绿色学校”“江门市标兵文明单位”“江门市安全文明校园”“江门市师德建设先进单位”“江门市现代公民教育活动示范点”“江门市体育特色学校（排球）”“台山市最佳学校”“台山市文明学校”“台山市德育工作先进单位”“台山市排球项目传统学校”“广东省侨资办学成果二等奖”等一系列荣誉称号。2001 年学校男子、女子排球队参加广东省软式排球赛双获第一名。2006

年，学校男子排球队参加广东省传统项目排球赛暨广东省中学生排球赛获男子组第二名，学校被评定为广东省传统项目排球试点学校；学校代表队参加广东省首届中等职业学校学生英语口语技能大赛荣获“团体三等奖”，在台山市中等职业学校学生计算机技能大赛中学校代表队荣获“团体一等奖”。

康和校友通讯

《康和校友通讯》的前身为《康和月刊》，是台山市三合镇康和学校校友会创办的一份校刊，创刊于 1922 年。

康和学校于清光绪三十四年（1908 年）成立，以康和书院和义勇祠为校址，1933 年迁上义勇山顶新校舍，由小学发展成为完全中学。早在 1921 年，康和学校就成立康和校友会，并以校友力量来支持学校发展。1922 年，康和学校校长陈碧山、教师黄笏南等人创办《康和月刊》，后或因战事影响，或因时间不合，停而复出，出而复停，至 1949 年，终因学校停办而全面停刊。

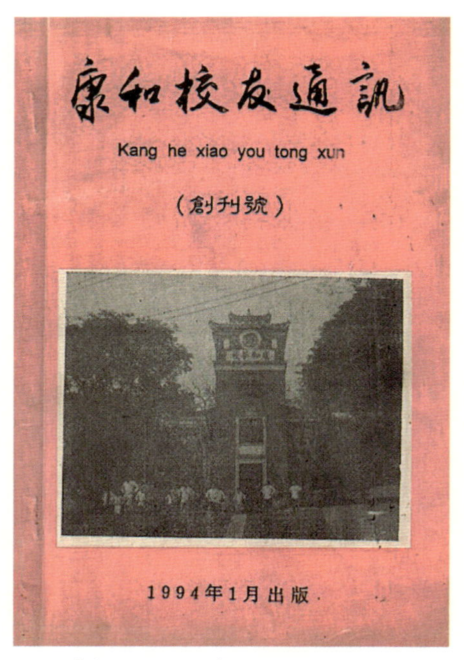

《康和校友通讯》创刊号（1994.1）

1984 年，乡人纷纷倡议复办《康和月刊》，但建议报道范围不再局限于本校一隅，而是包括三合全镇。于是，《康和月刊》复刊时，改由台山县三合镇侨联会主办，成为三合镇镇刊。

迨至 1993 年年底，康和校友会

进行了新一轮换届。新当选的校友会理事会为加强广大校友之间的联系，倡议尽快复办康和学校校刊。但由于《康和月刊》此前已被改为镇刊，如果要复办校刊，只能另取其名。后经大家几经商议，决定改名为《康和校友通讯》，并于1994年1月重新出版。

《康和校友通讯》为一份不定期刊物，以消息报道为止，兼有特写、通讯、小言论和诗歌等体裁文章。改刊之时，台山教育界老前辈，台山书法家、旅美校友陈叔平先生为本刊题写刊名；旅美校友陈国柱伉俪捐资人民币2200多元，台山市宏达建筑装潢工程公司总经理、康和校友会会长马作林捐资人民币3000元，其他校友共捐资人民币1500多元，作为母校和校友会办公经费，才使这个刊物得以及时出版。创刊时主编陈光惠。

1984年3月20日，康和校友会筹备委员会在康和中学成立。经过一年多筹备，新一届康和校友会于1985年恢复活动。名誉会长朱正贤率先捐港币5000元为经费，积极进行筹款为母校扩建校舍。

1986年，陈迪惠校长发动师生捐资在操场边建了一道围墙；黄荣高乡亲捐款1000美元，建起了康和中学门楼。

1987年，旅美校友陈国柱伉俪捐资11万元为康和母校兴建了一座三层楼男生宿舍，同时又捐款重修学校礼堂，重新粉饰了全校外墙。同时，又捐资人民币27000余元重修母校礼堂，并添置了台椅、电灯、电风扇及音响等设备；捐资人民币5000元，粉饰全校外墙和修复烂门烂窗，使学校焕然一新。

1988年，校友朱正贤、陈锡森、陈美珍，旅外乡亲黄荣高以及其他校友捐资人民币12万元兴建了康和校友楼。

1989年，校友陈国柱伉俪又捐资人民币1.1万元兴建了康和体育场的围墙和门楼；捐资人民币3万元，设立康和中学陈国柱伉俪数学竞赛基金。

1990年，旅美校友余丽芳捐资为母校购置鼓乐，成立学校鼓乐队。

1991 年秋，游港殷商邓树椿伉俪捐资兴建“邓树椿伉俪科学馆”，于 1992 年秋动工，1994 年 4 月竣工。

1992 年，游港乡亲黄乾亨、黄乾得先生为康和中学捐资 18 万元港币兴建了黄笏南图书馆，以纪念其父。

开平市

开平明报

《开平明报》是开平市侨联会主办的一份县市级侨刊，创办于1922年秋。刊名“明报”，取立论公正严明之意。创刊人是加拿大侨胞谢奕彬、关雨田。当时，他们为了“宣达国情乡讯，以慰海外侨胞怀念之殷，鼓吹家乡公益事业之兴办，以促进家乡之发展”，提出办报的倡议，相继在加拿大集股设立董事局，并派人回乡在赤坎开设开平明报社，主管编辑、出版、发行等事宜。

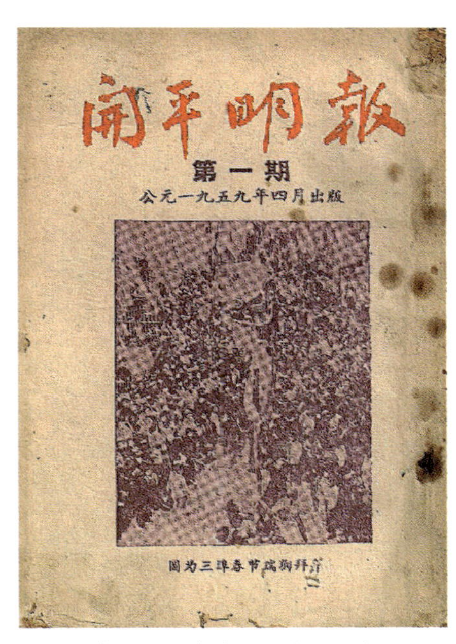
開平明報
第一期
公元一九五九年四月出版
圖为三埠春节跳狮拜

《开平明报》复刊号（1959.4）

《开平明报》出版后，海外侨胞借之获悉国情乡讯，得到侨胞的积极支持，因而远销南北美洲及南洋一带。1937年抗日战争爆发，日寇南侵，交通受阻，邮递断绝，《开平明报》被迫停刊。1959年4月复刊，在政府的帮助下，在侨胞的大力支持下，《开平明报》得到进一步发展。

此次复刊的复刊词非常简短，仅16个四字句，64个字而已。但字少而不失言详，简洁而更显功深：

天涯作客，道阻且长。身虽在外，心念故乡。消息谁达，《明报》载详。曾经中断，失望非常。从今复刊，夙愿欣偿。乡邦情况，再渡重洋。人手一册，文化食粮，共同爱护，广泛宣扬。①

《开平明报》复刊号（1981.7）

改革开放后，开平旅外乡亲迫切要求复刊，后得到香港关恒申、吴鸿俊、方子正、方瑞宁、方悦健和国内谭永爵以及有关单位的大力支持，于1981年7月再度复刊，刊号为CN-44（Q）第0072号。复刊时社长谢创，总编辑李树庭，主要栏目有《本县消息》《侨乡农业生产简讯》《文化教育》《开平文苑》《地方志》《开平史话》《土特产》等。曾获“广东省侨刊乡讯评比”市刊三等奖。

《开平明报》在第二次复刊号里，也刊载了一篇四字句祝词兼作复刊词（作者：张春第），共30句，120个字。言简意赅，朗朗上口：

开平明报，复刊有期。海外侨胞，笑展双眉。侨乡情况，地方事宜。金融物价，采访无遗。沟通消息，报告及时。记载翔实，半点无欺。侨胞闻讯，喜何如之。人手一册，阅读忘疲。风行海外，不胫而驰。为报喜讯，作复刊词。②

① 《开平明报》复刊号第2页：《复刊词》，1959年4月。

② 《开平明报》复刊号第5页：《祝〈开平明报〉复刊》，1981年7月。

2005 年 1 月始，为让广大市民、海外乡亲及时了解开平时政、经济、文化、社会的大事和家乡日新月异的发展，《开平明报》在原有的基础上进行了扩版，并增设部分栏目，重新编排期号，改刊号为“新编第一期”。

《开平明报》改刊号（2005.1）

开平地处广东省中南部、珠江三角洲西南面，1649 年立县，因县治在开平屯而得名。因其县城原三埠镇被潭江分割为长沙、新昌和荻海三个区域，与武汉三镇有相似之处，故又有“小武汉”之称。

关于开平市的历史沿革，据开平市人民政府介绍：

秦朝，秦始皇派兵攻取南越，在岭南设置南海、桂林、象郡，今开平地（以下简称开平）隶属南海郡番禺县。

汉武帝元封五年（公元前 106 年），天下分为 13 州，开平隶属交州合浦郡临允县。

三国吴黄武五年（226 年），从交州分出南海、苍梧、郁林、高凉 4 郡设立广州，开平分属广州苍梧郡临允县、南海郡平夷县。

晋武帝太康元年（280 年），天下分为 19 州，开平分属广州新宁郡临允、新兴、新夷县，南海郡盆允、封平县。南朝宋，设 22 州，开平分属广州新宁郡临允、新兴县，新会郡新夷、盆允、封平、封乐、义宁、初宾、始康县。南朝梁，割广州新宁一郡立新州，开平分属新州新宁郡新兴县，广州新会郡新夷、盆允、封平、封乐、义宁、初宾、始康县。南朝陈，开平行政隶属与南朝梁相同。

隋开皇三年（583 年）将诸郡改为州。大业三年（607 年）又改州为郡，开平分属信安郡新兴县，南海郡新会、义宁县。

唐贞观元年（627年）设10道。开元二十一年（733年）又分为15道，道下设州，开平分属岭南道新州新兴县，冈州新会、义宁县。五代（南汉），开平分属新州新兴县，兴王府新会、义宁县。

宋太宗至道三年（997年），设15道，开平分属广南东路新州新兴县、广州新会县。

元朝，开平分属江西等处行中书省新州新兴县、广州路新会县。

明洪武九年（1376年），改行中书省为布政司，开平分属广东布政司肇庆府新兴县、恩平县，广州府新会县。

南明永历三年/清顺治六年（1649年），开平立县，隶属肇庆府。民国初期，开平县仍按清制隶属肇庆府。

民国三年（1914年），隶属粤海道。民国九年（1920年），撤销道制，只留省县级行政建制。民国十七年（1928年），隶属西江善后委员公署。民国二十五年（1936年）10月，隶属广东省第一行政督察区。民国三十八年（1949年）4月，改属广东省第十行政区。

共和国成立后1949年10月，隶属粤中专区。1952年5月，划入粤西行政区。1956年1月，撤销粤西行政区，开平县划归佛山专区。1958年12月，改属江门专区。1961年2月，属肇庆专区。1963年9月，再次划归佛山专区（1968年1月改专区为地区）。

1983年5月，改属江门市。1993年1月5日，撤销开平县，设立开平市。①

开平自撤县设市后由江门市代管，市政府驻长沙街道。现辖2个街道13个镇，总面积1659平方公里，户籍人口68.89万人（2018年），港澳台同胞、海外侨胞约75万人，分布于全球68个国家和地区。

---

① 开平人民政府网：《历史沿革》，2021年6月。

开平是中国著名的华侨之乡，是广府文化代表城市之一，先后被评为“中国曲艺之乡”“中国摄影之乡”“中国碉楼之乡”“全国文物工作先进县”。开平是广东省首个县级国家园林城市、中国第九个、广东省首个联合国世界旅游组织旅游可持续发展观测点、2020年中国夏季休闲百佳县市、2020年中国健康产业百佳县市。2020年6月，入选“第二批革命文物保护利用片区分县名单”，被评为广东省第二批全域旅游示范区。

开平工业正逐步形成以水暖卫浴、化纤纺织、食品工业三大传统产业和电子信息、装备设备、医药产业三大新兴产业为代表的六大支柱产业，是中国纺织服装产业基地和中国水龙头生产基地。开平翠山湖科技园，是开平市创新打造的经济发展核心平台，于2009年被认定为省级产业园，纳入《中国开发区审核公告目录》（2018年版）和江门“5+1”万亩园区，先后被评为广东省示范性产业园、省十大重点园区、省五星级服务园区，并获评中国产学研合作创新示范基地。园区以“五金机械、电子信息、新材料、汽车及零部件、大健康”为主导产业。截至2018年9月，已累计引进项目163个，投资总额365亿元，实现投产企业79家。迄今为止，已连续6年在广东省产业转移工业园考核中获得优秀，其中3年排名全省第一。

开平严格执行耕地保护制度，粮食总产量保持稳定增长，效益农业和特色农业发展迅速，成功创建全国首批、全省首个国家现代农业示范区，入选中央财政小型农田水利重点县。

开平有不少著名特产，比如广合腐乳、金山火蒜、水口白菜、联竹果蔗等。广合腐乳因其生产工厂设在开平水口镇，以前叫水口腐乳。它采用优质黄豆为主要原料，再配以各种传统辅料腌制而成，既是家庭佐餐佳品，也是茶楼、酒家、饭店烹调的配料，具有色泽金黄、咸淡适口、鲜香嫩滑、入口即化等特点。产品曾多次获国家金奖，遍销全国各地，并出口至美国、英国等30多个国家和地区。

开平旅游以碉楼和红色文化为傲。其中，“开平碉楼与村落”于2007年6月28日在新西兰基督城召开的第31届世界文化遗产大会上顺利通过表决，被正式列入《世界遗产名录》，成为中国第34处、广东省第一处世界文化遗产。“周文雍陈铁军烈士陵园”“南楼纪念公园”是五邑地区颇具规模和较为著名的红色旅游景点。2016年9月20日，经国务院批准，“周文雍陈铁军烈士陵园”成为全国第六批新增的96处国家级烈士纪念地之一。

另外，2020年10月9日，开平被生态环境部命名为第四批“绿水青山就是金山银山”实践创新基地。近年来，开平积极探索旅游发展新模式，全力推进“文旅融合”“农旅融合”，实现了全域旅游的快速发展。

百合侨刊

《百合侨刊》是开平市百合镇侨联会主办的一份镇级侨刊，创刊于1981年5月，刊号为CN-44（Q）第0085号。创刊时社长胡耀坤，主编胡明振，栏目主要有《学校消息》《乡闻》《诗词文艺》《侨讯》《县闻》《专载》等。

民国时期，百合镇里的一些乡、族曾创办过4份侨刊，分别为《儒良月报》《厚山月刊》《茅冈月报》《沙溪月刊》，后均停刊。其中，《儒良月报》于1947年5月曾经复刊，后又停刊。至《百合侨刊》创刊前，这

《百合侨刊》创刊号（1981.5）

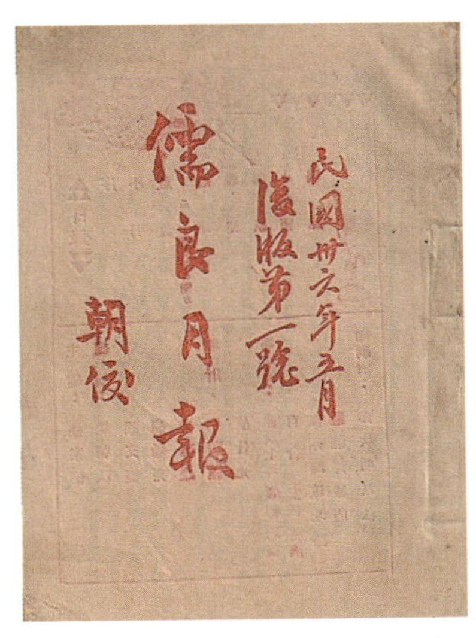

《儒良月报》复刊号（1947.5）

4 份刊物一直都未能复办。而《百合侨刊》作为一份镇级侨刊，在其创刊时，自认为是这 4 份侨刊的合体和复刊。其在创刊词里说：

前辈侨胞……曾几历艰辛，创办了《儒良月刊（报）》《厚山月刊》《茅冈月刊（报）》《沙溪月刊》等刊物，赖以拓大传播乡情，已历数十年之久。今“四害”已除，全国安定团结，“四化”征途齐奔，我《儒良月刊（报）》《厚山月刊》《茅冈月刊（报）》《沙溪月刊》应时复刊，并实行合办，更名为《百合侨刊》。①

至目前，《儒良月报》《厚山月刊》《沙溪月刊》均未见复办，但《茅冈月报》已于 1984 年 10 月复刊了。而《百合侨刊》虽将本刊视为上述四刊的合体和复刊，但在其正式出版时，却以创刊号行世。

何谓“百合”？有两种讲法。一种是《百合侨刊》创刊词里的讲法：“百合地处潭江之滨，东连赤坎，南通白沙，西达蚬冈，北至潭溪，省道公路贯通其中，交通方便，山明水秀，土地肥沃。乃我胡、黄、周、方等姓共同聚居之地，称名‘百合’，是期百代好合。”②另一种是百合镇人民政府的介绍：“潭江、锦江、赤水河三江汇于境内，因‘百客往来，三水汇合’而得此名。”③第一种讲法以本地人为立足点，第二种讲法以“百客往来，三水汇合”为立足点。笔者认为，两种讲法，无谓对错，但笔者更倾向于后一种。因为第一种讲法的其中一个原因是“省道公路贯通其中”，笔者相信，“百合”之名由来已久，那时肯定还未有省道。省道是交通部于 1988 年 3 月 1 日颁布《公路路线命名编号和编号规则》后才有的专用名词，所以第一种讲法其中一点的引用是错的，但或许这只是编者的无心之失罢了，因为只要把这几个字删掉，语句一样通顺，所以无谓对错。而第二种讲法，更显“合”字的容量。

---

① 《百合侨刊》复刊号第 1 页：《创刊词》，1981 年 5 月。

② 《百合侨刊》复刊号第 1 页：《创刊词》，1981 年 5 月。

③ 百合镇人民政府网：《百合镇简介》，2020 年 8 月。

百合镇现辖14个村（居）委会，总面积64.39平方公里，户籍人口25479人（2019年）。全镇共有碉楼380多座，是开平市碉楼数量最多的镇。其中，马降龙碉楼与村落因其优美的自然环境和独具特色的建筑，被联合国专家誉为“世界上最美丽的乡村”。

马降龙碉楼群位于开平市百合镇百合墟东南面，由永安、南安、河东、庆临、龙江5条自然村组成，为黄、关两姓家族于清朝末年和民国初年兴建。它背靠气势磅礴的百足山，面临清澈如镜的潭江水，5条自然村像一条珠链，错落有致地分布在茂林田野之间。若身临其境，翠竹扑面，绿树成荫，鸟语花香，人人安居乐业，酷似陶渊明笔下的田园美景。该村共有13座碉楼，这些碉楼造型别致，保存完好，掩映于村后茂密的竹丛中，与周围民居、自然环境融为一体。登高远眺，真疑为天上人间。其中最具代表性的天禄楼，是民国十四年（1925年）由29户村民集资兴建，为典型的众楼。该楼高7层21米，为钢筋混凝土结构。第1层至5层共有29个房间，每个集资户各有1间，当时每到傍晚，集资户男丁均入住楼里以防匪盗绑架；第6层为公共活动空间，第7层为瞭望亭。登楼环顾，四周景色美不胜收。据记载，1963年、1965年、1968年开平发生3次大水灾，洪水漫过民居屋顶，村民登楼得以避难。

在百合，有一条颇为著名的铁桥，因位于百合镇合山东侧，故称合山铁桥。合山铁桥建于民国二十三年（1934年），是百合和蚬岗两地交通的枢纽。过去因潭江所隔，两地之间，船是唯一的交通工具。1926年夏，一艘渡船被急流冲覆，除3人逃生外，船上百余人全部丧生，悲剧震惊海内外。1930年两地归侨、侨眷成立“开平合山筑桥会”，倡议募款建桥。从日本早稻田大学桥梁工程系毕业回国不久的黄勒庸（百合厚山人）身负众望，出洋募款。以集股形式在美、加等地发动捐款，每股25美元，共筹集到款项16.2万元；并亲往德国购买钢材，自行设计，自行施工。桥为无墩式铁桥，长67米、宽9.5米，承载量10吨，成为开平到台山那扶公路线上的重要桥梁。当时还修建了一条从齐塘通往蚬冈的公路，改善了两地的交通状况。

百合镇致力于打造工业强镇和旅游名镇。主要行业有五金建材、化工、食品、医疗器械、制衣等，主要集中分布在325国道百合段工业走廊。电力、供水、通信等基础设施日臻完善，投资环境得天独厚。在农业方面，“三高”农业结构合理，主要以水稻等作物为主，近年招商引入多个夏威夷优质木瓜种植基地和优质水产殖场，使百合农业经济快速发展。

百合镇围绕农业增效、农民增收的目标，认真落实关于农业结构调整和农业产业化的各项方针政策，在市农业局的鼎力支持和帮助下，通过采取行之有效的“公司+基地+农户”的经营模式，在中洞、茅溪两个村委会建成占地面积1000亩的甜玉米生产基地，并取得了良好的社会效益和经济效益。

新民月报

《新民月报》原是开平市蚬冈镇至德乡村民自办的一份乡刊，创刊于1919年2月。抗日战争时期及解放初期曾两度停刊，于1956年1月复刊。至1966年3月出版至第五卷第四期后，又一次停刊。后于1981年9月再次复刊，并同时改为镇刊，由蚬冈公社侨属委员会主办，刊号为CN-44(Q)第0027号。复刊时社长周荣基，主编周松尧，栏目主要有《工农业生产》《侨胞消息》《文化教育》《县闻》《文娱体育》《婚娶出生》《丧葬死亡》《文艺》《诗歌》等。曾获“广东省侨刊乡讯评比”三等奖。

《新民月报》复刊号（1981.9）

改革开放后，蚬冈公社认真落实各项华侨政策，保护华侨、侨眷合法权益；农村则落实经济政策，群众生产积极性空前高涨，连年丰产，墟市繁荣兴旺，呈现出一派欣欣向荣的景象。海外侨胞则踊跃捐赠，大办公益事业，为地方造福，继而投资引进，建设工厂，百业俱兴。同时，为慰游子远涉重洋去国怀乡之思，舒父老翘首天涯之盼，蚬冈政府提出复办《新民月报》。随后召开会议，号召归侨、侨眷、港澳同胞及各界人士有钱出钱，有力出力。最后，在蚬冈公社有识之士的共同努力下，《新民月报》获得了新生。

为做好发行工作，《新民月报》要求各埠侨胞推选一人为该埠发行人，负责代发行和代收费工作，累计汇回蚬冈侨委会，并附回发行人及各订户通讯地址，以便日后联系，可见《新民月报》初期发行之艰苦。

蚬冈镇位于开平市西南部，距开平市区 26 公里。东邻台山市白沙镇，南接开平赤水、金鸡镇两镇，西与恩平市君堂镇交界，北临锦汀洞。因镇内多小山，形同蚬壳，故名。

蚬冈镇清代属德行都，1912—1949 年属开平县第五区，1950—1954 年分属开平县第三区、第四区，1958 年与赤水、东山金鸡 3 个乡合为赤水公社，1960 年析设蚬冈公社，1983 年改区，1987 年撤区建镇。镇政府驻蚬冈墟。现辖 12 个村（居）委会，总面积 78 平方公里，总人口 18917 人（2020 年），港澳台同胞、海外侨胞 3 万多人。

蚬冈镇地貌属丘陵，以水稻种植为主，其他经济项目主要有玉米、甘蔗、番薯、大头菜、三鸟等。较大的农业项目为嘉友农产综合开发有限公司，由中国台湾商人投资 150 万美元，租赁 1400 多亩山地、旱地开发种植槟榔等。工业项目以民营企业为主，主要有珠江烫金工艺有限公司、向明汽车配件有限公司、文一喷砂厂、合信钢具厂、广亨海绵厂等。

蚬冈镇拥有国家重点保护文物——开平碉楼 150 多座，其中坐落于锦江里的瑞石楼号称“碉楼之王”，是开平现存最高、最美的碉楼。瑞石楼楼高九层，设计堪称完美，是中西建筑风格有机融合的典型代表之一。

瑞石楼于民国十二年（1923 年）兴建，民国十四年（1925 年）落成，历时 3 年。瑞石楼的主人黄璧秀，号瑞石。他和儿子黄畅兰（长子）、黄赐兰（次子）一起在香港经营药材铺和钱庄，事业成功。20 世纪初，社会治安不好，盗贼横行，群众备受苦难。当时59岁的黄璧秀因父母和妻子在家乡居住，为了家人的安全，他不惜投入3万多元港币的巨资兴建碉楼。楼建成后，他以自己的号取名。因为黄璧秀与当时广东省有名的大书法家、广州六榕寺主持铁禅大师有旧，铁禅大师便题写了“瑞石楼”三个大字赠给他。铁禅大师苍劲浑雄的书法给该楼提高了知名度和文化品位。为了防匪，楼内配备了枪械、铜钟、探照灯。

瑞石楼最为著名的地方在于它的顶部。其顶部共有三层亭阁，凸显西方建筑独特风格，其中以四周用承重墙接托的罗马穹窿顶和以支柱支承的拜占庭穹窿顶造型最为显著，给人以异于常态的美感。

当时，锦江里周围的碉楼都是四层至六层高。黄璧秀的父亲黄贻桂发现，当自家的碉楼建到第6层时，还没有封顶的迹象。朴实的老人不希望太张扬，于是要儿子就此封顶。黄璧秀没有听从父亲劝告，他告诉父亲，这座碉楼的设计是9层，他就是要在全村、全乡、全县建最高、最壮观的碉楼，让人们远远就能看到黄家的碉楼，无人可比。最后，一幢9层高的碉楼傲然矗立在开平蚬冈锦江里，至今还令人叹为观止。

思义侨刊

《思义侨刊》复刊号（1988.12）

《思义侨刊》前身为《思义校刊》，是开平市沙塘镇思义小学主办的一份校刊，创刊于 1932 年。

思义小学创办于 1931 年。建校伊始，思义小学以图书和教学仪器之齐备而著称，以重金礼聘名师任教而盛名。学生除泽及沙塘地区外，远道而来求学者亦众。初时，《思义校刊》内容主要以大幅照片、刊载师生姓名和事迹报道为主，大力表彰热心捐建校舍和图书仪器的港澳同胞、海外侨胞和家乡各界人士，并同时报道校务概况、学生成绩、校友动态、海外侨情、家乡新闻等，深得海外人士的大力支持与称颂。

抗战时期，《思义校刊》易名为《义声》，意取“思义声音、正义呼声”之意，旨在唤醒全体民众而同仇敌忾，维护民族尊严而共赴国难，密切侨胞关系以沟通信息。举凡宣传抗日救亡真理，增进侨胞乡亲情谊，表达梓里民众心声，均悉心以赴，有所建树，后因故停刊。

1988 年，思义小学酝酿复办时，众人提议，报道范围宜扩大至整个沙塘地区，以发扬侨胞爱国爱乡的热忱，加快沙塘地区建设的步伐，并改名为《思义侨刊》，由沙塘区（镇）侨联会主办，成为镇刊，于同年 12 月复刊，刊号为 CN-44（Q）第 0088 号。复刊时社长劳兆参，总编辑劳炳尧。后又因故停刊。

讲起思义小学的名称，其来历与我国早期革命党人发动的“广州起义”历史事件和劳培烈士的事迹息息相关。

清光绪三十一年（1905 年），同盟会成立后，孙中山先后在广东和西南地区策划了多次武装起义。宣统二年（1910 年），广州新军起义失败后，孙中山和同盟会的主要成员在槟榔屿召开会议，认真总结了过去的经验教训，决定集中力量、认真准备，以同盟会员为先锋，广泛发动新军、防管、巡警、会党和民军，在广州再次举行起义，并在夺取省城后把革命火焰燃向长江流域和全国。会后，孙中山到各地募款，黄兴、赵声负责筹划起义。当时，大批革命党人集中在香港，广州城内则建立了约 40 个据点。由于形势不断变化，起义日期一再改动。当黄兴最终决定于 4 月 27 日发难时，不得不把原计划的十路并举改为四路突击。但当突击时，实际上只有黄兴率领的一支队伍直扑两广总督衙门，并分兵攻打督练公所等处。由于孤军转战，最后终于失败，喻培伦、方声洞、陈更新、林觉民等百余人遇难。起义失败之后，同盟会会员潘达微冒着生命危险将当初能找到的遇难和被俘后慷慨就义的 72 名革命党人（实有 100 多名革命党人壮烈牺牲）的尸骨葬于广州东北郊，即现“黄花岗七十二烈士墓”。最初安葬的革命党人被统称为“黄花岗七十二烈士”。

在这 72 位烈士中，有一位叫劳培的人。他是开平市沙塘镇联光兴贤村即现思义小学附近村庄人，原名泮光，字肇明，1885 年出生，新加坡华侨。

清光绪二十五年（1899 年），天主教传入开平县，在一些墟镇和居民较为集中的乡村建立了天主教堂。其中美籍传教士喜嘉里（译音）在长沙塘墟建立长沙塘福音堂。不久，长沙塘福音堂的教务转由华籍传教士刘音鉴神甫主持。劳培经常利用闲暇向刘音鉴神甫请教，因此两人情谊日深。后来，劳培在刘音鉴神甫的鼓动下加入了天主教会，便常常跟随神甫左右。

清光绪二十七年（1901 年），由于刘音鉴神甫在开平传教颇有成绩，天主教区升调他往潮州、揭阳等地主持教务，劳培也随其前往。

清光绪二十九年（1903 年），在孙中山领导的中国同盟会的宣传鼓动下，南洋一带革命浪潮迅速发展。劳培获知这些信息后，觉得自己昂藏七尺，正是献身报国之时，便毅然向刘音鉴神甫提出辞职去往新加坡谋生，以便容易接触到新思想。

到达新加坡后，劳培先在新加坡天主教会落脚。不久，找到了当地中国同盟会组织，随即加入中国同盟会，并在中国同盟会新办的《晨报》当记者。劳培以新闻记者的身份，积极进行以推翻清朝专制统治为宗旨的宣传活动，广交革命同志。他将国内耳闻目睹的清朝统治者的腐败、黑暗、专制以及人民痛苦生活的情况，写文章揭露于报上。所写文章，材料真实，加之笔锋犀利，可读性强，使《晨报》影响力大增。孙中山当时在一些会议上曾称赞说：“劳培文章写得好，文笔犀利，报导及时。”于是劳培名噪一时。同时，劳培还以自己微薄的收入来支持革命。在当《晨报》记者期间，他将所得薪金，除了寄一部分给父母做赡养费外，尽捐给同盟会总部作为革命活动经费。

广州起义前夕，劳培在新加坡向统筹部积极要求回广州参加起义。后经统筹部审查认为合格，便吸收他为“先锋队”队员。劳培兴奋万分，按照统筹部的部署，从新加坡搭船经香港秘密回到广州，随时准备参加起义。

宣统三年（1911 年）4 月 27 日下午 5 时半，广州起义正式打响。劳培臂缠白巾，手执枪械，腰挂数枚炸弹，在黄兴率领下由小东营疾出，冲向两广总督署。劳培在战斗中冲锋在前，十分英勇。他在接近总督辕门时，即向辕门卫队猛烈开枪。当时守卫辕门的清兵有一个连，正巧蹲在地上吃晚饭，突然遭到袭击，猝不及防，纷纷弃碗丢筷逃命，一个持枪值班的排长及数名兵丁，正欲还击，劳培手快，甩出一枚炸弹，当场炸毙这名排长及兵丁。“先锋队”其他队员乘机冲进辕门，射击负隅顽抗者。此时在内堂一姓张的巡捕闻变，急忙将内堂大门关闭，以阻革命党人入内。革命党人便用步枪射击大门，洞百十孔，门未破，遂抬巨石砸门，而后一拥而入，内堂无一兵应战。劳培等革命党人直入大堂、二堂、后堂，搜遍不见总督张鸣岐，只在后堂搜出张鸣岐的父亲张步堂及其一妻一妾，他们瑟缩战栗，口叫饶命。“先锋队”人对他们说：“不是你等之事，不必害怕。”追问张鸣岐在何处，说已逃出。革命党人不信，继续到各房间搜索，终不获。原来张巡捕关闭大门后，觅到张鸣岐，登上楼顶，从瓦面溜落厚祥街民居，逃往天平街水师衙门。张巡捕救出张鸣岐后，即与督署图籍所所长分头打电话通知水师提督李准和镇统龙济光、协统蒋尊簋派兵赴援。李部胡令宣、吴宗禹两人带队驰往总督署包围革命党人，将机枪架设在东西两辕门和必经的路口，重重包围了劳培等“先锋队”队员。“先锋队”队员见事态危急，经请示黄兴后，置燃料于张鸣岐的卧房，纵火突围，并向东辕门冲击，但受到清军强大火力狙击。劳培在突围战斗中勇敢异常，但终因寡不敌众，又无救援，虽经几次冲锋，未能突出重围。黄兴不幸手掌中弹，伤手断指，血流如注，因此指挥受挫。敌人见状，吹号四面合围。黄兴为了分散敌人兵力，下令分三路冲出包围。于是三路各自为战，且战且走。劳培一路冲出辕门，但为路口的清军所阻，一颗子弹击中了他的胸部，倒在已牺牲的战友身旁，壮烈成仁。

后来，开平长沙塘兴办小学，为纪念家乡华侨劳培的英勇义举，取“思乡义举”之意，特取名“思义小学”。

沙塘镇位于开平市北部，东邻月山，南接长沙、塘口，西连马岗、苍城，北与苍城相邻。建县时属平康都辖，清道光三年（1823 年）属平康都辖。中华民国元年（1912 年）属第一区附属县城（苍城）管辖。民国三十一年（1942 年）属附城区管辖。民国三十六年（1947 年）属第一区（附城区）管辖。1949 年 10 月属第一区管辖。1952 年 8 月属第十区管辖。1954 年并乡后属第十区管辖。1955 年调整区乡后属长沙塘区管辖。1956 年 3 月进行撤区并乡属表海乡、长沙塘乡管辖。1957 年 1 月属沙塘乡管辖。1958 年 9 月属苍城公社管辖。1962 年 6 月析置沙塘公社。1983 年 8 月，撤销公社建制，设开平县沙塘区公所。1986 年 12 月撤销区建制，设开平县沙塘镇人民政府。现辖 16 个村（居）委会，总面积 86 平方公里，总人口约 3.2 万人（2020 年），港澳台同胞、海外侨胞 10000 多人。

沙塘镇地形两头宽中间窄，南北长 14 公里，东西宽 8 公里，地势周围高，全境边界几乎是山峦环抱。山岗之间是峡谷或宽谷，分布面积较大的山坑和垌田，面积约占总面积 45%，中部多丘陵，占总面积 50%，属丘陵山区。2014 年，沙塘镇全镇耕地面积 25349 亩，其中水田面积 23114 亩，全年粮食总产量 15273 吨。近年来，沙塘镇以发展经济作为中心任务，突出农民增收和小城镇建设两个重点，促进经济快速稳步发展，初步形成了以生化制药、建材（铝材、脚手架）、虫草为代表的三大产业，2014 年一跃成为工业总产值超 10 亿元镇。

苍城侨刊

《苍城侨刊》是开平市苍城镇侨联会主办的镇级侨刊，创刊于1993年1月，刊号为CN-44（Q）第0138号。创刊时社长杨广忠，主编谢立超，栏目主要有《专载》《家乡新闻》《镇闻》《人物简介》《文化教育》等，曾获“广东省侨刊乡讯评比”表扬奖。

《苍城侨刊》创刊号（1993.1）

为办好《苍城侨刊》，苍城镇侨联会于1992年牵头专门成立了苍城侨刊社务委员会，并确定好社长、副社长、社委、编委、通讯员等人选，于同年9月19日下午在苍城镇委召开第一次社务委员会议。与会者就创办《苍城侨刊》的意义、宗旨、栏目设置、内容要求、出版方法等问题做了热烈的讨论，对港澳同胞、海外侨胞多年来支持家乡建设做出的巨大贡献进行了热情的赞扬。特别是旅美华侨谢伯棠[①]先生，积极推动创办《苍城侨刊》工作，不久带头认捐美元1500元，还为《苍城侨刊》题写了刊名和书写了创刊词。

苍城位于开平市西北部，距县城三埠约23公里。南有百立山，北有凿木山，境内有横亘连绵的山地，起伏多姿的丘陵，形如一匹跃进马。

苍城原名“仓步村”，明末清初定为县城，改名“苍城”。明代属恩平长居都，后属开平县长静都。1649—1950年历为开平县治。1912—1950年属开平县第一区，1952年为开平县第十区，1958年设苍城公社，1983年改区，1987年撤区建镇。镇政府驻苍城墟。现辖13个村（居）委会，总面积138.6平方公里，户籍人口32034人（2019年），港澳台同胞、海外侨胞10000多人。

苍江上游的东河与大沙河两支流交汇于苍城镇区，全镇地貌属低山丘陵，地势走向从北向南，土地肥沃，气候温和，雨量充沛。良好的气候环境，为发展农林牧副渔业提供了优越的条件。苍城镇种植业主要有优质水稻、荔枝、龙眼、常年蔬菜、西瓜、荷兰豆、花生、木薯、豆类等。潭碧冬瓜、毛薯、莲塘豆角、茨菇、六合芙瓜、楼田茨芋等远近闻名；养殖业以瘦肉型生猪、三鸟、地皇鸽、塘鱼为主，是个“鱼米之乡”。其中潭碧冬瓜有200多年种植历史，是开平著名土特产。它的特点是比一般冬瓜稍小，单瓜重约3千克，肉厚瓤少，肉质坚实，清甜爽脆，耐贮藏，久贮不失水、不霉烂，有清暑解热之功效。

随着农村改革的深入和市场经济的发展，苍城发挥自然资源的优势，积极发展“三高”农业，兴办了大批“三高”农业基地，如优质荔枝基地、龙眼基地、蔬菜基地、地皇鸽基地等，效益显著。

① 谢伯棠，苍城镇楼田管理区龙田里人，旅居美国罗省，经商有成，长期被推举担任各侨团负责人，南加州谢氏宗亲会、开平同乡会、华商会、民大校友会、昭伦公所会长。历任罗省市府顾问、罗省卫生局顾问、加省代民政厅长等职，是《苍城侨刊》的主要创办人。

苍城镇积极营造“安全、赚钱、开心”的投资环境，建立了完善的投资服务体系，外资、私营企业不断涌入，已形成造纸、制鞋等行业。

苍城镇海水库是开平市第二大水库，新中国成立初期，由县规划，以苍城猪虪潭为主库区修筑而成。2003 年 1 月，省环保厅将镇海水库所有水域划定为饮用水源一级保护区，水质保护目标为Ⅱ类，陆域保护范围在水库正常水位线向陆域纵深 200 米的集雨区陆域范围。

镇海水库供水工程现是江门、开平两级市政府的重点民生工程，总投资 1 亿多元，从镇海水库到两镇铺设长达 20 多公里的供水管道，以镇海水库为水源加工自来水，大大地改善了苍城、水口、月山等多镇群众的饮水卫生和安全状况。

苍城是开平市著名的古城，保存有学宫、保厘阁等文物古迹。苍城学宫是县学和文庙的总称，位于苍城镇东门街。清康熙八年（1669 年）建成大成殿，康熙二十年（1681 年）添建两庑、启圣公祠、名宦祠、乡贤祠、明伦堂、月台、戟门、泮池和棂星门等。整座建筑为石、木结构，悬山顶，采用金琉璃瓦，瓦当有龙凤纹，四方三层花岗古柱础，石板地面，占地面积 6684 平方米。其中，县学设在大成殿，按礼部题定定额，从童生中考选文学、武学生员就读，县学生员享受公费读书，进而选送参加科举考试，光绪三十一年（1905 年），县学停办。清光绪年间，学宫曾经过一次重修和多次个别修葺、粉饰。民国二年（1913 年），被风吹塌棂星门后，改石建为砖建。民国十八年（1929 年），奉命改大成殿为孔子庙。中华人民共和国成立后，学宫为苍城粮管所使用。1982 年，被列为开平市重点文物保护单位。现存学宫泮池右边已填，左边及中间的石拱桥保存完好；戟门、名宦祠、乡贤祠基本保持原貌；大成殿已改建，东庑尚存，现存的两块石碑，一些文字已磨蚀。

金鸡侨刊

《金鸡侨刊》创刊号（1998.1）

《金鸡侨刊》是开平市金鸡镇侨联会主办的一份镇级侨刊，创刊于1998年1月，刊号为CN-44（Q）第0152号。创刊时社长李思泉，主编李润添，栏目主要有《刊论》《市镇要闻》《侨乡音讯》《侨情》《乡村风貌》《文教消息》《家乡逸事》《政策法律》《艺苑》等。刊名由关英才①先生题写。

为办好《金鸡侨刊》，金鸡镇侨联会特别成立金鸡侨刊社作为专门办事机构，通过侨刊社来聘请名誉社长、海外顾问、国内顾问、社

① 关英才（1923年—），广东开平金鸡镇人。拥有“文莱船王”“东南亚实业巨子”“百佳中华儒商人物”等多项美誉，是东南亚著名爱国侨领，在全球华人中有较大影响力。在文莱、新加坡拥有多个产业，历年来向中国内地捐资助学、支持社会公益事业金额累计达一亿多元。1993年3月，被开平市及江门市人民政府授予“荣誉市民”称号，1996年3月和2000年6月又被开平市人民政府授予“荣誉市民特别贡献奖”。

长、副社长、社务委员、主编、编辑、委员、财务人员等，并在海外和各乡村、中小学校及社会各界人士中发展通讯员；发表公开信，积极募捐经费。自关于创办《金鸡侨刊》的公开信发出以后，各地乡亲积极响应，不久后便收到海外捐款3.6万元。其中关英才先生捐款2万元，李金华先生捐款1万元，李振华、李尧宪叔侄捐款港币6000元。国内乡亲也纷纷慷慨捐款达6万多元。最后在全体同仁的共同努力下，经过一年多的筹办，终于成功创刊。

金鸡镇位于开平市西南部，地处恩、开、台三市交界，距开平市区38公里。东与赤水镇、东山镇相邻，北与蚬冈镇接壤，南与台山市深井镇交界，西与恩平市东安镇、东成镇毗邻。清代属德行都，1912—1949年分属恩平县、台山县、开平县，1950年初属开平县第三区，1952年属开平县第四区，1958年与赤水、东山、蚬冈3个乡合置赤水公社，1960年析设金鸡公社，1983年改区，1987年撤区建镇。镇政府驻金鸡墟。现辖12个村（居）委会，总面积120.5平方公里，总人口2.1万人（2020年），港澳台同胞、海外侨胞1万多人。

金鸡镇属亚热带季风气候，地处丘陵山区，依山傍水，物产资源丰富，为农林牧副渔业的发展提供了有利的条件。近年来，金鸡镇贯彻“科技兴农”方针，积极调整农业产业结构，农业发展势头迅猛，以发展养鸡业、种植业、生态旅游业为龙头带动农业产业化经营。全镇拥有可耕地面积34000多亩，盛产水稻、花生、木薯、甘蔗、水果、蔬菜等。畜牧业以饲养生猪、家禽为主，水产品以“四大家鱼”、塘虱为主，农业特产有肉鸡、沙葛等。建立了蔬菜、生猪、肉鸡、优质粮、林业、水果等商品化基地。同时，金鸡镇农业基础设施较为完善，入选2018年全国农业产业强镇示范建设名单。

金鸡沙葛，又名番葛，因产于金鸡镇而得名，是开平著名土特产。金鸡沙葛自1891年起即有种植历史，具有皮薄、色白、甜脆、汁足、口感滑爽等特点，既可生食也可熟食，以熟食味道最佳。其中以添田村和高西村一带产量最丰，且品质也较为出众。

2014 年，世界上最先进的中微子实验室——开平中微子实验室落户金鸡镇，这个默默无闻的开平农业大镇成为科研强镇，为世人瞩目。

据悉，测量中微子质量顺序，最佳站址在距反应堆 50 公里至 55 公里，来自反应堆的中微子在此处振荡效应最明显。通过详细的地质勘测，科学家们将实验室选址定于开平市金鸡镇打石山。这里距阳江和台山反应堆群约 53 公里。该山山体满布花岗岩，能屏蔽宇宙射线，是世界上目前发现的最适合利用核反应堆测量中微子质量顺序的地方。

开平中微子实验室总投资 20 亿元，预计 2023 年投入运行。该实验室以测定中微子质量顺序、精确测量中微子混合参数等基础研究为主，该实验室的探测器将是世界上能量精度最高、最大的液体闪烁体，当捕捉到来自反应堆的中微子时，液体闪烁体会发出非常微弱的闪光。光电倍增管可以看到最微弱的闪光，并把它转为电信号，形成科学家们研究的数据。建成后规模比大亚湾中微子实验站大 100 多倍。它的建成，将有助于科学家们在不久的将来，揭开宇宙起源与演化之谜。

楼冈月刊

《楼冈月刊》是开平市长沙镇楼冈片区吴氏族人创办的一份乡族刊，创刊于 1921 年 8 月。

《楼冈月刊》创办两年后，曾发生过一次闹刊风潮。一些百姓冲入育英学校，来势汹汹。但因为闹刊风潮的原因非常复杂，一时难以解决，楼冈留省学会闻讯后，表示积极支持该刊，并于 1924 年 8 月将该刊迁往广州继续出版。抗日战争爆发后，日机轰炸广州。1939 年，《楼冈月刊》停刊。抗日战争胜利后，于 1947 年复刊。1951 年土地改革开始，《楼冈月刊》第二次停刊。1957 年 3 月，《楼冈月刊》第二次复刊，后又因故停刊。1980 年 8 月第三次复刊，刊号为 CN–44（Q）第 0073 号。复刊时社长吴玉成，主编吴锦堂，栏目主要有《学校近讯》《乡闻》《长沙公社通讯》《海外侨情》《诗歌》等。半个世纪以来，《楼冈月刊》全部办刊经费由楼冈片区港澳台同胞和海外侨胞赞助。

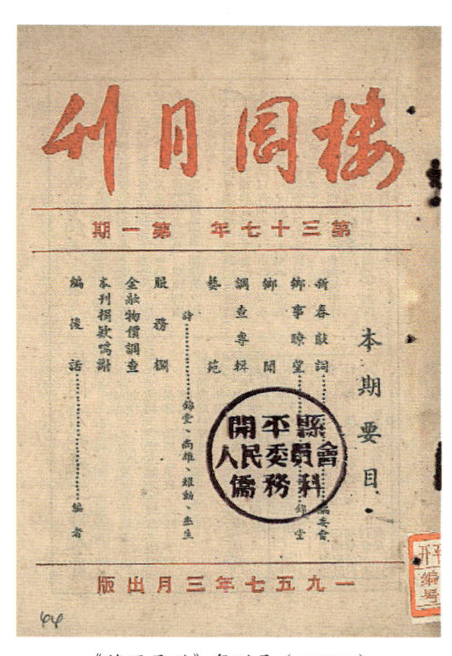

《楼冈月刊》复刊号（1957.3）

该刊以赠阅形式发往海内外。曾获“广东省侨刊乡讯评比”一等奖。

关于《楼冈月刊》的创办过程，在其刊物里有详细介绍：

1921年（辛酉），冈陵阅书报社和旋旋俱乐部，在海外和港澳乡亲热心的捐建后，进一步又倡议创办《楼冈月刊》。当时任育英学校校长之先君坚鲁翁（又名树华，号崇炽，两广高等师范第一届毕业）积极附和，而海外华侨，见到当时育英小学印出之《国文成绩专辑》产生兴趣，因此他倡议创办《楼冈月刊》。但乡办刊物，在县内还是创举。当时开平只有一家《开平明报》的侨办刊物。倡议提出后，就得到在广州的乡人荫民、燮梅、在民君等大力赞同。同时复与乡间归侨、港商，如始观、业福、泽扶、始经、业燮、华翰等人磋商几次之后，本着“华侨出钱，学界出力”的方针，《楼冈月刊》就诞生于新建之旋旋俱乐部，而褓育于育英学校。[①]

《楼冈月刊》复刊号（1980.8）

开平吴氏的堂号叫“至德堂”。那么，它有何来由呢？

据传，商朝末年，有个孝悌兼全的人，姓姬名泰伯，是诸侯周太王的长子。他有两个弟弟，大弟叫仲雍，二弟叫季历。季历的儿子姬昌出生的时候，有一双赤色的雀子，嘴里衔了丹书，停在门户上，显现圣人出世的祥瑞。

周太王看到了瑞相，再看到这个小孙子姬昌的确有不凡之才，就有意

① 《楼冈月刊》第1期第58页：《忆〈楼月〉创办人之一先君坚鲁翁》，1981年4月。

将王位传给季历，再由季历传位给姬昌。泰伯体察到父亲的心思，就和大弟仲雍商量约定，应该顺从父亲之意。这时，刚好周太王生病了，泰伯与仲雍就以采药为名，离开周国，到南方荆蛮之地，一是逃避父王派人追查；二是表示自己希望把周国的王位让给季历。

父亲去世的时候，两个长兄也没有回去奔丧，为的是让季历顺理成章地继承王位。当时有许多人到荆蛮寻找泰伯，泰伯为了不被认出来，就披发文身。

季历也非常仁慈厚道，他看到两个哥哥如此礼让，就不负众望，把国家治理得非常好，后来把王位传给姬昌，就是历史上著名的周文王。

泰伯孝顺父母，友悌兄弟，谦让天下，成全了周朝八百年的盛世、成全了整个社会孝悌与礼让的风气。因而泰伯被称为“三让王”。孔子称赞他:“泰伯，其可谓至德也已矣！三以天下让，民无得而称焉。”这就是“至德”二字的由来，认为泰伯的品德已达到了极高境界。

泰伯来到这个所谓的南方荆蛮之地后，和当地土民打成一片，既教他们耕种，又教他们读书，并在此建立村庄，定名为荆村。后又在此筑城池，正式立国，取名勾吴。勾吴规模虽不大，却是江南一带第一个国家。土民都拥护泰伯，推他为吴长，泰伯遂成为吴国和吴氏的始祖。

泰伯死后，当地人就把他的旧居改为祠庙，称“至德寺”，俗称“让王庙”。这就是今“至德堂”名称和吴氏远祖世系的由来。

开平市长沙镇楼冈片区，有民强、东升、西溪、平岗、平原五个村委会及楼冈办事处，人口约 1.35 万人，港澳同胞、海外侨胞约 1 万人。楼冈片区是平原地带，南有苍江河流、六车道一级公路横贯全乡；山清水秀，人杰地灵，水陆交通方便。本区教育发达，有开平第七中学及平溪、西溪、育英、育才、民强等五间小学。其中，开平七中创办于 1937 年，原为国民大学附中、民大中学、新民中学和开平县第一中学第一分教处。1955 年秋改名为开平县第七中学，1956 年学校办成完全中学，2008 年 9

月合并楼冈中学，2010 年 9 月停办高中，至此，开平七中成为开平市教育局直属的初中学校。

在楼冈马山，有一座颇为著名的古塔，名叫开元塔，始建于清乾隆十六年（1751 年）。当时四川南溪人叶重秀到开平任知县，见开平立县百年而文化不兴，科举籍籍无名，于是提议在马山顶修建五层高的“文笔”一座，寄望多出人才，以振兴开平文化。道光二十三年（1843 年），江西吉水人张帮泰任开平县令，又将“文笔”增高两层，使与苍城学宫的地阶相齐，成凤凰展翅翔天之势，同时将“文笔”改名为“开元塔”，规定不出状元不许开塔门，另在塔左侧建“文印”一座，取名“金章阁”，意为有“笔”有“印”，必出俊彦。但由于开平始终未出过状元，所以底层塔门至今未开。

开元塔和金章阁有着悠久的历史和深厚的文化底蕴，它虽为封建科举时代产物，但对激励历代开平人勤学向上、勇于进取有着积极的作用，是一份宝贵的文化遗产。然而，由于年久失修，开元塔龟裂百出，岌岌可危，金章阁也于 1996 年崩塌，实为一大憾事。1999 年，在开平市委、市政府和社会各界的共同努力下，先后投入 700 多万元，按“修旧如旧”的原则修复了开元塔，并在原址重建金章阁，在阁内设“孔圣堂”，立 3.8 米高的孔子铜像一座，于阁之西门外立龟趺，刻《开元塔赋》于其上，另建有牌楼、碑廊等文化设施，为“艺术之乡”添胜景。

小海月报

《小海月报》是开平市赤坎镇古“小海”地区自办的一份乡族刊。

1924年，赤坎镇古“小海”地区在省城工作的乡亲为建设家乡发起成立“留省学会”。为做好宣传发动工作，1926年，在“留省学会”成员张会星、邓觉民、邓锡林等人的积极操持下，他们创办了《小海青年》，不定期出版，但在出版4期后因故停刊了。

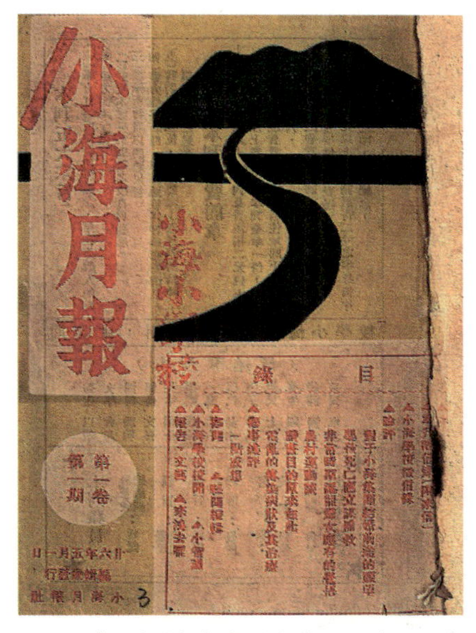

《小海月报》复刊号（1937.5）

1935年正月，小海学校的青年教师在校内集中讨论乡村改革问题。他们认识到单从教育入手，将见效甚微，一致认为：如要改革社会，开通民智，一定要出版一本月刊。原“留省学会”成员、后旅居澳洲的华侨张会星闻知后，主动捐出200元作为创办经费。在他的带动下，乡间热心人士，有钱出钱，有力出力。1935年5月，由小海学校青年教师主办的《小海双月刊》正式创刊。

《小海双月刊》出版至第三期后，开始印发至海外，积极开展筹款活动，得到广大海外乡侨的热心捐助，从此奠定了雄厚的物质基础。有了钱，便加快出版周期，在出版至第九期后改为半季刊（即三月两刊）；改版并又在出版了三期后，于 1937 年 5 月改为月刊，并改为现名，以第一卷第一期形式重新编排期号。而且，在印数上也有所增加。关于改版之事，《小海月报》介绍：“本刊由双月刊，改为半季刊，现在又改为月报，它在进程上可算快极了。在数量上，由印 500 本进到 700 本。”[①]

新改版的《小海月报》有五大宗旨，一是极力打破房份姓氏等观念，站在全乡人的利益方面讲话；二是鼓吹本乡公众事业之改良与发展；三是灌输新知识以开通民智；四是尽力搜登新闻，以沟通旅居各地乡侨消息；五是不计私仇，只顾公理，取苦干之精神，以求本乡之进步。

1941 年 2 月，《小海月报》出版至第四卷第十期时，由于日寇进犯，江门五邑各地相继沦陷，内地与香港邮递不通，社会荒乱，而编辑人员也多背井离乡，无法继续履行原有职责，于是宣告停刊，共出版了 58 期；1956 年 7 月第一次复刊，后又因故于 1966 年停刊，共出版了 17 期。

《小海月报》复刊号（1981.7）

改革开放后，《小海月报》于 1981 年 7 月再度复刊，刊号为 CN-44（Q）第 0078 号。复刊时社长邓觉民，主编邓文喜，栏目主要有《县社消息》《乡闻》《专载》《文教消息》《文苑》《经济消息》《来鸿去雁》等。曾获“广东省侨刊乡讯评比”一等奖。

赤坎镇古小海区北向潭江、背靠三圭山，江南公路横贯全境，水陆交

① 《小海月报》复刊号第 38 页：《编后话》，1937 年 5 月。

通方便。《小海月报》的报道以小海区为范围，包括原护龙、沙溪、两堡、五堡四乡，即今属赤坎镇的永乐、小海、沙溪、新建、星光、新联、五堡、塘美等八个村委会。这里聚居的村民以邓姓居多，兼有余、关、梁、谭、司徒、黄、胡等杂姓，大家和睦相处，相互帮助，相互包容。

相传，这里的邓姓开族始祖为晚景公，在本地建有“晚景邓公祠”作为纪念。出于对晚景公的尊重，这里的人们习惯把晚景公的祖父永瑞公称为一世祖，父亲君举公称为二世祖，晚景公称为三世祖。

晚景公生于明洪武四年（1371 年），原在粤北南雄的珠玑巷居住，后来迁居新会县。先世为东汉云台二十八将之首的高密侯，也就是现今美、加和南洋各地的邓高密公所所奉仰的邓禹公。晚景公 13 岁那年，父亲去世了。这一年，他的母亲刘氏带着晚景公迁到台山的迳头姑母家居住，后来又迁到开平赤坎护龙乡乐土村定居。当时家道贫穷，晚景公替人牧牛，母子相依为命。长大后，晚景公娶张氏为妻，共生三子，长子继禹、次子继瑞、三子继润，从此开枝散叶，开族护龙。晚景公于明宣德六年（1431 年）九月十七日逝世，享年 62 岁，与妻张氏合葬于护龙蟹山。

晚景邓公祠于 1918 年开始建造，1920 年落成。建筑雄伟，蔚为壮观。有不少立体和平面壁画，玲珑雅致，流光溢彩，参观者无不称颂。1927 年，小海留省学会的青年为发展家乡教育事业，利用晚景邓公祠作为校舍，创办了小海学校。后来，晚景邓公祠地基有些下沉，东面部分有些墙壁出现裂痕，新中国成立后虽曾做过修葺，但经过几十年来的风雨侵蚀，慢慢变为危楼。1984 年年初，本地乡民遂商议拆除重建，随即得到海内外小海校友和海外华侨的响应。最初由旅港校友邓开捐款 5 万元，后旅美校友邓春荣、邓取珍等也解囊相助；同时，旅美校友邓文钿和夫人到处奔走相告，共筹善举。最终，集腋成裘，对晚景邓公祠进行了拆除重建，并于 1987 年 10 月竣工，耗资约人民币 20 万元。

护龙月刊

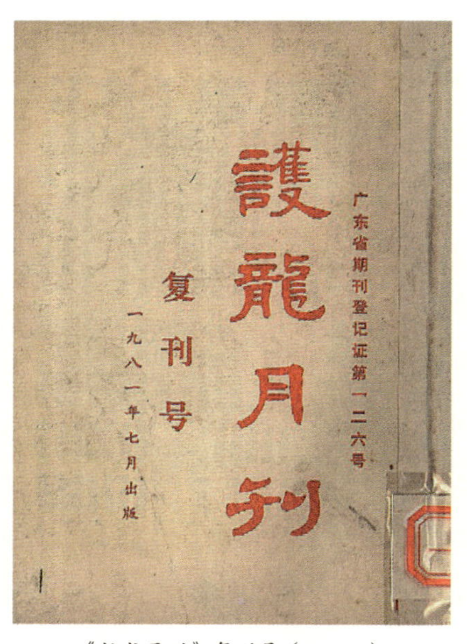

《护龙月刊》复刊号（1981.7）

《护龙月刊》的前身为《龙溪月刊》，是开平市赤坎镇护龙庙邓氏族人创办的一份乡族刊，创刊于 1923 年（又有说于 1922 年）。后因人事变迁，数年之间，旋告停办。迨乎抗日战争期间，本地另有《小海月报》《呼声月刊》《树英月刊》相继发行，盛极一时。基于其历史任务已经完成，抗战胜利后，各刊留乡负责人受乡老之托，于 1948 年将以上数刊合办为《护龙月刊》，主编邓维润，但出至第五期后，又告停刊。

1981 年春，护龙旅美侨领邓美世、邓海波、邓文华、邓琳等人回乡观光，向本大队负责人邓瑞师建议复办乡刊，返美后很快便捐集了 1 万多元人民币汇回来，为复刊第一期筹足了出版经费。随后旅港同胞邓锦添、邓文康、邓则荫、邓晓隆、邓宪隆、邓振锐等人陆续回乡，亦提出同样建议，并表示尽力支持。乡人等有鉴于此，遂组织热心人士，协商复办《护龙月刊》。最后，经过一段时间的筹备，终于 1981 年 7 月再度复刊，刊号为 CN-44（Q）第 0076 号。复刊时社长邓乃澄，主编邓元勋、邓振德，栏目主要有《邑闻》《乡闻》《侨胞消息》《学校消息》《文艺》等。

与此同时，《小海月报》也发起复刊倡议，并积极筹办，于 1981 年同月与《护龙月刊》双双复刊。

以前，护龙一带曾有过两个集市，一个叫护龙墟，形成于清光绪年间；一个叫庙墘墟，形成于民国年间，均曾旺极一时。

先说护龙墟。据传，清光绪十六年（1890 年），为方便本地群众日常生活，乡中父老计议在护龙开设墟市，称护龙墟。

其时，建有“镇南街”一条，两旁店铺数十间，一个完整的商品网点就此形成，有米店、苏杭（布匹）店、油糖杂货店、日用商品店、猪肉店、药材店、家具店、裁缝店、果菜店、理发店、照相店、牲口栏、鱼栏、医务所、星相室、学堂等。在墟边停泊的船艇则经营木柴、山草，另有一些地摊档等。墟之北面，有文昌庙、包公庙、祀有神祇。临近涌边，有一幢洋式建筑物，就是爱善堂，常年聘有中医驻堂开诊。护龙墟确定农历每逢一、逢六日为墟期。每当墟期，好不热闹。

抗日战争爆发后，护龙墟往日的繁荣便逐渐走向下坡路。究其原因主要有四：一是附近小海市崛起，给护龙墟带来不少影响；二是国难当头，侨汇受阻，购买力下降，有些商店因此而倒闭；三是护龙墟一带地势较低，常患水涝，容易影响店铺生计；四是庙墘墟稍后逐渐成形，它是赤坎镇与潮境墟的中间站，不但过往客商较多，而且附近又是人烟稠密之地，某些商户又承包了邮政业和屠宰业，这些因素促使庙墘墟逐渐兴旺起来，并慢慢取代了护龙墟。1950 年前后，护龙墟从此一蹶不振，逐渐衰落下来了。

再说庙墘墟。自建墟之始，因得天时地利人和，越做越旺。特别是 1965 年瑞师君当选为护龙大队负责人后，锐意兴办工厂、农场，以增加大队收入，提高社员生活水平。在瑞师君的带领下，护龙乡先后开办了油粮饲料（磨粉）综合加工厂、铸造厂、化工厂、木器厂、农具修理厂、界木厂、建筑工程队以及农场等，使得护龙人民人人得以致富，庙珽墟更加兴旺发达。

那时，在庙珽集市里有个小礼堂，大队在筹建厂房前，均在礼堂内临时设址，用于放置各种工具和物品，待条件成熟后再设法分建厂房。改革开放后，文娱活动逐渐增多，开平电影队、赤坎公社电影队，经常落乡放映。由于礼堂面积不大，仅能容纳数百人，又无座椅，群众只能站着观影。为照顾群众享受业余娱乐的需要，提高人民文化知识水平，后改在庙珽广场露天放映。每遇风雨，须半途收场，观众深以为苦，遂提议改建礼堂。

1979 年，护龙大队在年终结算时，经核算各厂场总盈余有 3 万多元。有了钱，旧礼堂的拆除重建工作立即提上议事日程。但随后经过设计和预算，仅靠这些钱还远远不够。于是，决定采取一边兴建一边筹款的办法，并以本大队建筑工程队在万顷沙包工收入的盈余作为后续资金，于 1980 年 2 月中旬开始动工。此外，为支持礼堂建设，全体干部同意推迟至年底领工资；在施工过程中所需的物资材料，除一部分通过市场价购入外，其余大部分均由县物资局和县建筑工程公司牌价供应；为加快材料运输进度，旅港昆仲锦添君主动捐献了一辆价值 2.9 万元的两吨半载重汽车。就这样，在护龙海内外乡亲的共同努力和各兄弟单位的大力支持下，经过近一年的全力施工，新礼堂终于在 1980 年年底基本完工。此间，旅港昆仲则荫君又捐献 3 万元以购买礼堂的全部座椅和家具，使得新礼堂的配套设备得以快速完善。

1981 年 1 月 31 日，由护龙人民群策群力建设起来的护龙人民礼堂（戏院）举行落成仪式。是日，礼堂周围到处张灯结彩，两队醒狮旁加助兴，旅港乡亲振锐君乐捐港币 4000 元设酒庆贺。从此，护龙人民有了自己新的娱乐场所。是年春节期间，护龙人民礼堂天天不间断地放电影、演粤剧，大大丰富了护龙人民的文化生活。此后，在新礼堂丰富多彩的文娱活动的带动下，其他各行各业犹如雨后春笋，越开越多，使得庙坳集市呈现出一派兴旺景象。后来，随着改革开放的不断深化和发展，本地人外出谋生、娱乐、购物的机会逐渐增多，庙坳集市慢慢变得萧条起来了。

《护龙月刊》自复刊以来，在沟通侨情、乡情之余，大凡家乡的公益事业，如兴办学校、文明村建设、老年人事业、道路设施等，都做到积极宣传，发动海内外乡亲捐款捐物，至今累计达数千万元人民币，在为家乡兴办公益事业方面做出了历史性贡献。

沙冈月刊

《沙冈月刊》原是开平市长沙区沙冈乡张姓族人创办的一份乡族刊，后来范围扩展至沙冈乡旁边的六姓村，即现沙冈地区，变成乡刊，创刊于 1935 年。抗战胜利后，曾由沙冈乡在广州读书的子弟接办，以《穗沙》名字发行。“穗沙”即指在广州生活和读书的沙冈人之意。但因为缺乏通讯，《穗沙》对家乡所发生的新闻知之甚少，报道常有遗漏。1948 年 11 月，一群血气方刚的沙冈年青人遂以“沙冈新闻社社务委员会”之名，创办了一份叫《沙冈新闻》的侨刊，以作为对《穗沙》新闻报道不足的补充。

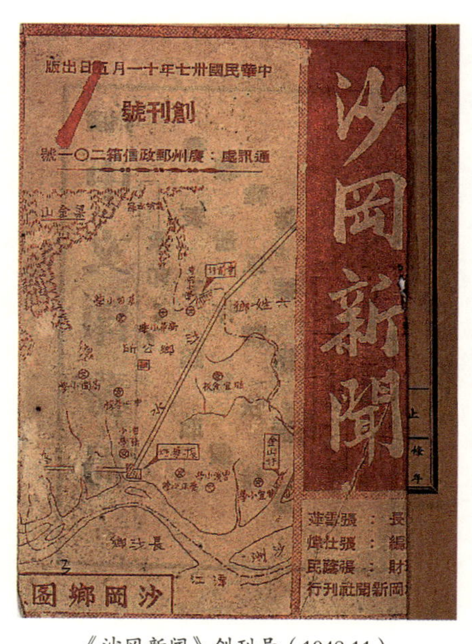

沙岡新聞

中華民國卅七年十一月五日出版

創刊號

通訊處：廣州郵政信箱二〇一號

長：張雪蓮
編：張壮煒
財：張蔭民
沙岡新聞社刊行

《沙冈新闻》创刊号（1948.11）

关于此事，据《沙冈新闻》介绍：

《穗沙》经有十一期的历史，事实告诉我们，小小的篇幅来登载开平唯一大乡一个月时间所发生的事情，是不够的，遗漏当然很多，我们要补充它的不足，希能使远居异地的昆仲，详确明白乡中的一切，这是发行本刊行动机。

任何一种新闻事业，都有着它的立场。《沙冈新闻》的宗旨是怎样？愿意在这里详细报告，使各读者皆能得到清晰的印象，揭恶扬善报道新闻，当是要旨。但在今日，封建制度遗下的余毒——绅权，仍伸振他的恶势力，不断地压迫，剥削劳苦大众，欺凌昆仲，尤其是侨眷，稍有理智之士，无不拔剑相助，我们要呼吁劳苦大众，受欺凌的昆仲，联成一阵线向地方恶势力宣战。①

看来，《沙冈新闻》不但曾作为《穗沙》的补充，还曾为乡中受乡绅欺凌的昆仲，尤其是侨眷伸张正义出了不少力。只可惜，后因故双双停刊。1956 年，《沙冈月刊》复刊，办至复刊第 30 期，又再次停刊。

1981 年 4 月 20 日，《沙冈月刊》筹委会假座水口侨联大厦二楼大客厅召开复刊会议。参加会议的人员主要是本乡在各地学校的教师和本乡归侨、侨眷。如佛山师专张挺文（原《沙冈月刊》主编），开平一中张澄汉、张秀富，长师张荣禧，二中张卓英、张培聪、张仕成、张尧富、张朝汉、张巨洲，中心学校张振汉、张国任，沙堤学校张青炜、张曾谋，振华学校谭佩琼，寺前学校谭一民，新华学校张春发，果育学校张成就、关文陆，新美学校谭健邦、谭子坚，时宜学校张成武，思成学校邝锐浓、何向明，桥溪学校许兆安，联竹学校张华英，书厦学校张国群，四中张德蕃等，合 60 多人。公社管委会甄振汉主任，县侨务办公室方荣益，侨联大厦邝伯钧经理参加了会议。会议由邝伯钧主持；该刊副主编张国任总结过去工作，讲述侨委对本刊的重视和支持，并汇报归侨、侨眷对复办《沙冈月刊》的迫切要求；公社甄振汉主任作讲话；原月刊发行人张德蕃介绍征稿事宜；最后分组讨论复刊具体计划，推举社委、编委，并研究编辑、印刷、发行等事宜。

① 《沙冈新闻》创刊号第 1–2 页：《为什么刊行沙冈新闻》，1948 年 11 月。

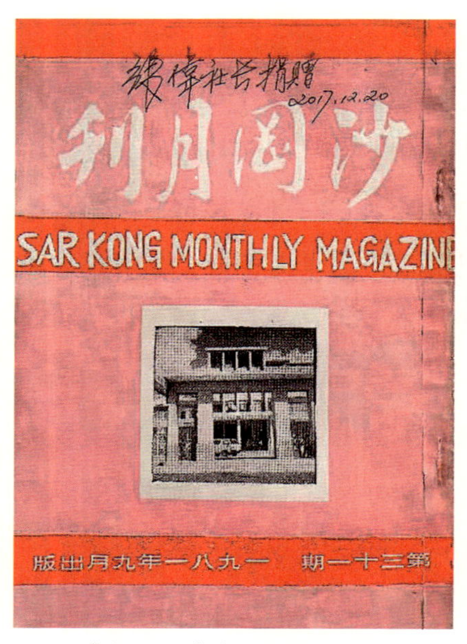

《沙冈月刊》复刊号（1981.9）

1981年9月，《沙冈月刊》正式复刊，并续原期号依次定为第三十一期，刊号为CN–44（Q）第0079号。复刊时社长张定伟，主编张德蕃，复刊号没有设置具体栏目。曾获“广东省侨刊乡讯评比”二等奖。

沙冈位于开平市东部，南临潭江河，北靠梁金山，东连水口镇龙塘，西接开平市区，共有13个村委会，127条自然村，总面积35.476平方公里，总人口28000多人。“沙冈”的本义是泥沙的高冈。因旧时沙冈的地势，北高南低。北面是高山丘陵，南面是沼泽平原，涨潮时河水淹没一大片河滩，只有山冈高地露出水面，形成一片狭长的沙泥地带，人们遂将此地称为“沙冈”。据《沙冈：人文长盛之地》介绍：

沙冈张氏始祖张昌，于后晋天福元年（936年）从新会韩屋迁来梁金山下安家。那时“数十里皆森林丰草，虎啸猿啼彻夜惊扰，始至旧族有徐、陈、黎、莫、雷五姓，然皆不满三四十口之数”。张昌“乃纵火焚林，驱其猛兽毒蛇，既得平土，然后出资募民使垦。其中民多从之咸奠厥居，七八年间遂成都市”。这里所说的七八年间，他们已从梁金山下徙出半里，择沃土定居，这块沃土便是沙冈，所立之村，名“永乐里”，后人改称“古州北村”。他们开辟田亩种稻数顷，又放牧牛羊。他们把农牧产品运到冈州、广州销售，买回生活用品和生产工具。耕牧所得，按人口分红，有余则储存，待乡里有喜、病、丧等事，或遇天灾，就开仓赈灾。张昌在发展生产使生活有保障的同时，把子弟的教育问题放在心中，白天他督促耕作、放牧，晚上“举灯聚诸少年教书、算”。

张昌在沙冈如此经营，“一时避难而来者皆得大夫（指张昌）以济，户口骤增至二千余家”。至北宋兴国元年（976 年），张昌卒。[①]

现在的沙冈，有沙冈乡和沙冈地区之分。历史上的沙冈乡是指沙冈始祖昌公的后裔张氏族人居住的地方；沙冈地区是指沙冈乡及其紧邻的六姓乡的统称。另外，沙冈还有“十冲九边”之说。沙冈地域有十条源自梁金山流入潭江的河冲，其中有九条名称均带“边”字的村落，“十冲九边”是沙冈典型特有的地貌及村落名称特征。2000 年，开平设立沙冈区，与三埠区、长沙区同属开平市政府直管；2005 年 7 月，撤销沙冈区，并入水口镇。

“联竹果蔗”是开平市著名土特产，产于沙冈联竹一带。该地濒临潭江，土质肥沃。百多年前，这里的乡民培植出一种外形修长、蔗节肥大、皮色浅黄的甘蔗品种，称为“腊蔗”。后因这种甘蔗极具水果鲜甜味道，又有清凉不上火的特点，所以被俗称为“果蔗”。

民国初年，由沙冈始祖庙出资，在沙冈区域内先后建了 6 座碉楼，都是钢筋混凝土结构，除 1 座叫钟鼓楼外，其余 5 座均以方位命名，分别叫东楼、南楼、西楼、北楼和中楼。而在 325 国道沙冈段路边，矗立着一座“九二三抗日战争阵亡将士纪念碑”，它所纪念的英雄人物和英雄事迹正与这 6 座碉楼中的西楼息息相关。

1941 年 9 月 20 日，近 2000 名日军分别在珠海的斗门和台山的广海登陆。22 日中午，台城失陷。23 日，台城日军配合江会之敌，分水陆两路攻打三埠，三埠沦陷。因沙冈西接三埠，西楼首当其冲。当时，国民党的保安团跑了，只留下沙冈组建的民团在抗日护乡。张质生为指挥官，张受溥、谢诒为督导，部署以大神山岭等四个小山群为设防阵地，驻扎 150 人。以西楼为前哨，驻扎 35 人。众兄弟众志成城，同仇敌忾。是日下午，

① 《沙冈月刊》第 116 期：《沙冈：人文长盛之地》，2018 年。

近 100 名日军从幕阳（今幕村）出发，大摇大摆地进入沙冈冲翼桥头。西楼民团开始迎敌，当场打死 3 名日军。日军顿时慌乱地窜入西楼附近稻田，依靠稻田的掩护，溜到桥下的小溪，并以小溪东岸为阵地，架起机枪向西楼射击。激战中，民团打死和打伤日军机枪手各 1 名，但潜伏在西楼南侧的民团成员柯金广牺牲了。

敌人不知道西楼里到底埋伏了多少人，急调留守在幕阳的 100 多人前来增援。两伙日军交叉用火力向西楼进行疯狂袭击，小钢炮、掷弹筒的弹头纷纷在西楼周围爆炸，但毫无作用，因为民团队伍此时已化整为零了。随后，日军把兵力向前推进到最东的矮山梁时，有 10 多个士兵要横过乱草地，不料刚走出没多远，便被 10 多名早已潜伏在那里的民团勇士从东北角树丛中打个正着，日军留下几具尸体后就逃跑了，民团成员张群大却不幸中弹牺牲。

战斗结束后，人们为表达对在此次战斗中牺牲的柯金广、张群大烈士的深切缅怀，出资修建了这座“九二三抗日战争阵亡将士纪念碑”。只可惜，西楼现在已不存在了。

潭溪月报

《潭溪月报》前身为《潭溪青年先锋》，是开平市塘口镇潭溪乡人自办的一份乡刊，亦属该地谢氏族人自办的一份族刊，创刊于 1927 年。

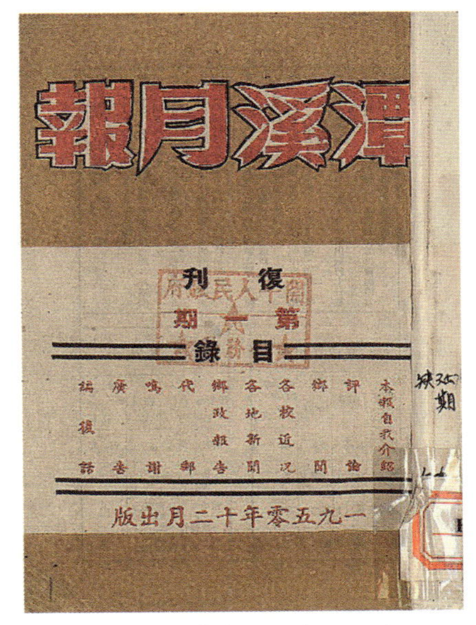
潭溪月報
復刊
第一期
目錄
本報自我介紹
評論
鄉聞
各校近況
各地新聞
鄉政報告
代郵
鳴謝
廣告
編後話
一九五零年十二月出版

《潭溪月报》复刊号（1950.12）

敢以“先锋”为名，可见创办者谢群彬、谢侨远、谢瑞灼等人当年的思想抱负与襟怀。无奈后期因我国长期处于内忧外患，创办者及其后继人陷于离乱漩涡中，而不得不停刊。

1937 年，由谢荣创、谢鸿照等人负责，第一次复刊，并改为现名，但不久后又宣告停刊。抗战胜利后，由当时在穗工作的谢瑞灼、谢群彬、谢元标、谢瑞振、谢祖寿等人负责，第二次复刊，后又停刊。1950 年 12 月，由谢锦焕、谢锡铿、谢荣积、谢耀柱、谢朝惠、谢子律、谢乃康等人负责，第三次复刊，主任委员谢锦焕。至 1966 年停刊。

改革开放后，《潭溪月报》于1981年12月再度复刊，刊号为CN-44（Q）第0081号。复刊时不像其他侨刊社一样设社长，而设董事长。董事长谢荣创，主编谢锦焕，栏目主要有《人事动态》《生产建设》《安享晚年》《教育概况》《海外来鸿》《华侨与侨眷》《转载》《邑内新闻》《游趣偶笔》等。曾获“广东省侨刊乡讯评比”二等奖。

《潭溪月报》复刊号（1981.12）

关于潭溪名称的由来和《潭溪月报》的报道范围，据《潭溪月报》介绍：

潭溪之名，由来已久，乃我等之先祖于南迁择居此地之初所定，土名称作潭边园（园字读上声）。因地理上有南北两溪，南溪横贯南屏堡，北溪纵贯北帝堡与义帝堡，两溪东流汇合于龙田堡与潭溪墟之间而成一潭，向称旗潭；后来遂有潭溪乡、潭溪墟之定名。我潭溪所属地区，即指包括以前之四个堡，亦即今之南屏、北义、以敬、潭溪四个大队，《潭溪月报》亦以此为其传统属区。①

被誉为国内最具田园特色的华侨园林——立园，就位于开平市塘口镇谭溪乡赓华村，是该地旅美华侨谢维立的私人园林。开平立园以人名作园名，有“立树立人”的含义。开平立园从民国十五年（1926年）动工建设，于民国二十五年（1936年）初步建成，占地面积约1.96万平方米，集传统园艺、西洋建筑、江南水乡特色于一体，其独特的建筑艺术风格在

① 《潭溪月报》复刊号第1页：《复刊词》，1981年12月。

中国园林中独树一帜。

园内建筑有“立园”大牌坊、“修身立本”大牌楼和“晚香”“玩水”“观澜”“挹翠”四个桥亭，以及石米罗马式建筑——“鸟巢”、形如鸟笼的通花建筑——“花藤亭”等，造工精巧，别具一格。而镶刻其间的名家书法对联更使立园散发出浓厚的传统文化气息。

1983 年 3 月 23 日，开平县人民政府把立园列为第一批县级文物保护单位。1999 年 10 月 10 日，园主夫人谢余瑶琼女士（谢维立遗孀），在美国欣然与开平市人民政府签订合约，诚意委托开平市人民政府代管 25 年，后又意愿再为代管 25 年，代管期一共为 50 年。

长塘月刊

《长塘月刊》复刊号（1982.9）

《长塘月刊》是开平市赤水镇长塘洞一带乡民自办的一份乡刊，创刊于1941年。那时，抗日战争已到中期，抗日战火弥漫到全国各地，五邑地区很多地方的报刊纷纷都停刊了。长塘洞联乡抗日委员会委员兼宣传股副股长李重民逆势而上，适时创办《长塘月刊》，竭力扯起抗日大旗，积极宣传抗日救国。同时，为报道乡情，传递乡音，加强海内外同胞之间的联系，《长塘月刊》还设有《社论》《县闻》《乡闻》《文化》《教育》《卫生》《文艺》等栏目，深得远离乡土的海外侨胞的热烈欢迎。抗战胜利后，由于内战加剧，加上李重民有事离开，致使《长塘月刊》不得不于1946年停刊。

改革开放后，《长塘月刊》在长塘洞海内外乡亲的共同努力下，于1982年9月再度复刊，刊号为CN-44（Q）第0084号。复刊时没设社长，名誉社长利国伟，副社长关鸿禧等12人，主编胡酌泉，栏目主要有《县闻》《乡闻》《文化与教育》《简讯》《安享晚年》《海外音讯》《回乡探亲》《文艺》等。曾获“广东省侨刊乡讯评比”三等奖。关于长塘简介，据《长塘月刊》介绍：

长塘，当时称为长塘洞，地处开平、恩平、台山交界，包括开平的东山乡、大岭乡、平安乡、冲口乡、象栏乡、羊路乡、赤水墟、长塘市、东山墟、冲口墟、沙洲墟；恩平县的松和乡和木湖乡、和安市；台山县的同安乡以及联安乡等地。方圆 100 多平方公里，人口 30000 多人。①

据传，开平的东山、赤水、蚬冈、百合、赤坎、长沙等地，过去乃一片汪洋。宋朝末年，元军攻入宋都临安（今浙江杭州），掳恭宗北去，卫王立，迁都崖山（今新会以南）。由于元军尾随穷追，宋帝赵昺偕同陆秀夫携玉玺乘舟南奔，突遇海上狂风大作，波涛汹涌，刹那将舟倾没，玉玺乃失。后元军攻陷崖山，宋灭元立。元太祖忽必烈为重获至宝，迫使当地劳苦百姓，掘开崖门，茫茫江水，一泻奔向浩瀚的海洋，长塘洞与长沙等处之陆地，从此才与世人见面。

前人为求安稳，择地而居，并以所居之地当时的形态为之取名。比如：今之长塘，当时是一条长长的山坑，储着一池清澈如镜之水，故叫长塘；而茅坪，当时茅草丛生，茅比人高，故叫茅坪；蚬冈则因境内多小山，形同蚬壳而得名；从东山到赤水，地势逐渐倾斜，河床之水，深只尺许，故有赤水之称；百合之地四面环水，潭江、锦江、赤水河三江汇于境内，因“百客往来，三水汇合”才有百合之名；赤坎鱼狗庙处，有一高坎水深难以估量，故名赤坎；长沙则有一茫茫数里之沙滩，故叫长沙。

据《开平县志》记载：开平县（市）东山镇长塘马山舌处有一南宋末左丞相陆秀夫古墓。20 世纪 80 年代初，开平县文物普查办公室工作人员前往马山考古，在马山茅草丛中发现该墓。该墓为土堆墓，坐西向东，长

① 《长塘月刊》复刊号第 1 页：《复刊词》，1982 年 9 月。

5.1 米，宽 4 米。墓正面有一块长 78 厘米、宽 44.5 厘米的花岗石墓碑。碑纹依稀可辨："宋左柱丞相讳秀夫谥忠贞陆府君墓；祀孙赐进士身诰授中宪大夫署广西察使司分巡右江兵备道苍霖乡进士，行申、文祖、锦泉、树英、行康、辇等重修。"

据悉，除陆秀夫墓在开平长塘马山发现后，在开平赤坎百足山和苍城百立山还分别发现有文天祥及张世杰两人墓地。

光裕月报

《光裕月报》复刊号（1983.1）

《光裕月报》是开平赤坎镇关氏族人创办的一份族刊，创刊于1925年。“光裕堂”是关氏族人的堂号、“关氏大宗祠”的别称，族刊由此得名，有“光前裕后”即“缅怀先祖、弘扬祖德、光裕后人”的意思。

1925年，赤坎关族旅加拿大宗亲关崇藻、关国暖等，为开启民智，倡导新风，积极发起倡议，在家乡创办图书馆及报刊。这项倡议立即得到旅加关氏族侨的响应，不久便筹集到加币万余元，作为图书馆基建之用。后来，关国暖等专程回国，与乡中名流关鹤琴、关若熔等共商建馆事宜，得到乡民的赞许和支持。随即成立筹备机构，决定首先办报以传递乡情，沟通侨梓，为全面开展集资兴建关族图书馆作好舆论宣传。由此，《光裕月报》应运而生。

关族图书馆于1929年奠基，1932年建成，1933年元旦正式对外开放。关族图书馆开放后，《光裕月报》随即移至图书馆内办公，并继续印行海外。在抗战期间曾一度停刊，迨至1946年复刊，后于1949年再度停刊。此后33年来，族人曾多次倡议复刊，但一直未能如愿。1982年，关族图书馆复馆工作在紧锣密鼓地进行。是年春，筹委会接到海外族侨倡议，认为亟须恢复《光裕月报》，赖以报道乡情，沟通消息，互励互勉。筹委同仁鉴于此，乃于4月间召开各界人士代表会议。即席议决通过：成立《光裕月报》社委会，办理有关事宜；公推社长和编务；随即分配采访人员，克期稿成。后经过赤坎关氏海内外族人的共同努力，关族图书馆于1982年9月20日正式复馆开放，《光裕月报》也在1983年1月复刊，刊号为CN-44（Q）第0077号。复刊时社长关和璇，主编关荣钦，栏目主要有《家乡消息》《华侨与侨眷》《县社消息》《教育消息》《文苑》《大家谈》《人物简介》等，曾获“广东省侨刊乡讯评比”二等奖。

此次，关族图书馆和《光裕月报》能顺利复馆和复刊，关氏港澳同胞和海外侨胞做了不少努力。港澳如关汪洲、关恒申、关溢、关崇嘉、关新、关如等，加拿大如关炳韶、关锦富、关汉杰、关和燊、关彬、关永存、关积勋等，美国如关和彬、关灿仕、关光振等都给予了不少支持。特别是关区如好女士，她于1982年秋代表勋翰纪念基金会赞助港币5万元，才使得图书馆于9月顺利开放。同年秋，她获悉图书馆仍缺工具书及教科书，就亲自在香港各书店奔走选购547本，价值港币5000多元，委托恒申君转赠图书馆，使馆藏图书得到大大充实。

开平赤坎关氏族人来自福建，始祖关景器于五代后晋开宝七年（974年）因官场失意来到广东，后定居于新会县石牌都谈雅里（今称司前镇）。其第六世祖荣公后来迁入赤坎大梧村，并在此开枝散叶。据《光裕月报》介绍：

大梧村位于（开平）五龙市西约一公里处……太祖在此定居前，大梧本叫颜家庄，为颜、莫、袁三姓所杂居。太祖定居后，始以大梧命名……大梧村分东头、牛栏洲（恐系颜洲俗称）、向南、西头四段……荣公故居，相传在向南靠近西头处。该地原有旧屋一幢，为穷苦人关中想及妻儿栖身之所。①

现在，开平市的关氏族人主要分布在赤坎、塘口、百合、蚬冈、金鸡、赤水、苍城等镇，以赤坎镇为主，人数约5万人。

赤坎镇的关氏族人聚居在河西区，与河东区的司徒氏族人是两大家族。潭江上有上埠和下埠两座桥，下埠桥是一道分水岭，无形中成了堤西路和堤东路的分界线，堤西一块全部姓关，堤东一块全部姓司徒 。其聚居区内虽然也有外姓人居住，但关姓和司徒姓两族之间绝不混住。

随着地区的发展，两大族人在各方面开始明争暗斗。最初在赤坎设墟的是司徒氏，选定的赶集日期是农历每逢三、逢八日。后来关氏族人也将原设于他处的市墟迁至赤坎。两墟一开始便一东一西，直至如今赤坎镇仍分上埠和下埠。

据悉，关氏族人之所以要在赤坎建关族图书馆和创办《光裕月报》，与两族的明争暗斗也有关。司徒氏图书馆于1923年奠基，1925年建成并对外开放，开本邑族人创办图书馆之先河；司徒氏族人创办的《教伦月报》也于1924年创刊，成为开平人较早创办的族刊之一。关氏族人不甘人后，才倡办关族图书馆和创办《光裕月报》的。关族图书馆建成后，其规模和设计并不比司徒氏图书馆逊色。司徒氏图书馆楼高三层，关族图书馆也楼高三层；司徒氏图书馆在楼顶建有一大钟楼，关族图书馆在楼顶也建有一大钟楼；司徒氏图书馆馆名由国民党政治明星谭延闿所书，关族图书馆馆名则由前清举人梁鸾瑲所书。两者互不示弱，斗艳争妍。这样，反倒有益于赤坎人民，为他们带来了不少福祉。

赤坎镇的沿街建筑，是早年由旅美、加、欧的本地华侨从海外带回建筑图纸，再融合本地建筑传统风格，建造出的一批中西合璧的楼房，被誉

---

① 《光裕月报》复刊号第12页：《“太祖始居大梧”的大梧》，1983年1月。

为欧陆风情街。至今，沿街商铺保存良好，骑楼连绵一片，在小镇中夹道林立。堤西路、堤东路、中华路、牛圩路等几个路段有骑楼近 600 座，总长度接近 3 公里。2019 年，开平赤坎引进了建埠以来最大旅游项目——总投资 66 亿元的赤坎古镇华侨文化展示旅游项目，并于该年 11 月 28 日举行了奠基仪式。该项目拟充分发挥赤坎古镇独特的华侨文化资源优势，通过精雕细琢，将赤坎古镇打造成为世界华侨文化展示的顶级新平台、世界休闲度假旅游的目的地。

澄溪侨刊

《澄溪双月刊》复刊号（1959.7）

《澄溪侨刊》的前身为《澄溪双月刊》，是开平市长沙区杜澄乡谭氏族人创办的一份族刊，创刊于1925年。当时，由杜澄地区留省学会乡亲提出倡议，海外华侨积极资助所兴办，后于1931年因人事变动而停刊。新中国成立后，于1959年7月实现第一次复刊。复刊时，报道范围扩展至杜冈乡。其在《复刊叙语》中说："而杜澄与杜冈，早属同乡，大家亲如兄弟，无分彼此，故今日之《澄溪双月刊》，是杜澄杜冈共同之刊物，此则应向侨梓诸公说明者。"①

此次复刊，条件十分艰苦。1957年，当时在外任职的谭子仁，从外地带回别族的侨刊与谭子钿研究，给他作参考，鼓励他把该族的侨刊复办起来，以此作为桥梁，借以沟通海内外乡亲情谊，以期将来能对家乡的建设有利。为此，谭子仁君还亲自回乡，召集谭绍武、谭子钿、周锦瑞（当时的乡长）、谭笔春、谭心一等人一起开会，专门讨论复刊事宜。

① 《澄溪双月刊》复刊号第1页：《复刊叙语》，1959年7月。

《澄溪侨刊》复刊号（1983.3）

他们感到最困难的是出版经费无着落和创刊以来历史资料无遗存两问题，于是与会者即席捐款几十元给予谭子钿作复办费用，由他到开平的三埠、赤坎、水口以及江门、广州等地向在外工作的杜澄昆仲募捐经费。后经过一年多的筹备，其间谭子仁每次回乡都给予关心和支持，《澄溪双月刊》才正式复刊。复刊时，以谭笔春写的一首五言古体诗为复刊词，这种形式，比较少见，故特录于此，以飨读者：

澄溪双月刊，风行卅年前。侨胞爱且助，每人手一卷。一九三一年，人事有变迁。刊行既中断，讯息就杳然。思乡心殷切，望眼已将穿。乡间建设事，尤欲知其全。如今来复刊，正偿人心愿。杜澄同杜冈，相亲刊亦联。报道详且尽，消息确而真。双月一相见，一目便了然。侨胞心情好，工作倍精神，期求同爱护，双月刊年年。①

只可惜，《澄溪双月刊》复刊后不久，又因故停刊。

改革开放后，为沟通乡情和侨情，杜澄旅加乡亲谭卓屏等提出复办侨刊倡议。1982 年 8 月 16 日和 12 月 16 日，族中父老乡亲两次假座杜澄小学，共商复刊事宜。其中第一次会议对复办侨刊达成了共识，选出临时负责人，并安排了相应的筹备任务；第二次会议由临时负责人谭子钿主持，谭培金记录。谭子钿向大家报告了复刊筹备概况。大家认为，应该马上设立社务和编辑两个委员会，明确责任，分工合作，尽快开展工作，争取早

① 《澄溪双月刊》复刊号第 2 页：《复刊词》，1959 年 7 月。

日复刊。会上，随即对两个委员会的成员进行了选举，讨论了如何征稿等事宜。1983 年 3 月，《澄溪侨刊》实现第二次复刊，刊号为 CN-44（Q）第 0074 号。复刊时社长谭子钿，主编谭绍武，栏目主要有《乡闻》《侨讯》《县闻》《文艺杂俎》《财政报告》等，曾获“广东省侨刊乡讯评比”三等奖。

《澄溪侨刊》再次复刊后，又以侨刊社原班人马（在职者除外）组成“杜澄社会福利事业建设委员会”，在筹建侨联大厦、收回杜澄医院及全面维修和捣制族中水泥大路、兴建学校等方面工作中做出了显著成效，颇得海内外乡亲及县、区领导的好评。

至于谭氏和五邑谭氏源流，据《澄溪侨刊》介绍：

谭氏子孙，自周代谭国散处四方，世泽绵长，宗支蕃衍。由山东、河南，而遍布于全国各省。尤其广东、湖南两省为最盛。两省宗人，各凡数十万。以次湖北、江西、山东、江苏、浙江、广西、四川、贵州、福建、云南、安徽、河北、河南、山西、陕西、甘肃、热河、察哈尔、辽宁等省。近百数十年，更远涉重洋，遍布于海外：北洋如加拿大、美国、檀香山、墨西哥、古巴、巴拿马，千里达及中南美各国。南洋如印度、东非、中东、缅甸、暹罗、马来亚、越南、菲律宾、婆罗洲、印尼、新几内亚以及澳洲。至欧洲及日本则较少，而香港以昆连成国境，则竟达万余人之众焉。

广东谭氏，分始兴、从化、龙门、仁化四派。始兴派以南朝陈云旗将军谭瑱为始祖，居始兴及附近各县，人口约一万，有族谱。从化派以宋初进士谭桓为始祖，居从化，人口不多，谱系未详。龙门派以宋绍兴进士谭瑞奇为始祖，由江西弋阳迁来，居龙门，人口不多，谱系亦未详。仁化派，由宋刑部尚书谭伯仓，自江西虔县迁仁化，而其伯洪公亦官广州儒学提举居粤，乃奉其祖父宏帙公为入粤始迁祖。宗支遍布全省，人口数十万，海外宗侨，亦多为其裔。有宏帙公祠在广州越华路，曰宏帙书舍，规模宏大，即全省谭氏之合族祠也。惜抗战时已毁，有待重建焉。所幸全有各房族谱俱在，一经搜寻综合，秩然不紊。溯宏帙公生于唐昭宗天复元年，即民国前 1011 年，至今凡 1057 年，全有数十万之宗支，一千年之谱系，皆按图可稽，一目了然矣。若以各县宗支言，则开平四万余人为最多，次为新会、台山等县。广州宏帙祠神主，亦开平最多，而侨居海外及香港宗人，均皆以开平为最多也。①

至于杜澄房，太祖慕凌生三子：长尧臣、次舜臣、三唐臣。后嗣繁衍，开基开平、台山、新会各地。至唐臣四世孙，即杜澄房六世祖康宁翁，号雪岛，居龙塘圣堂里，妣何氏，生子七人。长子明，号奇冈，迁居杜澄。次子诚，号奇峰，娶邝氏，迁居水边、楼前、虾头等处。三子敬，讳慎君，号宗岭，娶张氏，迁居新会奇石。四子政，号抚松，迁居台山濠冲，再迁园山仔，后裔分迁阳江。五子荣，号抚柏，迁居台城西门，分迁横湖。六子能，七子昌，迁处均不详。翁妣生卒无传，有祠建在杜冈临峰里之南边东向。四水归堂，局势颇佳。

开平杜澄杜冈两乡，现居住在潮清里和中安里（部分）的谭姓为舜臣后裔，其余各村谭姓皆是唐臣后裔。

---

① 《澄溪侨刊》复刊第十五期第 35 页：《谭氏散布全国及海外》，1992 年 12 月。

北炎通讯

北炎地处开平赤坎百足山下，江南公路边，面积约5平方公里。全村总户数800多户，总人口2700多人，华侨人口约3000多人，耕地面积2000亩，山地5000亩，鱼塘面积200多亩。民国时期称北炎乡，1950年后改为两堡乡，到1999年5月又改为两堡村委会。北炎乡由余、关、黄三姓组成，三姓中余姓人数最多。

北炎通訊
复刊 第1期
两堡乡侨委会
北炎小学校董会 合编
1983年4月
1938年创刊北炎季刊.

《北炎通讯》复刊号（1983.4）

《北炎通讯》前身为《北炎季刊》，创刊于1938年10月。当年，中共开平地下党组织设在北炎小学，中共广东省委书记张文彬在这里指导工作。为了号召民众积极抗日，由赤坎两堡乡余姓青年知识分子余新标、余春逢、余日晖创办该刊物。其主要任务是宣传抗日救国，在联络海外华侨捐款救灾、救助难侨灾民等方面发挥了重要作用。1949年停刊，1983年4月复刊。复刊时更名为《北炎通讯》，由赤坎两堡侨委会和北炎学校董事会主办，刊号为CN–44（Q）1035

号，曾获“广东省侨刊乡讯评比”表扬奖。

《北炎通讯》复刊时，人、财、物非常缺乏，出版条件非常艰苦。后来得到本乡教育前辈余新标的热情指导，以及旅加余朝林的鼎力赞助，才得以顺利发行。从其复刊号的封面来看，印刷还算精美，但内页却是手刻蜡板油印的，是笔者目前为止看见过的，所有在改革开放以后出版的，唯一一本手刻蜡版印刷的侨刊。另外，《北炎通讯》之所以取名为“通讯”，与其当时的发行方式，也与其当初的出版条件之艰苦有关。且看其《前言》所说：

由于经济和人力所限，暂用通讯形式，取名《北炎通讯》，暂不定期出版。油印寄付余朝林君，再行影印送美加各埠昆仲。候将来条件许可，向上级申请备案，然后改为季刊或月刊，定期出版。①

由此可见，《北炎通讯》之所以取名“通讯”，当时是不太情愿的，只因条件所限而已，他们念兹在兹的是日后变回“季刊”或“月刊”；同时，他们为了节约印刷和邮寄费用，只将样书寄往加国余朝林处，再由他复印转寄给美加各埠昆仲。

据悉，明朝洪武元年（1368 年），谦翁祖后裔余顺斋从台山里边迁入北炎。据获海风采堂介绍：

据《余绍堂族谱》记载，开平市赤坎镇北炎是忠襄公余靖第十世汉老长子谦翁后裔聚居地。在族谱中详细介绍了点翁祖靖安、宜秀、宜生等房；谦翁祖南龙、跃龙、翔龙、宗泽、宗远、益举、益选、仕权、仲益、仕杰、克宽、学孔、学文、克睿、荔庄、神象、缘禄福、缘荣昌、缘华等房。谦翁有三子点、烈、然，分列出三子然翁出房，长子点翁出应龙，次子烈翁出四龙（子）南龙、跃龙、兴龙、会龙，分居东兴、南兴、北兴、

① 《北炎通讯》复刊号第 1 页：《前言》，1983 年 4 月。

同兴、兰馨、上兴、上边、两龙、龙安、永安、盛安、朝阳、东阳、东成、禾塘、基园村。[①]

① 获海风采堂网：《开平两堡（北炎）东兴里今昔——走马余村里之十一》，2011 年 6 月。

里讴月刊

《里讴月刊》复刊号（1984.5）

《里讴月刊》是开平市塘口镇里讴地区周姓族人自办的一份乡族刊，创刊于1928年。

初由周允元任主编，青年学界周锦照、周煜扶、周友梅等协助，取名《革进月刊》。其宗旨是报道乡闻、沟通侨情、开通民智、革进族务。翌年由里讴华侨俱乐部接办，周开轼任主编，改名《里讴月刊》。

周开轼回加后，历届编辑均由里讴侨联会选任。举凡征集文稿、出版发行、经费筹集，都获得海内外热心人士积极支持，按月出版，向无间断。归侨周家榕任理财兼发行，香港周载彦、周瑞受、周观成、周瑞刁、周廷佑等人先后负责转寄，各埠均有专人分发，通力合作，甚为妥善。

1941年，日寇侵犯，香港沦陷，交通梗塞，被迫停刊。抗战胜利后，随即复刊。1950年秋，又再停刊。1956年又曾作试刊，出版两期，后又因故停刊。

改革开放后，该地旅加乡亲周明练，旅美乡亲周华沧，旅港乡亲周祝廉、周时瑞等人积极倡议复办《里讴月刊》。复刊之事，有如义旗高举，族人纷纷响应。1984 年 1 月 15 日，以老归侨周开旭为首，热心人士周贤、周仲舟等 50 人参加，县侨务办方荣益亲临指导，在里村小学礼堂召开筹备会议。会上，大家畅所欲言，认为父辈过去出钱出力办刊，后辈理应继往开来，责无旁贷。于是组成《里讴月刊》委员会，选出编辑，开展工作，并由周仲舟负责向县府有关部门申请办理复刊手续，经费暂由三乡借支。这样，在大家的共同努力下，终于在 1984 年 5 月宣告复刊，刊号为 CN–44（Q）第 0082 号。复刊时社长周开旭，主编周明煦，栏目主要有《乡闻》《文化教育》《县闻》《地方掌故》《杂锦》等。曾获“广东省侨刊乡讯评比”二等奖。

里讴地区共有升平、仲和、里村三个村委会。其中，升平村委会包括讴村洞各村和黄村；仲和村委会包括里村洞门前岭以上各村；里村村委会包括坎厚咀以下各村和神步、岗美。长期以来，三个村委会各村乡民，和睦相处，亲如一家。过去，岗美伍族在抗日战争前曾举办过《岗美乡刊》，但在出版两三期后因经费问题和执笔人迁居他处而停刊，神步李姓则没有创办过月刊。此次，《里讴月刊》复刊，报道范围同时扩大，由族刊蜕变为乡刊。

里讴地域虽然不大，但这里有个里村墟，清朝末年至民国初期曾经旺极一时。里村墟约建于明末清初期间。它地理位置优越，旧时曾有人称“后枕神山，前临汉水；钟灵毓秀，人杰地灵”。神山即神步山，汉水即上通罗汉山禾镰坑，向下流入潭江，中途流经里村墟的小河流。墟内有凤隐、耕隐、文盛、愚祖等四间祠堂，一间陈圣古庙和一间爱莲书室，七八间二层的“红毛泥石屎”屋，新旧商铺紧密相连，串成一条狭窄但不算长的小街。商店约四十间，由“级级石”登上庙侧的空地，就叫做“墟地”，小河对面有三间铺，便称“河南”。全墟人口，最多时估计有三四百人。墟中有座梅花青石桥，凿有康熙年间字样。

据传，里村立墟至今已有 400 多年，历史悠久。赤坎立墟时，曾到里村墟取“墟胆”，可见里村墟历史之久远且负盛名。20 世纪二三十年代，里村墟是里讴乡的乡政、教育、商业经济中心，爱莲书室曾做过里讴乡办公的地方，又驻“团防”；陈圣古庙侧设有里讴阅书报社，增广乡民知识；文盛和凤隐祖祠，开办私塾和学堂，文盛学堂后又改为崇亮小学；1924 年，凤隐学堂改立育才学校，1925 年后又改名道名小学；1928 年，周允元、周郁扶、周锦照等青年学界人士，以道明楼为办公处，组织里讴革进社，出版《革进月刊》，成立里讴崇俭会；1935 年，归侨成立里讴华侨联合会，赠办医社（后挂“爱善堂”牌子）和实业公司。其他工商业，有油炸铺、侨汇店、药店、理发店、小食店、杂货铺等，规模虽小，但样样俱全。神步桥头湾常年停泊六七只小船和小艇，专为此地的商店和各村运载货物。但自 1930 年赤九公路建成通车后，各地的人都往赤坎墟镇交易，里村墟的工商业受到影响，日渐衰落。

现在，罗汉山小溪改道沿新陂经苍前、湾底咀、岗美直流而下，不再经过里村墟了；原来小河的中间填海造路，那座古老的石桥和神步桥也不起作用了；里村小学合并道明、崇亮、文岗、曙光四校，那些旧祠堂也有些破败不堪了。从表面上来看，里村墟现在已失去昔日的辉煌，但从侧面可印证社会的发展和进步。很多村民现已搬迁到三埠、江门或其他更大的城市去居住和发展，过上了小康而富有的生活。

古宅月刊

《古宅月刊》是开平市塘口镇古宅地区方氏族人创办的一份族刊，创刊于 1928 年。创刊之后，由于社会动荡、烽火延烧、时世变迁、人事更迭等诸多原因，出版几度中辍，至 1948 年出版至本年第七期后宣告停刊。其间共出版了 200 多期。

《古宅月刊》复刊号（1984.10）

改革开放后，开平塘口方氏华侨出于对家乡的怀念，但苦于通讯渠道不多，无法知道家乡消息，遂提出复办《古宅月刊》倡议。在乡热心人士强亚乡的方耀沾，宅群乡的方平胜等，眼见家乡附近的潭溪、里讴、楼冈、护龙、沙冈等月刊已相继复办起来，唯独本乡《古宅月刊》迟迟未能复办，急华侨之所急，便四处取经，积极筹备复刊事宜。最后，经过一段时间的筹备，《古宅月刊》复办筹备会于 1984 年 7 月 12 日在本地隆重召开。参加会议的人员有强亚、宅群两乡各村代表、古宅在校及退休教师、在县城工作的热心兄弟等 60 多人。其中，在县城参加工作的兄弟有：县华侨大厦副经理方瑞莲，本县干部方华新、方伟光、方汉华等，塘口区关文电、侨委张沃坤、黎美稳、方其准等。会上，大家畅所欲言，提出了很多宝贵意见，并即席捐款，承诺提供稿件，使《古宅月刊》的复办工作得以顺利进行。1984 年 10 月，《古宅月刊》正式复刊，刊号为 CN-44（Q）第 0083 号。复刊时社长方明，主编方梓情，栏目主要有《追本溯源》《乡闻》《教育》《邑闻》《专载》《文艺园地》等。曾获“广东省侨刊乡讯评比”一等奖。

开平方姓始祖是宋朝末年的驸马方道盛，古宅即祖宅，始祖居处意思。后子孙繁衍，散居各地，仍奉古宅为发祥地，刊名即源于此。关于开平方氏的源流，据《古宅月刊》介绍：

据族谱登载，宋十一世祖宋元公，任广东行省参知政事。其葬于番禺沙湾青曼岭。生有三子：道盛公，道能公（据番禺围冲乡），道隆公（居南海西樵山孔边村）。道盛公是南宋进士，宋度宗年间（1265—1274 年），御选驸马诏赠金紫光禄大夫，配公主赵氏娘娘。时遇元兵南侵，道盛公携公主徙迁新会古冈州（今开平市）塘口、茅冈等地。始立一世祖，居农耕为业传世。生有二子：提领公、提纲公，居香山（今中山市）。提领公生有二子：龙溪公、龙池公（居茅冈）。龙溪公亦生有二子：用和公、仲和公，皆是现今古宅各房之分支也。

自始祖道盛公至清初三百多年，至十三世，其子孙在庙边北闸建立始祖祠。大宗祠创自清初顺治年间，祠址现尚存，大门口上方刻有“驸马方公祠”大字。①

在开平，有一座外观别具一格，像一个威武卫士一样，巍然屹立在塘口圩北面第三山上的方氏雕楼。它在开平众多的雕楼中脱颖而出，成为广大摄影爱好者最心仪的拍摄对象之一，并成为现今古宅两乡的著名地标。

① 《古宅月刊》复刊号第 4 页：《古宅方氏始祖及驸马祖祠考据初探》，1984 年 10 月。

方氏雕楼原名“古溪楼”，于1920年由开平塘口宅群、强亚两乡的方氏家族共同集资兴建，并以方氏家族聚居的古宅地名和原来流经楼旁的小溪命名。

20世纪一二十年代，马冈土塘是有名的土匪窝，土匪四处烧杀抢掠，无恶不作，因此，古宅乡各村村民纷纷携手搞联防。村民们经过仔细考察，选择了地势较高的第三山作为联防的重要据点。这里山丘高突，居高临下，可以环顾四周，易于防守，但树木较少，目标容易暴露，因而很多村民建议在山上建一座坚固的碉楼。然而建楼需要大量的资金，怎么办呢？经过商议，决定通过村民和海外侨胞以集资的方式解决。由于资金到位迅速，村民行动快，1920年2月就动工兴建，仅用8个月就竣工了。方氏雕楼高5层18.43米，钢筋混凝土结构，第3层以下为值班人员食宿之处，第4层为挑台敞廊，第5层为西洋式穹窿顶的亭阁，是典型的更楼。碉楼建成后，楼里有十多名团防队队员长期驻守，他们配有当时较先进的枪械，有七九枪、“毛瑟”枪，还有两支从美国购进的马枪。后来又在第一层设置了发电机，楼顶设一盏探照灯，都是从德国进口的。由于集资人多为方姓，楼上又设置有探照灯，因而该碉楼被称为“方氏灯楼”，历史上为古宅乡的方氏民众防备北面马冈一带的土匪袭击起到了积极的预警和防卫作用。

茅冈月报

《茅冈月报》复刊号（1984.10）

《茅冈月报》是开平市百合镇茅冈乡自办的一份乡刊，也是该地周姓族人的一份族刊。创刊于1919年，是开平市民间最早创办的侨刊之一。抗日战争时期，因与海外通信阻塞而停刊；抗日战争胜利后，第一次复刊；其后，于1949年因国内与海外通邮不便又一次停刊，至1984年10月再次复刊，刊号为CN-44（Q）第0086号。复刊时社长周文彬，主编周家朔，栏目主要有《家乡消息》《华侨与侨眷消息》《特写》《文化教育》《特载》《文艺》《稽古谈今》等。曾获“广东省侨刊乡讯评比”三等奖。

茅冈过去分为上洞、中洞、下洞三个乡，上洞又名礼义庄，中洞又名沙溪或沙塘；抗战期间，沙溪和上洞曾经合并；20世纪60年代前后，这里又重新分为上洞、中洞、茅冈、茅溪四个乡，茅溪是从中洞和下洞各划出几个村庄拼凑而成的。历史上茅冈是这一地方的总称。那么，上洞为什么又叫礼义庄呢？据《茅冈月报》介绍：

很久之前，听说有一个姓麦的人，从古冈州往阳江县，走马上任当县令。路经茅冈上洞，见有一个驿站，于是麦县令和随从们，停下车马，与驿站的官员到上洞附近的村落巡视风土人情。他们走进一户人家的屋里，周宅的父老们恭恭敬敬地招待他们。大家坐定，谈谈家常，正在谈话之间，有一侍婢，背负一位婴孩走过，父老们见之，立即起立并肃然致敬。侍婢走后，麦县令问父老们说："刚才那位侍婢背负的婴孩是你们的什么人？你们为什么肃然起敬呢？"父老们回答说："被背负的婴孩是我们的叔辈。"麦县令称赞说："各位父老真是守礼义了。"说完，即命父老叫人取纸笔墨来，当场写了"礼义庄"三个字，表扬上洞乡里的村人。从此，上洞就以"礼义庄"命名。直至现在，上洞乡旧村东社的门楼匾上，仍镌刻着"礼义庄"三字。①

据茅冈乡前辈回忆，《茅冈月报》创刊当年，只有三五位热心人士主持，包揽了采访、撰稿、编辑、印刷、装订、邮寄等一系列工作。起初，印刷是用蜡纸誊写好然后再油印，整个过程十分吃力。后来，赤坎、三埠出现了铅字印刷厂，他们就把编辑好的稿件委托印刷厂承印和装订；同时，发动茅冈洞内的教师踊跃写稿，并挑选一部分优秀学生的习作投送月刊发表，才减轻他们的工作量。《茅冈月报》得到了海内外乡亲的欢迎，尤其是学生家长看到了自己子女的文章，更加爱不释手。他们对月刊和学校更加乐于支持和关心，为家乡兴办公益事业同心同德、互相推动，形成了一个又一个热潮。无奈后来两度停刊。1984 年春节，茅冈乡父老在义兴圩举行春节联欢座谈会，海外侨胞周伯亮、关月霞女士和香港同胞周竹铭、周荣晃、周炳权在会上传递了旅外乡亲非常渴望复办《茅冈月报》的心声；两个星期后，又由旅港同胞周健康、周世群、周文忠等致函嘱咐尽

---

① 《茅冈月报》复刊第 2 期第 43 页：《上洞"礼义庄"得名由来》，1985 年 2 月。

快恢复出版《茅冈月报》，并寄回一笔筹备复刊款项。至此，乡内父老乡亲认为复办《茅冈月报》时机已经成熟，并召集四个乡的热心人士开会，共同商办复刊事宜。后经过大家共同努力，《茅冈月报》终于与海内外乡亲见面，令人欢欣鼓舞。

关于茅冈周姓族人的源流以及周氏大宗祠的存毁，据《茅冈月报》介绍：

我们茅冈周姓，是从先祖竹院翁繁衍下来的。追溯到先祖凤冈翁，是由南雄郡保昌县沙水村珠玑巷而家。值宋季幼主南渡时，迁至广州潞古冈州新会县居住。生四子：长天赋，居芦荻那洋村，次居沙冈竹院里，三居新会上街，四居神步里村。咸奉凤冈为一世祖。竹院翁乃由一世祖凤冈翁传至六世祖也。于茅冈开基。先居沙堤竹院里，以里为号，曰竹院。翁出七世祖：长水竹，次云山，三云奇。水竹翁由沙堤迁居黎熊，后迁往恩平。游离寝衰，仅存一二人丁，久不归宗。云山翁燕翼贻谋，宏创基业。大明成化年间，由沙堤而来。首筑旧屋村大厅一宅。随建义庄、保昌、安兴，共四村。祖出八世：长石居，翁命居旧屋；次西江，翁命居义庄；三南新，翁命居保昌；四钝翁，翁命居安兴；因其翁无嗣，西江翁过继。厥后长、三、四房之子孙，奉祀云山祖。二房西江之孙，奉祀云奇祖，以隆义同祀云山祖，以报本是念。

溯自一世祖凤冈至六世祖竹院，其间二世天与、三世记学、四世佛霖、五世玄佐。竹院父子由新会西门（有凤冈祠）迁沙冈，立竹院里。后徙茅冈，在旧屋石髻立大厅底禾屋，亦名竹院里。开枝出云山、云绮，分居上下两洞。

石岭山麓，有竹院周公祠。向南，为茅冈上下两洞之始。祠堂东便有草坪，合上下洞科资，建筑学校，于清宣统三年（1911 年）告成，名竹院学校。民国元年开学，举国成、成衮及里村述仁为教员。请里村学谱为校长，未到任。学生近百人。谁料三月间，被土匪劫掠，掳去教员成衮、述仁，及学生18人，总共掳去20人。从此，学废而不能兴，放弃校舍。年去年来，被匪拆毁，无人顾管。直至民国十四年，改筑祠堂，其门面与竹院祠同，名其祠曰“周氏大宗祠”……现已拆毁，改建茅溪学校。[①]

在开平市百合镇茅冈村，1957年建有周文雍陈铁军烈士纪念碑，1999年扩建为烈士陵园。

周文雍陈铁军烈士陵园占地面积2万平方米，建筑面积1649平方米，悼念广场3708平方米，绿化面积7828平方米。园内建有牌坊、纪念碑、纪念馆、纪念亭、塑像、悼念广场、烈士墓集中保护区等纪念设施。其中，纪念碑高31.6米，矗立在20多米高的平台上。碑上镌刻着叶选平的亲笔题词：“周文雍陈铁军烈士纪念碑”。左面刻着陈铁军烈士的箴言：“一个革命者应该学习古今中外伟大人物的高贵品质和英雄气概。”右面刻着周文雍烈士就义前写的著名诗句：“头可断，肢可折，革命精神不可灭。壮士头颅为党落，好汉身躯为群裂。”纪念碑前建有四个步级平台，平台中央镌刻着“浩气长存”四个大字，两旁栽种松树，常年绿叶婆娑。2016年9月，经国务院批准，周文雍陈铁军烈士陵园成为第六批国家级烈士纪念设施，与之遥相对望的周文雍故居也于2019年成为广东省第九批文物保护单位。

周文雍（1905—1928年），开平市百合镇茅冈下洞凤凰里（又称宝顶村）人，广东青年和工人运动领导人之一。1927年12月11日参加广州起义，但最终因敌众我寡，起义失败。

起义失败后，周文雍奉命与中共广东区委妇委委员陈铁军留在广州，以“夫妻”名义坚持地下斗争。在白色恐怖笼罩下的广州，周文雍与陈铁军巧妙地避开敌人的耳目，走遍了市区许多地方，找寻失掉联系的同志，重新建立联络点。1928年1月底，因叛徒告密，周文雍与陈铁军同时被捕。

---

① 《茅冈月报》复刊第二期第41页：《茅冈周姓开族简史》，1985年2月。

在狱中，敌公安局长朱晖日亲自审讯周文雍，并对其严刑拷打，强迫他写“自首书”。周文雍宁死不屈，于 1928 年 2 月 6 日与陈铁军双双在广州红花岗慷慨就义。行刑前，他们将深埋于心的爱情公布于众，并庄严宣布结为夫妇。周文雍与陈铁军慷慨就义的壮举，被后人誉为“刑场上的婚礼”。

龙塘侨刊

《龙塘侨刊》是开平市水口镇龙塘湾何氏族人创办的一份族刊，创刊于1985年8月，刊号为CN-44（Q）第0080号。创刊时社长何俊伟，主编何根稳，栏目主要有《家乡消息》《文化教育》《本县消息》《政策问答》《文艺诗词》《侨乡掌故》《通讯》等。曾获"广东省侨刊乡讯评比"表扬奖。

《龙塘侨刊》创刊号（1985.8）

龙塘位于开平沙岗东面，有开锋、海燕、龙东三个村委会。关于龙塘何氏始祖轶事，据《龙塘侨刊》介绍：

据龙塘族谱记载，何氏始祖讳源，字来远，号清浦，谥文懿，本福建省兴化府莆田县涵江延寿里大榕树下人，系万禄公之季子，娶林氏安抚使耕公之长女。公与侄直乃北宋同科进士。公元1101年辛巳，宋徽宗建中靖国元年，公官宣教东粤（今新会区）时，迎生母顾氏就养官置，妣林氏偕焉。至历任已满，超擢右丞。在任期间，因金兵入侵宋境，公元1118年戊戌，金太祖天辅八年，兵荒马乱，路途梗塞，公不能回归莆田，又怕金兵追杀，遂化装携眷奔向城西60里之“山大佬”山脚下之龙塘地方。公见此地背山面水，有丘陵、平原、湖沼、沙滩，阡陌纵横，交通便利，风景如画，种养适宜，便定居此地（即今之榄冲地方），盖搭鸭寮，育养母鸭，随而寻得一地（即今之仁寿里处）建造住宅，全家以养母鸭及耕种为活。自此历尽艰辛，积累资财，逐年购置良田，在各县粮赋局立柱头户“思成堂”，每年两造向粮赋局缴纳赋税。①

关于何氏始祖的由来，《龙塘侨刊》又介绍说：

据族谱记载，何氏第十二世祖宠公，自幼好学，极端聪慧，博览群书，精通经典。于 24 岁，公元 1496 年丙辰——明孝宗弘治九年中进士。

公德才兼备，仪表非凡，深得孝宗之赏识。公元 1501 年辛酉——弘治十四年，御聘公为国师王子教读（教孝宗之子朱厚熜读书）。经若干年后，朱厚熜学成，公回乡休养。再经若干年，孝宗崩，朱厚熜登位，是为世宗，改元嘉靖。在嘉靖二十二年——公元 1543 年癸卯，世宗饮水思源，怀念公对其教育成材之恩德，御诏邀公上北京在王府供养，俾公得享乐晚年。由于世宗念师心切，急需公到京，但诚恐为权奸暗害，故不用金牌宣诏，特用黑牌宣诏（前者多是上京商议朝廷机要大事，是吉兆；后者是上京受罪，是凶兆），意谓以此便可迷惑权奸耳目，保公安全，不料公接到黑牌宣诏，催促其赴京，却误以为必然凶多吉少，是死无疑，便携带黑金（传说是“白果王”，一吃即死），俟机而食。于是到达梅岭（今韶关）投宿时，即于深夜自吞黑金而死。事后世宗得知，感到自己弄巧反拙，害死先生，极为懊悔，恨无以报，特御赐封公为国相，并建祠祭祀，是为拜相祠。②

随后，何氏先辈为纪念公之功德，不忘始祖之德泽，就以此拜相祠为

① 《龙塘侨刊》创刊号第 12 页：《龙塘何氏简史》，1985 年 8 月。

② 《龙塘侨刊》创刊号第 13 页：《何氏始祖之由来》，1985 年 8 月。

何氏祖祠。此祠建在龙塘“狮子顶”山下之南，面南背北，总面积为 1960 平方米。关于拜相祠门前“何氏始祖祠”五个大字是由谁所写？据传：

当拜相祠落成后，士绅们即以该祠为何氏始祖祠。为了写好“何氏始祖祠”五个大字，当时士绅们特召开专门会议，开餐讨论由谁执笔，决议是凡是龙塘文人均须各书一纸，择最优者取之。时适有一衣冠不整，形容憔悴的寒士在此凭食凭宿，对士绅们之会议，他必窃看或旁听。一天两天过去了，士绅们还没有选出较为称意的题字。到第三天，众正苦闷时，那寒士却毛遂自荐：“士绅诸公，让我试写可乎？”众听后，有的则投以不屑的眼光，有的则有点惊讶，最后还是允其所请。他即以一“朗树头”饱蘸墨汁，一挥而就。士绅们看之大为吃惊，叹为神笔，争相请教其姓名，前倨而后恭之态毕露，而那寒士却笑而不答，随即以“小人因有贱事”为辞告退。众因坚留不住，只得优礼送行，当步至始祖祠左拐弯处，因该处杂树、竹子丛生，但见其穿树越竹，瞬息人影已杳，众皆骇然，谓其非仙即神云。①

在龙塘，龙塘湾鲤鱼最为盛名。龙塘湾距开平水口不远，在龙塘对开的河面一带。因该河面湾深流急，多峻岩，适宜鲤鱼聚居繁殖。这里所产的鲤鱼朱尾赤鳞、鳍翅粉红；角长黄色肉环，须长过寸，用它煮出来的汤呈乳白色，香甜可口；鱼肉吃起来也鳞脆肉爽，因而成为当地远近闻名的美食之一。

2020 年 10 月 30 日上午，“华侨华人文化交流合作活动月 · 开平碉楼文化旅游周”系列活动在开平启动，同时还发布了“一镇一宴”，其中“龙塘湾鲤鱼”作为水口镇“镇宴”高票入选。

据悉，龙塘何氏始祖何源自在龙塘立村开基后，他的后裔八世观晏、玄清，十二世维周，十三世世安、泰老，十七世清市等先后迁入恩平，故

① 《龙塘侨刊》创刊号第 40 页：《龙塘何氏始祖祠二三事》，1985 年 8 月。

何源亦为恩平何氏始祖之一。恩平何氏另一始祖，何秋澄，是北宗状元何栗（文缜、北斋）的第十代孙，从新会鹤边迁入恩平（鹤边里何氏始祖是何栗的第三代孙，太郎，讳德光，字天贵，号逸南）。源栗素有叔侄之称，北宗政和年叔侄同榜。其实叔侄溯上二三千年前周武王、周成王朝代才是两兄弟，姬燮、姬满兄弟的父亲是姬唐叔虞（周武王的次子，成王为长子，成王封叔虞于唐城。姬燮为晋侯）。何源是姬满的第七十九代孙，何栗是姬燮的第八十代孙。两房子孙迁入恩平后一直和谐相处，于 2004 年开始共同组织编纂《恩平何氏族谱》，并以始祖源、澄的名义组合为“源澄堂”。

在江门市蓬江区白沙街道也有一脉龙塘何氏分支，自元中期（1314 年前后）由龙塘迁居至此，奉太第祖为先祖。为纪念先祖，启迪后人，白沙何氏族人于 2014 年在白沙河畔新建了一座何氏宗祠。该宗祠占地面积 4000 多平方米，三横三进，既有古代风貌，又富现代气息，现为白沙何氏族人文化活动中心。

五堡月刊

《五堡月刊》复刊号（1988.4）

《五堡月刊》是开平市赤坎镇五堡谭氏族人创办的一份乡族刊，创刊于1927年7月。其时，由五堡旅加拿大丕埠谭光锐、谭俊鳌、谭创起等人发起，继由加拿大及美国各埠侨昆响应，国内谭勃雄、谭毓豪、谭妙才、谭敏兴、谭兴礼、谭燃黎、谭敬起与留省青年谭幼实、谭竞存等热心人士协力而创办。1937年7月，由于日寇侵华，时局动荡，侨汇中断，无奈停刊。抗战胜利后，1946年，在五堡乡旅美华侨谭道兴等人的大力支持下，国内谭勃雄、谭兴礼、谭毓豪等人积极筹备，于1947年7月复刊，至1949年6月出版第六期止。

1987年，在改革开放的春风吹拂下，在海外华侨、港澳同胞谭维舜、谭广生等人的热心倡导下，成立五堡三乡侨联会，开始筹备《五堡月刊》复刊事宜。后收到美加华侨谭兆灿、谭广生、谭文让、谭树富、谭维舜等汇回复刊经费美元3500元，并由热心人士谭均溢、谭树钿等精心筹备，于1988年4月复刊，刊号为CN-44（Q）第1115号。复刊时社长谭均溢，主编谭树钿，栏目主要有《评述》《贺词》《县要闻》《通讯》《镇闻》《乡闻》《学校消息》等。《五堡月刊》自创办以来，始终秉承“三味三睇”宗旨，即：侨味、乡味、鲜味，有人睇、有嘢睇、喜欢睇，深得广大海外华侨、港澳台同胞和本地乡亲的喜爱，曾获“广东省侨刊乡讯评比”三等奖。

赤坎五堡南靠杨桃山，北临潭江，具有天然的依山傍水格局。这里钟灵毓秀，人杰地灵，富饶而美丽，新建的深茂铁路穿乡而过，旅居港澳台同胞、海外侨胞8000多人。关于五堡乡的历史沿革，据《五堡月刊》介绍：

据查阅《开平县志》建置编，五堡在南明永历三年（顺治六年，1649年开平立县）时已有记载，当时五堡地区隶属肇庆府得行都，在册记录有高咀、米岗、黄槐林、朱冲、洞头、塘美、官巷、龙湾、长庆、炎洞等村庄。清朝宣统元年（1909年）已有岚厚堡、炎洞堡、朱冲堡、塘美堡、槐林堡的23条村庄组成的五堡乡，民国时期（1912年）五堡乡隶属开平县第七区。其中朱冲堡包括：官巷、屋场、广龙、龙湾、增坑、龙溪、新龙、塘口、塘唇、上龙、洞厚等村落。塘美堡包括：长庆、旧屋、东平里、龙驻下、连溪、金安、南昌里、青龙里、长安里、福庆里、西宁里、上村里、紫门楼等村落。槐林堡包括：东槐林、西槐林等村落。炎洞堡包括：龙溪里、炎洞里、永安里、长安社、华堂里等村落。岚厚堡包括：升平里、岚东里、仁和里、岚西里等村落。共和国成立时隶属开平县二区。人民公社时（1958—1963年）按地域划分由原三乡改为新联大队、五堡大队、塘美大队，一直沿袭到现在的村委会（原炎联、岚厚、木石合并为新联大队，米岗大队合并入五堡大队，塘美大队不变）。[①]

赤坎五堡三乡村民以谭姓为主，其始祖慕，自幼随祖弃官从商由韶州仁化平山里迁居广州府羊城。翁因随先祖经商常往返于南粤各地，其间途经古冈州西陲之白龙池（即今开平水口龙塘），翁感动其地依山傍水，气势磅礴，平畴沃野，潭江环抱，于宋神宗熙宁年（1077 年），毅然弃商从农，由广州府羊城盐仓街孤身迁居于古冈州西陲之白龙池，开基创业。其时此地穷乡僻壤，翁妙于胥宇及度兹鲜原，芟夷垦荒，建村筑宅，兴家立业。数十年间，风调雨顺，子孙昌盛。计开垦良田千顷，鱼塘百口，又山田山地由后山良金山起，连村累落以抵新兴，大半为翁所有，富甲邑首。

翁平生爱好风水研究，堪舆术法颇精。晚年，翁妣黎氏先逝于水口黎村外家，并如翁愿葬于黎村外家后背土名蟹山。本山坐癸向丁兼午子三分。翁为自得高明圆岗村前之七星伴月福地，借机携孙思明（舜臣三子）迁居高明城内青玉坊，后逝于此，并如愿葬于高明圆岗村前。千百年来，无论世道沧桑繁变，而翁裔子孙繁衍，人才辈出，遍布世界各地。迄今为止，五邑各地及广州、佛山乃至广西、茂名、阳江等地谭氏巨族基为翁裔。

---

① 《五堡月刊》复刊第 110 期第 21 页：《读“封面的意义”有感》，2017 年冬。

教伦月报

《教伦月报》复刊号（1989.8）

《教伦月报》创刊于1924年，是开平赤坎司徒氏族人创办的一份族刊。《教伦月报》之所以起名“教伦”，是取“教以人伦”之义。遵循祖训，司徒氏所有组织、刊物均以“教伦”命名。现在，海外“教伦堂”“凤伦堂”（加入薛姓为凤伦堂）均与《教伦月报》有联系，没有设立堂所的本族海外组织，亦有该报专门联系人。

一讲起《教伦月报》，开平司徒氏族人就会想起司徒氏图书馆。因为先有司徒氏图书馆的筹建，才后有《教伦月报》的筹办。可以说，如果没有前期司徒图书馆的筹建与开放，就没有后期《教伦月报》的创办和流传；但也可以说，如果没有《教伦月报》的鼓与呼，也就没有司徒氏图书馆的成与誉。司徒氏图书馆和《教伦月报》双双面世后，或出于战乱，或出于国家政权更迭，一荣俱荣，一损俱损，就好像两位患难兄弟一样，同生共死，难以分离。

赤坎司徒氏图书馆是一所由本族海外侨胞资助，家乡有识之士协管而创建起来的民办图书馆，倡办于1920年。起初，因没有自主产业，租用赤坎联兴街福音堂作为馆址。倡办图书馆的发起人有：旅美国、加拿大族侨司徒懿慈、司徒懿衍、司徒章谋、司徒继敏、司徒宣业等人，旅菲律宾族侨司徒侨等人，在乡文化教育界人士以及父老司徒育三、司徒子衡、司徒则唐、司徒有实、司徒抱一等人率先响应，共筹得银圆四万余元。稍后，为加强海内外乡亲紧密联系，动员海内外乡亲积极参与，报道图书馆建设进度，继而倡办《教伦月报》。

司徒氏图书馆于1923年奠基，由广州市永和建筑公司承建，懿森公特从美国回来监工。整项工程历时两年多，耗资三万余元，于1925年建成并对外开放，开本邑族人创办图书馆之先河。其间，《教伦月报》于1924年创刊，为宣传司徒氏图书馆，沟通海外侨情立下汗马功劳。

司徒氏图书馆楼高三层，总占地面积810平方米，园林水榭，古色古香；红墙绿瓦，气势非凡。一楼正门横眉，有著名书法家冯百砺书写的“司徒氏通俗图书馆”石刻；三楼顶正面，有著名政治家、书法家谭延闿书写的“司徒氏图书馆”横匾。据传，1923年，时年43岁的谭延闿前来参加司徒氏图书馆奠基礼，并留下此墨宝。在布局上，一楼为阅览室，二楼为藏书室、借书处及《教伦月报》编辑室，三楼为会议室及归国华侨俱乐部。当时藏书逾万册，有《四库全书》《万有文库》等巨著；有不少世界名著翻译本；有不少文物珍品，如仲实翁捐赠的慈禧太后手书“龙”字、司徒照当年殿试试卷、美术家司徒槐捐赠的巨幅油画，以及旅新加坡族侨尚楫捐赠的鳄鱼标本等。

1926年，旅加昆仲继续捐资，在楼顶增建一座大钟楼。此钟购自国外，为波士顿名牌产品。1934年，旅美昆仲又捐资，加建大楼前院庭、庭中石山鱼池、门口大牌楼，以及牌楼两边配套用房间各一套。这样，经过两次加建扩建，致使司徒氏图书馆硬件日臻完善，藏品日趋丰富，成为开平远近闻名的图书馆。据传，1934 年春，塘口镇潭溪圩立园后来园主，年轻的富商谢维立陪侍 1904 年恩科榜眼朱汝珍参观正在扩建中的司徒氏图书馆。朱汝珍看见石山鱼池做工精细，巧夺天工，当即为该馆写下“石山鱼池为育三先生捐置”11 个工整题字。如今，石山鱼池早已不复存在，但朱汝珍的手迹却被完整地保存下来。

迨至太平洋战事爆发，侨汇中断，图书馆经费日渐拮据；1941 年，赤坎遭日寇入侵，群众四处逃难，图书馆内大量设备和图书被盗；1943 年，香港沦陷，内地动荡不安，国际邮路中断。在多重困难的重压下，司徒氏图书馆不得不于 1945 年宣告停办，《教伦月报》也随即宣告停刊。

1945 年 8 月 15 日，日本向全世界宣布无条件投降，赤坎迎来了短暂平静。1946 年上半年，在海外华侨和赤坎乡亲的共同努力下，司徒氏图书馆得以复办，《教伦月报》也于同年 6 月复刊。复刊时司徒程南任社长，司徒克罗、司徒丙鹤任主编，后由司徒彪接任。至 1948 年，由于国内通货恶性膨胀，物价飞涨，司徒氏图书馆不得不又一次宣告停办，《教伦月报》也再度宣告停刊。

图书馆停办后，曾先后用作司徒氏四乡族务促进会、中共开平县委会、赤坎镇人民政府、赤坎公社管委会的办公场所，广东省地质勘探队办公室兼宿舍、潭江桥建桥办公室、开平六中学生宿舍。

1981 年，开平县人民政府落实华侨政策，将馆归还，恢复司徒氏图书馆。随后，香港司徒氏宗亲会司徒辉、司徒伟、司徒英等倡议复馆，并于 1981 年 10 月汇来复馆设备费。为充实本馆设备，香港昆仲捐赠电视机、录像机等一批。同时，在家乡成立复馆工作机构，由培炎、濂宪等组成复馆筹备委员会。在筹委会同仁的努力下，仅用 3 个多月的时间，就募集到图书 5000 余册。其中，印尼归侨、全国政协五届委员会委员司徒赞遗孀及其公子司徒戎捐赠赞翁生前藏书 1300 余册，旅港宗亲司徒荣茂捐赠图书 98 册，在乡热心人士捐赠图书 3000 余册。同时，订阅国内报纸 20 多份、各地杂志120多种，新购小人书500多册，以及本县各地也赠送了不少侨刊。各种准备就绪后，司徒氏图书馆于1982年1月20日正式对外开放，揭开了图书馆发展的新一页。1983年，开平县人民政府公布，司徒氏图书馆被列为开平县重点文物保护单位。从此，在对司徒氏图书馆的保护工作上，犹如加了一把“尚方宝剑”。

司徒氏图书馆复办后，《教伦月报》的复刊工作也很快提上了议事日程。1984年春，旅美罗省族侨炳洽、达秀专程回国了解图书馆复办情况，并提出复刊《教伦月报》殷切期望。后来，在赤坎海内外司徒氏有识之士的共同努力下，《教伦月报》于1989年8月复刊，刊号为CN-44（Q）第1047号。复刊时社长司徒星，主编司徒羽，栏目主要有《乡闻》《乡情简讯》《侨讯》《县镇要闻》《文化与教育》《文苑》《人物传》《来鸿去雁》等；香港司徒氏宗亲会永远荣誉会长司徒伟宗长为《教伦月报》书写刊名；宗亲会主席司徒英捐助印刷费港币1000元，并和《教伦月报》名誉社长丙鹤宗长、广州中医学院司徒钤教授、加拿大温哥华族侨省吾宗长等分别寄来了亲笔贺词或贺诗。

此后，司徒氏海内外族人继续捐款捐物。其间，1986年，旅美罗省族人司徒炳洽、司徒达秀身体力行，发动罗省族侨募捐美元3100元；新加坡教伦堂捐款5万元，作为该馆首批发展基金。1986年4月，著名书画家司徒奇将自己创作的一幅《红棉》赠送给该馆作永久收藏。1987年，濂石堂慈善基金（草湾里）捐赠1300元给司徒氏图书馆基金会，木石村司徒健夫捐赠5个立体组合书柜给图书馆……所有这些，使得司徒氏图书馆越办越好，影响越来越大。

1987年9月20日，时任广东省省长叶选平一行曾到司徒氏图书馆参观，并为该馆写下亲笔题词；1995年2月21日，《广东侨报》在第一版对司徒氏图书馆作了《司徒氏图书馆不简单》报道；同时，由《广州日报》报业集团创办的《老人报》，也为长期管理司徒氏图书馆和《教伦月报》、默默奉献的 8 位老人作了《人老心红，晚霞更艳——八位老人获殊荣》报道。

随着司徒氏图书馆的不断壮大和发展，《教伦月报》也越办越好，多次受到广东省、江门市、开平市政府有关部门的奖励。

司徒氏在五邑地区来说，虽然算不上大姓，但绝对称得上名门望族。有著名爱国侨领司徒美堂、司徒赞，著名革命家司徒慧敏，著名画家司徒奇、司徒乔，著名音乐家司徒梦岩，亚洲第一架飞机制造者司徒璧如，著名摄影家司徒传（又名沙飞）等，为司徒氏族人在历史的长河中添上光彩的一页。

司徒美堂是中国致公党创始人，他出生于清同治七年（1868 年），14 岁离开家乡赴美国谋生，17 岁加入洪门致公党。36 岁在洪门致公堂的领导下，在波士顿成立“安良工商会”（简称安良堂），以“锄强扶弱、除暴安良”为号召，渐渐团结了一批洪门兄弟。他被大家拥为“大佬”，尊称他为“洪门五叔”。1905 年在纽约成立“安良总堂”，自任总理。艰苦创业时期，富兰克林·罗斯福在上任美国总统前，曾为他当过 20 年的法律顾问，罗斯福在当上美国总统以后，华侨有什么事情，往往通过他写信向罗斯福求助；民主革命时期，他曾当过孙中山的保镖和厨师，为孙中山的民主革命积极筹款，甚至孙中山的回国路费也是由司徒美堂提供；抗日战争时期，除为国民革命继续积极筹款外，还热情接济逃亡美国的革命仁人志士蔡廷锴、杨虎城将军等；皖南事变后，随即通电蒋介石，表示要“反对分裂，坚持团结；反对投降，坚持抗战”；筹建新中国期间，受毛泽东邀请，回国参加中国人民政治协商筹备会第二次会议，并作为美洲华侨代表，当选为中央人民政府委员会委员。1949 年 10 月 1 日，参加中华人民共和国开国大典。

司徒美堂故居位于开平市赤坎镇中股村牛路里，是一座三廊二房一厅的青砖墙、瓦顶建筑，面阔三间，建筑面积 86.78 平方米，2019 年 10 月

16 日，被国务院核定为第八批全国重点文物保护单位。

值得称颂的司徒氏族人，还有“开平南楼七壮士”。开平南楼位于赤坎镇腾蛟村，1912 年由开平赤坎司徒氏族人为防盗贼而建。楼高七层 19 米，占地面积 29 平方米，钢筋混凝土结构，每层设有长方形枪眼，第六层为瞭望台，设有机枪和探照灯。它雄峙潭江之滨，是开平三埠至赤坎南路水陆交通要塞。登楼远眺，可居高临下，俯视四乡，大有“一夫当关，万夫莫开”之势。抗战时期，赤坎司徒氏抗日四乡团团队部就设在此楼，凭险据守，以阻击日军西进。三埠沦陷后，日军屡次派汽艇从水路试探，均为该团队击退。后来，在日军的疯狂进攻下，坚守南楼的七名司徒氏队员——司徒煦、司徒璇、司徒遇、司徒昌、司徒耀、司徒浓、司徒丙，在缺粮缺水的情况下，仍与日军战斗了七天七夜，使日军伤亡惨重，后因遭日军施放毒弹，中毒昏厥，被俘杀害。

七壮士与南楼共存亡，以身报国的英雄事迹感人肺腑，大大地激发起了当地乡民的爱国爱乡之情和对日寇暴行的无比愤慨之恨。日寇投降后，由司徒氏回乡事业（族务）促进会同仁发起，在开平一中广场举行了大规模追悼会，对司徒氏七壮士的英勇牺牲进行沉痛哀悼。到会群众约三万余人，花圈、挽联数不胜数，极尽哀荣。会后，乡民将七壮士灵位安放在腾胶三灵宫古庙，并将该古庙改为“七烈祠”，永留纪念。

2004 年，为纪念南楼七壮士，司徒聘提出倡议，在烈士就义的地方——潭江河边建立烈士就义纪念园。这一倡议立即得到旅美宗长德灿翁的大力支持，随即捐出美元 4.2 万元，加上各堂所和乡亲等 120 多人捐款，合共人民币 60 多万元。不久，在司徒亮、司徒凌锋、司徒子忠、司徒春成、司徒汉池等众乡亲的主持下，很快便建成该纪念园。2014 年 8 月 26 日，广东省民政厅追认“南楼七壮士”为革命烈士。如今，赤坎南楼成为抗日名楼，赤坎镇成为抗日名镇。

舜河侨刊

《舜河侨刊》创刊号（1992.8）

《舜河侨刊》的前身为《中山月刊》，是开平市新昌埠甄氏族人创办的一份族刊，创刊于20世纪20年代，后因故停刊。30年代后又出版过《曙光月报》，后也因故停刊。《舜河侨刊》创刊于1992年8月，刊号为CN-44（Q）第0134号。主要服务对象是海内外甄氏宗亲及达德校友。创刊时社长甄裕，主编甄进灼，栏目主要有《海外宗情》《乡情报导》《地方新闻》等。曾获“广东省侨刊乡讯评比”三等奖。

《舜河侨刊》创刊后，有一件事做得特别好，就是与远至千里的甄姓得姓之地山东鄄城、甄姓故乡河北省无极县，内蒙古、河南、江苏、安徽等省（区）宗亲，省内及五邑各县市宗亲以及新会崖西甜水乡李氏世叔等均保持密切联系。在甄氏这个大家庭中，有的为开平甄氏寻根问祖做了不少好事，有的为《舜河侨刊》写了不少好文，使《舜河侨刊》办得有声有色。同时，在舜河侨刊社主持下，还做了不少实事，一是在舜河公逝世725周年前夕，对甄氏祖墓进行了重修；二是重印《广东甄氏族谱》，并推动族谱的重修工作；三是关心下一代成长，设专栏报道达德小学的校务和学子们的学习情况等，从而推动了学校的建设和发展。

开平新昌埠有一条叫同兴路的街道，整条街都是甄姓族人所建，过去又叫“老甄街”，周围是甄姓族人聚居之地。在此地段，还有一间由甄氏侨胞捐资兴建，至今已有 100 多年历史的达德小学。达德小学取“达不离道，德必有邻”之意，创办于 1919 年，1993 年被评为广东省一级学校，是开平市一所重点小学。学校从开办到 20 世纪 70 年代初的一段时间曾附设初中。新中国成立后，先后命名为“开平县立小学”“新昌小学”“永忠小学”。1983 年接受海外校友意见恢复开办时校名“达德学校”。2003 年市政府定名为“达德小学”。由于办学历史悠久，人才辈出，学校在国内外享有盛名。

达德小学校内有一间甄舜河纪念堂。该纪念堂于 1990 年春筹建，1991 年落成，楼高三层，一楼为礼堂，二楼为图书馆，三楼为纪念堂。建筑面积 1100 多平方米。纪念堂的建成既满足了甄氏后人有地方凭吊先祖的愿望，又增加了学校的办学场所，正可谓一举两得。

稽甄氏之族，出自山东鄄城。上古舜帝教民制陶于此，其子孙在鄄城任甄官。古鄄、甄通用，以官为姓，就称甄氏。

《郡望百家姓》云：甄氏望出中山。战国时为中山国。秦代为巨鹿郡领地。汉高帝置中山郡，治所卢奴，在今河北省正定县。汉景帝后改为中山国，在今河北省北部。南北朝时，河北甄彬贤良官封中山郡守，甄中山堂由此而来。现开平新昌东部有中山乡，是开平甄姓族人的世居地。

南宋进士甄善庆曾在广东南雄府推官，次子景贤留居南雄珠玑里。宋度宗咸淳九年（1273 年），遇怀王失妃之变，官兵到处搜杀，迫使珠玑里人四处逃难。景贤次子舜河（讳亿兆，又号如壁）遂率家族南迁，为古冈州甄氏始祖。据《甄舜河公南迁开族情况初探》介绍：

舜河始祖生于南宋宁宗年代（1195年），到宋度宗成淳九年（1273年）南迁四邑时，已经79岁。他的子、孙及曾孙均已成人。子世茂，年62岁；长孙可立，年41岁；曾孙金山，年20岁；次孙德固是宋考廉，钦授五马大夫，官陛陕西延安太守。曾孙金山诰封谏议大夫。可见舜河祖南迁时不是单身一人，而是四代同堂，在当地享有一定声誉的家族。

舜河公于1273年率族南迁新会，定居大岳甄村（今新会崖门镇内）……舜河公于1274年去世。当时是南宋末年，蒙古大军南下，战火由北到南逐步祸及广东。1279年，南宋末代皇帝赵昺被元军追杀，在新会崖门跳海自尽。甄族子孙为避兵乱，遂由四世金山和仕达率族西迁新宁德行都（今开平市新昌一带），金山及子孙居旺北，分支霞坑（属台山县境），是为旺北、霞坑始祖。仕达居石海，分支簕冲，奉三世德固为石海和簕冲始祖。金山、仕达死后均移葬于新会崖门舜河祖坟两侧。

六世畴卿裔居霞坑。其子孙八世越明分支恩平平塘，七世彦明分支阳江。十二世笠公、绍宇迁台山下川，十三世君玉、君杰迁居阳春。[①]

其后，甄氏子孙继续开枝散叶，现总体分布于台山霞坑、海晏、花瓶、三合，开平长沙、新昌、沙塘、金鸡，恩平平塘、沙湖，新会、阳江、高州、电白、德庆及广西等地，移居港澳及海外者也多。美国三藩市、洛杉矶，加拿大，新加坡及中国香港等地均有甄舜河纪念堂或甄氏宗亲会。

① 《舜河侨刊》创刊号第6页：《甄舜河公南迁开族情况初探》，1992年8月。

恩平市

恩平公报

《恩平公报》是恩平市侨联会主办的一份县市级侨刊，创刊于1922年。创刊时主编梁清棠，后由冯柱棠接任。1937年抗日战争前夕，由于经费拮据及各方原因，《恩平公报》被迫停刊。20世纪50年代，旅外乡亲回乡探亲者日增，内外交流逐渐频繁。恩平县侨联会顺应历史潮流，于1958年3月复刊。复刊时主任郑燕忠，副主任吴述扶，委员郑奕根等25人，撰述员何浩德等8人。1966年6月因故第二次停刊。

《恩平公报》复刊号（1958.3）

改革开放后，为加强与海外侨胞的联系，在恩平县侨联会的主持下，《恩平公报》于1981年3月实现第二次复刊，刊号为CN-44（Q）第0090号。复刊时社长吴述扶，主编冯其享，栏目主要有《恩平消息》《侨乡土产》《侨乡通讯》《侨乡人物》《恩平名胜》《归侨来信》《地方志》《诗坛》《民间故事》等。曾获“广东省侨刊乡讯评比”一等奖。

《恩平公报》复刊号（1981.3）

恩平市移民史始于清嘉庆年间，历史悠久，华侨众多，是中国著名侨乡。据 2015 年侨情普查数据显示，恩平市籍港澳台同胞和海外侨胞 50 万多人，分布全球约 60 个国家和地区，是全国著名侨乡。委内瑞拉是恩平市民主要的移民目的地，有 18 万多人，占恩平市海外侨胞总数 46%。其中，在委内瑞拉和多米尼加的华人华侨中，超过 80% 来自恩平。

改革开放初期，恩平市政府为了让广大港澳同胞及海外侨胞回乡探亲时有一个较为舒适的居住之所，于 1978 年开始筹建恩平侨联大厦。除无偿拨出近 50 亩土地外，还专门拨付 20 万元作为建设费用。印尼归侨冯宝铭先生，旅港同胞李长先生、岑坚先生、李惠文女士，委内瑞拉归侨吴又苏先生等在香港组成响应筹建侨联大厦小组，带头捐款，并将此消息转告其他港澳同胞及海外乡亲。旅居委内瑞拉、加拿大、美国、澳大利亚等地的港澳同胞及华侨纷纷解囊以表支持。后经过两年多时间的建设，恩平侨联大厦于 1981 年 3 月 22 日落成。该大厦位于恩城锦江河南岸，三面环水，景色优美，建筑面积 5000 多平方米。其中，主楼一座，48 间客房；别墅式副楼二座，8 间客房；两层高副楼一座，楼上为设有 500 个座位的祠堂，一楼为可容纳 300 人同时用膳的餐厅。大厦周围园林式设计，小桥流水、曲径通幽，成为恩平第一座新型旅舍。

恩平，古称“恩州”，是南粤千年古邑，广东省建县时间最长的 20 个县之一，有中国历史文化名村歇马举人村、广东人民抗日解放军司令部驻地旧址，是“中国航天之父”冯如故里。关于恩平市的历史沿革，据恩平市人民政府介绍：

恩平县建制，汉时邑地属高凉县。东汉建安二十五年（公元 220 年）始称恩平县。三国及晋，属海安县。南朝至隋为齐安县。唐至德二年（公元 757 年）改成恩平县，五代因之。宋开宝九年（公元 976 年）本县并入阳江县，元因之。

明成化二年（公元 1466 年）置恩平堡（堡址设在今恩平县人民政府

大院内），隶属阳江县。嗣后，军民人等陈言，将新会、新兴、阳江三县附近里图民人凑拔以堡为县。尔后，广东省按察副使陶鲁，勘得恩平县地在阳江县水东都要险地，南通阳江，北通新兴，东接新会。三县往来，十分方便，改堡为县。阳江县析出附近水东、仕峒二都共四图；新兴县析出附近静德都八图、长居都七图；新会县析出附近德行都的松柏、山甲、见在三图，上恭甲一图。计三县共析出五都二十三图，军民 3411 户，男女 12665 人，田地塘税 2160 顷又 54 亩，秋粮 12811 石，户口食盐钞 30984 贯。令新兴县县丞何全、阳江县县丞陈永政，俱于成化十四年（1478 年）12 月 29 日齐到提督兴工。成化十五年（1479 年）开县治，复名为恩平县，县治为恩平堡故址。

清、中华民国，仍为恩平县。

1949 年 10 月 1 日中华人民共和国建立。同年 10 月 22 日，恩平县解放。1958 年 11 月 14 日，恩平、开平两县合并，县名改为开恩县，县治设于开平长沙；1959 年 1 月 7 日改称开平县。1961 年 3 月 26 日，恢复开平、恩平两县建制，恩平县治复为故址。①

1961 年 4 月至 1963 年 6 月 14 日，属广东省肇庆专区。1963 年 6 月 15 日至 1983 年 5 月，属广东省佛山专区。1983 年 6 月至 1994 年 2 月 28 日，属广东省江门市。1994 年 2 月 28 日，经国务院批准，恩平撤县设市，为县级市，广东省人民政府委托江门市代管。其间，恩平市于 1959 年在境内曾被划地建成广东省国营大槐农场，由广东省农垦局管辖，主要用于接收开平县商业局畜牧场。1978 年改称广东省大槐华侨农场，用于接收越南难侨，归口广东省华侨农场管理局管理。1978 年 7 月至 1979 年 6 月，分七批共接待安置越南难侨 429 户 2436 人。1990 年划属恩平。1995 年改设恩侨镇。2001 年，恩侨镇并入大槐镇。恩平市现辖 1 个街道和 10 个镇，

---

① 恩平市人民政府网：《历史沿革》，2021 年 1 月。

总面积 1693.6 平方公里，常住人口 50.31 万人（2018 年）。

2011 年，恩平市分别被国家和省批准为“全国农技推广示范优秀县”、农业部热作标准化生产示范园、全省村级公益事业建设“一事一议”财政奖补工作示范县、全国首届国土资源节约集约模范县（市）等称号。

恩平市特色工业发展迅速，形成了以电声器材、纺织服装、建材化工为支柱，其他配套完善的产业体系。新型光能、新型建材等新兴产业正在生根发芽。有佛山陶瓷产业转移、沙湖新型建材产业基地、横陂临港新型建材产业园、牛江精细化工业园和圣堂工业园等。恩平市电子电声器材行业生产企业 500 多家，麦克风年产量超过 9000 万支，占全国总产量 70% 以上，市场占有率达 75%，年产值达 32 亿多元；出口量占全国 80%，被国家命名为“中国麦克风行业产业基地”和“中国麦克风出口基地”。纺织服装行业企业 150 多家，形成纺纱、织布、染整、成衣“一条龙”发展，年产服装 3 千多万件、棉纱 1.6 万多吨、布匹 1800 多万米。建材化工行业基础扎实，年产水泥 500 万吨，陶瓷企业 24 家，年产瓷砖 5900 万平方米。纳米碳酸钙生产企业 4 家，年产量 19 万吨，被国家命名为“中国纳米碳酸钙产业基地”。2009 年，沙湖新型建材基地和恩平纺织基地被列入广东省十二大产业调整和振兴规划，成为推进恩平市经济发展的强大引擎。

恩平市形成了连片 10 万亩优质稻产业带，连片 5 万亩香蕉产业带，面积达 3 万亩的常年蔬菜种植区，面积超 4 万亩的冬种马铃薯产业带，325 国道沿线花卉产业带，柑橘橙特色水果产业镇，种植甜玉米专业村，万亩龙眼荔枝休闲农业区，特种薯类常年种植片，深山名茶培育区等各具地方特色的农业产业区域。尤其是冬种马铃薯产量及效益连续多年位居全省前列，马铃薯产业已经成为该市名副其实的富民支柱产业。

恩平市温泉远近闻名，是首个中国温泉之乡和首个地热国家地质公园，也是联合国世界旅游组织旅游可持续发展观测点。有金山温泉、帝都温泉、锦江温泉、温泉乐园、山泉湾温泉、恒大泉都、泉林水禾田温泉七大温泉度假区和万亩泉林度假区、岑洞峡谷漂流、香家堡梦幻花世界、恩平花海欢乐世界等旅游风景区。其中，帝都温泉是中国首个5A级温泉度假区和世界养生大会推荐的“世界温泉养生基地”，金山温泉、锦江温泉、山泉湾温泉是国家4A级旅游景区。有歇马举人村、云礼石头村等古村落和石山摩崖石刻、广东人民抗日解放军司令部驻地旧址、冯如故居、恩平学宫、官路桥、恩平县公立图书馆、炯成楼、云亭书室、秋官第等名胜古迹。其中，歇马举人村是中国历史文化名村。有七星坑自然保护区、君子山自然保护区和广东恩平地热国家地质公园、广东河排森林公园、广东响水龙潭森林公园、广东镇海湾红树林湿地公园以及鳌峰山等森林公园。恩平市大田镇、那吉镇和横陂镇是广东省森林小镇。

恩平有很多特产，如恩平簕菜、恩平三薯（马铃薯、猪仔薯、木薯）、恩州奇石等。其中，恩州奇石是恩平茶坑石雕刻技艺的传承代表。在2016年中国当代工艺美术双年展上，作品“文明再现”获中国工艺美术馆永久收藏。

老茶坑石雕刻技艺，是广东省非物质文化遗产，起源于清朝嘉庆年间，是基于独特的茶坑石材与中国文房四宝文化相结合而产生的传统手工技艺，是岭南地区独特的传统文化表现形式。茶坑石的材质独特、色彩斑斓、纹理丰富，又称恩平石、茶坑砚石等。清代学人江藩在《端砚记》中记录了阮元开创把恩平茶坑石雕成砚的事件：“恩平坑，石出恩平，色类龙尾坑，又名茶坑，茶山所产也，石璞外层五色斓斑，阮伯元制命工刻为砚山，有霜林一幅，丹黄相间，极为工致。”

江洲侨刊

《江洲侨刊》是恩平市原江洲镇侨联会主办的一份镇级侨刊。创刊于1991年6月，刊号为CN-44（Q）第0129号。创刊时社长岑金衍，主编岑洪桂，栏目主要有《县镇新闻》《侨情》《侨乡教育》《人物志》《侨乡史话》《诗词文苑》等。曾获“广东省侨刊乡讯评比”二等奖。

1991年3月2日，由恩平县政协副主席岑能端牵头，江洲镇侨联办副主任岑梅锡主持，在恩平江洲酒家召开筹办《江洲侨刊》座谈会。会议决定成立筹办机构，指定岑玉恩、岑挺照两人为采编，争取上半年完成创刊。同年3月19日，又在江洲镇政府召开第二次座谈会，参加人员有：县政协副主席岑能端，文史科梁植权、郑权欢、吴华英，恩平江洲中学校长岑锦东，采编岑挺照等。会上进一步强调了创办《江洲侨刊》的意义，并对存在问题提出了解决办法。同时，得到旅港大江同乡会诸先生，恩平县海外联谊会副会长岑自景先生、理事岑秉权先生等乡亲赞助，使《江洲侨刊》得以顺利创刊。

《江洲侨刊》创刊号（1991.6）

江洲镇的建镇时间很短，1984年1月正式建镇，2001年11月因行政区域调整遭撤销，并入君堂镇，前后只有18年。

江洲镇位于恩平县中部偏东。锦江河傍镇而过，325国道（广州至湛江公路）贯穿全境，是本县君堂、牛江、沙湖三个镇的交通枢纽，水陆交通方便，全镇总面积19.13平方公里，耕地面积11120亩。行政管辖永华、中安、东北雁、太平、圩镇五个管理区和43个村民委员会以及51条自然村。总人口1.3万人，侨居海外、旅港澳台乡亲11000多人，相当于全镇总人口的85%，是著名的侨乡。1986年被列入珠江三角洲工业卫星镇。

建镇十年来，圩镇面积已由1983年的0.54平方公里扩大到现在的1.94平方公里，是过去的3.6倍。常住人口由1983年的261人增加到现在的3600人。全镇城乡新建、扩建和改建各类建筑面积达50万平方米，圩镇绝大多数居民喜迁新居，农村新建的楼房比比皆是。

我镇在1987年，首次实现了工业产值超过农业产值，预计今年（1993年）全镇工业总产值可达1.1亿元，是1983年的21倍……预计1993年全镇农业总产值2200万元，比1983年增长4倍。①

这是江洲镇曾经的辉煌。在江洲，还有一所由旅港乡亲岑维休先生捐赠120多万元兴建的中学，于1984年3月竣工。同年7月，曾引来广东省委第一书记任仲夷前往视察，这在教育界并不多见。江洲中学位于该镇北面，依江伴水，环境幽静。学校竣工时设有教学楼、实验楼、图书馆、会议室和接待厅，建筑面积5000多平方米。时任广东省委第一书记任仲夷听到这所学校落成剪彩时拍了电视新闻片，高兴地说："很好，今后华侨、港澳同胞在家乡兴办公益事业，凡有条件的地方，要拍成录像片，带到海外播放。"②

江洲镇景色秀丽，其中"江洲榕荫"是恩平八景之一。大约在20世纪40年代，当时的江洲市政委员会在小镇东边的锦江河畔，种下40棵

① 《江洲侨刊》第5期第1页：《在庆祝江洲镇建镇暨江洲中学建校十周年典礼上的讲话》，1993年12月。

② 《恩平公报》复刊第9期第3页：《广东省委第一书记任仲夷视察江洲中学》，1984年9月。

榕树，用以护坡护堤。后来，这些幼苗在当地劳动人民的悉心爱护下，茁壮成长。在半个多世纪的岁月里，有27棵榕树经历人世沧桑而不衰，长成为躯干粗大、树枝横生、绿叶婆娑的参天大树。以前，这里刚好有一个古渡口，是江洲往君堂的必经之路。每逢君堂和江洲的圩期，渡口热闹非凡，这里的榕荫便成了一个避暑乘凉的好地方。1975年，江洲水电站建成发电，一道长虹飞架两岸。从此，江洲渡有桥通车，古渡成了历史陈迹，而“江洲榕荫”成了当地一景。

另外，在江洲镇内，有一个历经100多年，至今还保留着10多间古色古香祠堂的大江旧村。该村素以祠堂多、鱼塘多、巷道多而远近闻名。村内以宗宽祖祠堂为中心，右边有芹池书室、德重祖祠堂、东闸门楼、现光学校、南闸门楼；左边有鼎臣祠堂、德辉祖堂、图书府祠堂、炎飞学校、京祖家塾祠堂、北闸门楼；后面有舜彩祖祠堂、旭初学校、聚祖家塾祠堂；十几间古式祠堂、旧式校舍各具特色，错落有致。而鱼塘大大小小共有24口，包围着整个旧村，而且都按地理、形状、水质等特色命名。如中仁塘、新塘、大塘、长塘、曲尺塘、黄坭塘、牛尿塘等。同时，旧村是个网形村，房屋的坐向东南西北都有，故而村中的巷道弯弯曲曲像迷宫一样，使初进村内的外地人很难走出村去。

大江旧村开族祖先是该地岑氏族人的第三世祖宗宽公。据传，宗宽公得广西一风水先生指引，在离原古劳村（本地客家人的聚居地）1000多米的东北角立村。因当时旧村这地方是十分荒凉的山坑畦谷，故客家族人不以为然，认为宗宽公有好的地方不去占，故而不横加干涉，而正中了宗宽公的下怀。从此，岑族在此繁衍世系，遍布恩平各条村庄。

圣堂侨刊

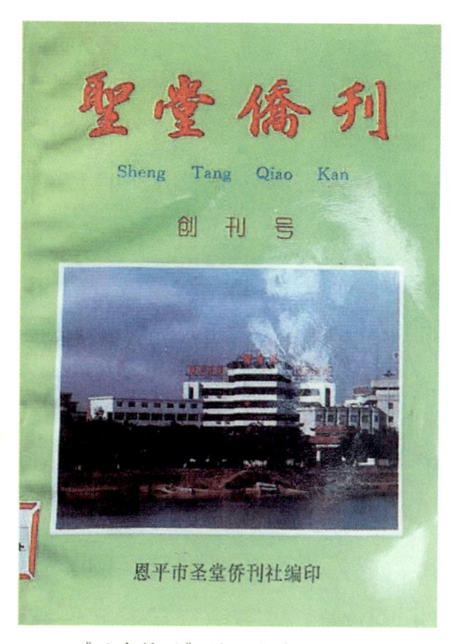

《圣堂侨刊》创刊号（1996.12）

《圣堂侨刊》是恩平市圣堂镇侨联会创办的一份镇级侨刊，创刊于 1996 年 12 月。创刊时社长伍国平，主编唐逢斌，栏目主要有《地方要闻》《赤子情深》《文化教育》《侨乡人物》《乡情漫话》《诗词文苑》《侨乡史话》等。

1988 年，圣堂镇所属的歇马和区村先后创办了《歇马侨刊》和《区村之音》两份侨刊。在沟通乡情、侨情，促进家乡建设方面发挥了很好的作用，获得海内外乡亲的一致好评。时至 1996 年，离香港回归祖国的时间越来越近，圣堂镇的领导们觉得亟需一份镇级侨刊来加强与海内外乡亲的联系，后在乡贤冯炎、陈洪兆、梁洽明、冯锦练、陈培根、吴苏平等人的共同商议下，于同年 12 月创办了《圣堂侨刊》。

圣堂镇位恩平市中部，东与君堂镇一水之隔，南与东成镇接壤，北与牛江镇交界。宋咸淳九年（1273 年）建墟，在明清两朝分属水东、仕洞都。

1912—1956 年属第三区，1957 年撤区设圣堂乡，1958 年改公社，1983 年改区，1986 年撤区建镇。现辖 12 个村（居）委会，总面积 56.65 平方公里，户籍人口 26618 人（2018 年），港澳台同胞、海外侨胞 2.1 万人。

圣堂镇是一个典型的农业大镇。据 2016 年 12 月统计，全镇耕地总面积 28395 亩，其中水田面积 23122 亩、旱地面积 5273 亩，山地面积 11408 亩。

近年来，圣堂镇政府通过认真研究，精心组织，积极实施，大力调整农业产业结构，发展其他种植业的养殖业。调整后，全镇蔬菜种植总面积达 2000 多亩，年产蔬菜 3000 多吨。其中三联村委会蔬菜基地发挥着积极作用，常年供应恩城市场。同时，圣堂镇还大力推广湛江遂溪专业户林世贵在三山村委会平山村种植原产巴西试管香蕉的经验，鼓励农民大胆种植巴西试管香蕉。据 2018 年 12 月统计，全镇香蕉种植面积达 5200 亩。该镇的香蕉种植大户有 42 户分别来自番禺、中山、遂溪等市县。香蕉基地的发展，为该镇农村解决了 1000 多人的就业。目前，全镇已初步形成以大规模香蕉生产为主的特色农业。

在调整农业产业结构中，引导农民养殖美国青蛙是该镇的一项重要举措。其中新塘村 40 户农民中，除 1 户因劳动力不足没有养殖外，其余 39 户均养殖了美国青蛙。2016 年，全村养殖青蛙面积达 92 亩，平均每户 2.4 亩，成为恩平市名副其实的“青蛙村”。据统计，全村 2016 年青蛙总产量约 200 吨，按平均每斤 6 元计算，全村总收入可达 240 万元，户均收入约 6 万元。在新塘村户户养殖美国青蛙的势头带动下，全镇其他村也掀起了养殖青蛙热潮，甚至连远在广州做生意的两位老板也放弃了原有生意，来此甘当农民，在圣堂镇长安村委会承包了 50 多亩农田养殖起美国青蛙来。据 2016 年统计，全镇养殖青蛙的农民共 58 户，总面积 162 亩。现在，养殖青蛙已成为圣堂镇农民致富的一大好途径。

圣堂镇长安村古称长安垌，地势平坦，土质肥沃，生产潜力大，又靠近锦江河，但因为河岸落差大，以前乡亲们只好望洋兴叹。据传，明天启元年（1621 年），长安垌人氏梁维栋，由于对治国安邦方法颇有见解，深得朝廷赏识，被委以“贡佐”派往陕西同州任主事。因为政绩显著，朝廷拟对其破格擢升，他却以病为由婉言谢绝，并于天启五年（1625 年）辞职回乡。梁维栋在乡下著书立说，过着隐居式的潇洒生活。然而，他见到乡亲们生活艰苦，决心带领他们一起开展农田水利建设，改变长安垌的耕种条件，以发展农业生产，改善乡亲们的生活。

良西河发源于良西西边二十四坑的龙潭九凸，流经龙安塘、鹤平、热水、横屋、塘皋等地。梁维栋与乡亲们经过一番实地考察后，于明末清初年间，在塘皋村背后建筑一条水渠，提高水位，然后又把吉安迳劈开，让河水流进长安垌及进职一带，灌溉大批农田。工程完成后，为了教育后人，乡亲们把此举概括为“上至龙潭九凸，下至崩山海口”“挖泥成河，穿山凿石”四句话流传至今，家喻户晓。

在工业方面，圣堂镇正以承接产业转移为主向，做大做强现有特色企业和发展新特色企业，立足发展灯饰、电子、造纸、饮食、纺织、食品、建材等特色产业，使全镇工业经济得到迅猛发展。

在旅游方面，圣堂镇以歇马举人村为龙头，以区村名堂，官路桥，唐明照、冯燊、禤荣等名人故居为延伸，初步形成了全域旅游格局，吸引着珠三角乃至省内外广大游客前来观光。

歇马侨刊

《歇马侨刊》是恩平市圣堂镇歇马村自办的一份乡刊，也是该地梁姓族人创办的一份族刊，创刊于1988年6月，刊号为CN-44（Q）第0099号。创刊时社长梁燮闲，编辑梁达威，栏目主要有《市乡新闻》《乡亲往来》《文化教育》《侨情》《专题报导》《歇马风情》《诗词》《财务报告》等。曾获“广东省侨刊乡讯评比”三等奖。

《歇马侨刊》创刊号（1988.6）

创刊之前，恩平县政协应歇马村旅外乡亲请求，于1985年8月26日由政协发出通知，邀请歇马在恩城的在职和离休干部20多人召开座谈会，商讨有关出版《歇马文史专辑》（以下简称《专辑》）事宜，大家一致赞成，并即席推出筹备委员45人，做筹备工作。9月15日，筹委会假歇马乡政府举行成立大会，并确定出版委员会、编辑委员会、顾问等人选，以及首期内容、出版时间、经费等事项。后经政协领导人亲临指导，歇马海内外乡亲共同努力，于 1986 年 1 月出版第一辑。至 1987 年 10 月，共出版了四辑。

在出版过程中，歇马人群策群力，所有出版经费都是自筹。第一、第二期经费，主要是旅港乡亲资助；第二期出版后，他们将《专辑》分寄到美国、委内瑞拉、加拿大、多米尼加、马来西亚等国华侨手中，并附函约请他们撰稿支持。海外乡亲桑梓情深，不仅寄来一些史稿，还寄回港币 1050 元、加币 330 元、人民币 200 元；旅港乡亲又寄回第四期出版经费 6100 港元，不少旅港乡亲更是多次捐款。旅港乡亲梁佐先生为筹集出版经费，曾四处登门募捐，功劳最大。

1987 年 5 月 29 日，《专辑》出版委员会请歇马乡政府出面召开第四辑写作座谈会。大会同时决定，《专辑》第四辑出版后，从下期起改为《歇马侨刊》，并向省市有关部门申请独立刊号，公开发行。后经大家共同努力，《歇马侨刊》于 1988 年 6 月正式面世。

关于歇马梁姓族人的源流和开枝，据《恩平文史》介绍：

歇马，其称有三：一是梁姓的歇马房；二是梁姓人聚居一带的歇马洞；三是歇马村……歇马村位于古朗绵乡水东都二图，今圣堂区歇马乡。它是恩平吴梁冯郑四大姓之一梁姓人的头面村，故而有名乡大族之称。

歇马村梁姓人的祖先，原居于南雄珠玑巷。南宋开禧元年（1205 年）因皇上失妃事，34 姓 97 户南逃而下，其间就有梁弘益、梁淳化和梁维三人。翻阅梁姓歇马房族谱，六十五世祖抚民公是居住于南雄珠玑巷，公生有永保永安永寿和永定四个儿子。根据史载，六十六世祖永保公由南雄迁广州，后迁古冈州（今新会区）仓步巷，再迁开平；永安公的后代居于南海番禺佛山三水等地；永寿公的后代居于阳江新兴恩平等地；永定公的后代居于东莞增城顺德等地。南宋开禧元年正月十五日南逃而下的梁弘益、梁淳化和梁维是不是永保永安永寿公等化名，史料未有考证。但是，歇马梁姓之祖永寿公，确实当时由南雄南逃定居于阳江那洋地面之人。

永寿公生二子，长子江翁、次子海翁，此兄弟两人以赶鸭为活。据传说，他们经常由阳江赶着鸭群到新会（古冈州）去卖。后因路途太远了，就以进职岭（今圣堂进职乡）为歇脚点。见此地耕作有利，便逐渐在此立业（后兄弟分家，江翁分得一个叫梨园碣的地方）。

当时该地还是一个荒芜近水的山坡，是个放鸭的好地方。今东成区石路乡塘马园、尚岗和松山尾三条村，原先有麦周张三姓居民于地居住。自江公分家得梨园歇后，在此放鸭，传至龙锡、师达、仕安、广宗而至胜镇数代单传……后得一地师点化，送他一穴“犀牛望月”，俗称“生癞牛”安葬了祖父仕安公，而胜镇出了十房子孙。同时，地师还教他与麦周张等认亲结契，谋占荒芜的山坡他日立村。

胜镇，歇马人称他为“太祖”。自他至今已有二十三代人……因为他生了……十个儿子，从此，子孙日渐繁衍，变了个横枝占大树，原先麦周两姓的居民，已迁往别处去了，只有张姓的现在还留下两户人家。而长房彦光、四房彦敏、六房彦荣、八房彦政、十房彦晚的子孙也开居他省别县去了，就是三房彦高的子孙也多数开居新兴。歇马正村只居有二房彦铭、五房彦坚的子孙。后来人口增，于歇马村附近分立了十个春社：歇马村分东、中、西三个社、尚岗村一社、塘马园村一社、松山尾村一社、东溪里一社、庙左村一社、中间村一社、石路村一社，这统称为“十怀社”，意思包涵于歇马围内。由于人口不断增加，遂再向周围扩散建村，故有歇马洞之称。它包括圣堂区的歇马乡、三联乡，附城区的平富岗乡，东城区的四联乡、石桥头乡、石岗乡和草坑乡。在这些乡中，绝大多数居民是歇马梁姓开居的。再后一些时间更有些人迁居那吉区、荫底区、良西区、横陂区及县内各处去谋生。

歇马村之所以在恩平境内能久有名乡大族之称，一是功名爵禄多：自明至清末，从九品至正二品的就有430多人。清咸丰年间，村上的梁元桂……就是正二品官，曾任台澎兵备道兼理提督学政，一掌三印，名贯一时；二是歇马人的祖尝田产多：村上几乎大小太公都遗下有产业，特别于清同治五年（1866 年）土客相斗结束后，全部客家人被遣送别省他县，歇马人乘机廉价大量投充其田产，从此，手上拥有更多的土地，于县内居首。①

最令人惊奇的是，歇马村后期的发展过程中，不知是有心还是无意，把整个村场都建成了马形，并且有“马头”“马腰”和“马尾”。“马头”的巷道排水渠全是明渠，被称为“马骨”；“马尾”则全是暗渠，被称为“马肚膜骨”；而暗渠的下水道井盖，全部铸成金钱形状，村前的水塘就被喻为“马肚”。据说歇马之“马”为雄马，所以在“马尾”处有两块大石，象征马的生殖器。

恩城梁家祠（梁氏祠）于乾隆五十年（1785 年）左右由歇马房梁君杖公讳应浦集恩平、开平两县宗支力量建于恩城水街。

相传，动工兴建时，当时在任的县太爷非常迷信风水，说梁家祠如建在此地，将截断鳌峰龙颈，骑了县衙门的脉，于县政不利，故多方阻挠，使梁家祠一时不能兴建起来。当时的执事左右盘算后，想出一个对策：先叫人把祠门横匾写好，暗暗抬至祠堂选址地，待四处墙基未垒，一夜之间先砌好门口，并挂上祠门横匾。第二天，县衙卒见了，连忙报告县太爷。县太爷急急赶来，方欲阻挠，但见横匾上大书“梁氏先贤千乘侯祠”八字，气得碌眼吹须，却奈何不得。原来，横匾上所说的先贤，是指孔门七十二贤中的梁鳣（鲤）。梁鳣，字叔鱼，幼居齐国，闻仲尼设教于泗杏坛，乃迁于鲁曲阜，从孔子为弟子。西汉景帝之初，封“千乘侯”，列为先贤，从祀孙子居两庑之中。先贤名分，谁敢动他一根毫毛！

历时年余，祠建有成，族中各人可将先人名牌入祀祠中。梁家祠分正间、偏间两种，捐钱多者入正间，捐钱少者入偏间。同时，梁氏族人还组织了一个“千益会”，每一份若干银两，将所得的银两贷出放生，薄积尝

① 《恩平文史》第 9 期第 5 页：《歇马沿革》，1986 年 1 月。

产，为日后春（农历正月二十七日）秋（农历九月初七）二祭之用。每年春秋二祭时，所入祀牌位和有千益会会份的，都有银两分红。至光绪年间，顺德梁耀枢中状元后曾特给梁家祠送来金铂木雕的“状元及第”长方直匾，给祖祠增添了光彩。只可惜，1951 年，祠已拆毁，现不复存在。

春秋二祭时还有具体规定：经科举考试中试者为正路功名，站在中间行列；得先人余荫或用钱买得七品以下官者为异路功名，站在左右两旁；全无功名者，站在后排。据传，每次春秋二祭，牛路塘村也有十余人参加，但无一人有资格站在中间行列。村人梁远岳认为此乃耻辱一桩，遂与父老商议，想办法创造条件，训练子侄，考取功名，以雪前耻。结果五年之内，连中三名武举人、七名武秀才。故此曾盛极一时。现在，牛路塘村还存有中举人竖桅杆一支，长约 6 尺；刻有年份姓名桅杆夹石三对等文物为证。

现在的恩平歇马村，是“中国历史文化民村”“全国文明村”“全国特色景观旅游名村”“全国绿色小康村”“广东省生态示范村”“广东省最美丽乡村示范区”。2019 年 12 月 31 日，入选第二批国家森林乡村名单。

区村之音

《区村之音》创刊号（1988.10）

《区村之音》是恩平市圣堂和良西两镇其中古称为“区村”的部分乡自办的一份乡刊，也是该地冯、何、禤三姓族人自办的一份族刊，创刊于1988年10月，刊号为CN-44（Q）第101号。服务范围为古“区村”所在区域，包括圣堂镇的区村、三山、水塘、溋朗四个村委会及良西镇部分村委的冯、何、禤三姓居民及所属乡亲。创刊时社长冯松彬，主编冯富永，栏目主要有《乡讯》《探亲与旅游》《本县新闻》《海峡两岸情》《两镇要闻》《文化与教育》《侨情特稿》《区村史话》《侨乡人物》《风情与传说》《诗词文苑》《来鸿选登》等。曾获“广东省侨刊乡讯评比”表扬奖。

鉴于区村历史悠久，源远流长，人杰地灵，文物丰富，念先辈创业之艰，为后世造福之劳，以发扬先辈业绩，教育后代，联络海内外乡亲，振兴中华，1986年年初，生于斯长于斯的、时任恩平县县长的冯炎君倡议出版《区村文史专辑》（以下简称《专辑》）。4月，成立了《专辑》出版委员会。五六月间，先后出版了两期《区村文史通讯》，借以传达乡情，推动工作。此后，在恩平县一些政府机关干部、中小学校教师、区村乡亲以及附近一些知情老人的大力支持下，海外侨胞纷纷解囊相助、提供史料，最后于同年 8 月、1987 年 4 月、1988 年 3 月，借《恩平文史》之名分别出版了三期《区村文史专辑》。这三期《专辑》史料翔实，内容丰富，得到了广大乡亲和海外侨胞的赞誉。此后，大家热情高涨，遂提议将《专辑》办成定期出版刊物，内容除原规定的文史资料外，新增加新闻报道、生产经验交流、海外乡亲动态等，并取名为《区村之音》。1988 年 6 月 5 日，《区村之音》侨刊社正式成立。同年 10 月，《区村之音》宣告创刊。

《区村之音》的报道范围涵盖恩平良西和圣堂两个镇的部分村委会或村庄。原来这一带于清末至民国初期属恩平第三区管辖，始称区村乡（即古区村）。新中国成立后，区村建制几经更迭，部分村庄划由良西镇管辖，部分村庄划由圣堂镇管辖，而《区村之音》创办时，自定报道范围仍以古“区村”为限，所以就涵盖两个镇了。

古区村的村民以冯、何、禤三姓为主，另有吴、黄、邓、许、李、钟等姓间居，历来和睦聚居，相安无事。关于冯、何、禤三姓源流，据《恩平文史》介绍：

冯姓原是姬姓，缘因周文王第十五子毕公高之孙，于西周建国始食采邑于冯城故赐以姓。则凡冯姓者，皆出于文王之支派也。冯姓始居北平龙城脉，五季时，宋文帝元嘉十三年丙子（436 年），魏兵伐北燕，燕败，奔于高丽（今朝鲜）。一世祖讳业，奉父王弘命，带 300 人，浮海奔宋（今河南省），避地南迁，卜居五羊岭，粤东始有冯姓焉。缘此广东冯姓奉业公为始祖。嗣后冯姓子孙蕃衍遍居岭南各地。十八世祖元英公迁居南雄府保昌县沙水村珠玑巷，相传三代，历安无异。二十世祖讳灏字复春公，妣米氏夫人，南宋开禧元年（1205 年）正月，因皇妃苏氏之祸……兄弟叔侄九人，迫得与始兴县罗贵祖等共 97 家，团词造迁，乞县批准南迁。同至冈州、大良、古朗、横江，凭里人龙应达、冯天成等保结赴县，立籍安居……复春公初居新会县廊绵里，继迁居于今之恩平县仕洞村石潭。恩平之有冯姓，自复春公始。因此，复春公实为恩平冯族之始祖。继之五世祖，只得长三六房，二四五房失记。长房日炳公，今那井、莲塘、梨园皆其后也；三房良臣公，今电白、牛门一派是其裔也；六房良智公，今仕洞、区村、良东雁鹅、小涊、石榴坑皆其后裔……此乃区村冯姓居民之由来。

何姓出自周成王同母弟唐叔虞后，封于韩。公元前230年，唐叔虞裔孙韩王安为秦所灭，其子孙遂散居于江淮。因韩与何音谐，以韩为何，遂为何姓。何氏谱载，十代之裔孙圣功，仕淮南王出守榕城，其时淮南王萌不轨，九子力谏圣功不听，九子慕浦田之山水，乃辞父于榕城，迁入闽之浦田。何氏入浦后至七代裔孙何源，字来远，号清甫，原福建省兴化府莆田县延寿里嵌头村大榕树下人，宋季进士。宋南渡（1127年）念一宣教于广东，任满时逢盗贼峰起，道路不通，难以归莆，遂择古冈州（今新会区）登名都龙塘村而居焉。何源为何姓由闽入粤之始祖。至八世裔孙观晏始由古冈州龙塘村迁于恩平区村居住，时约在元朝泰定四年（1327年），故观晏公为何姓迁恩平之始祖也。

禤氏族中世代相传，始祖禤公，原居南雄，约在南宋开禧元年（120年），因皇上失妃而祸及。禤公夫妇驮儿带女，随34姓97户人家南迁。初定居于三水县河口，后再迁恩平……禤师护公约于明朝永乐前后（1394—1404年）逼于逃灾避劫，从三水县携带茅公、尾公二儿迁徙来恩平隔巷村定居……据记忆所述，师护公确实是从三水迁来恩平，是开族之始祖。①

区村地方虽小，但人杰地灵，自古有“区村明堂马歇水”之美誉，而这句话是出自清乾隆年间恩平知县曾萼之口。据传，恩平知府曾萼有一次乘轿出巡，经过圣堂区村之地时，在轿里向外观望，见不远处有一排坐

---

① 《恩平文史》第12期第10页：《区村居民之由来》，1986年8月。

北向南的村舍，只见其屋顶，难见其全貌。村四周有小山岗环抱，竹木参天，风貌不凡。再前行不远，眼前一亮，心中一怔。只见前面那排村落井然有序，村前一片开阔，群山流水汇集于此后向西流去，明堂宽阔，四水归堂，气势磅礴。于是曾萼传令下轿步行，以亲临其境。左右见状问其故，曾赞叹曰："此地明堂脱俗，乃大富大贵之乡，岂能失于礼仪？"

少顷，曾行抵区村，于村中一祠内与乡民们闲谈小聚，问及此地是否一族独居，父老答乃数姓集居，彼此和睦相处，亲密无间。曾听罢，尤感钦羡。当谈到地方仕宦名流时，曾赞曰："区村明堂，人才辈出，地灵人杰，不枉此行。"曾晚上回到府衙后，还提及此事，念念不忘。"区村明堂"就此传开。

现之区村，确实是山清水秀。大部分分布于三洞之间，即松仔岭、三山、凹口等村前之七塞洞和水浪洞；凹底、那居两村的凹洞之间。三洞四周，小丘环抱，中央平荡开宽数里（5000多亩水田），状如盆座莲叶，可称得上是天然的"小天府"。区村之粮仓——蛇窿（土名），人们视为至宝，常说："蛇窿金腰带，宁愿卖仔唔卖契。"

七塞洞之水，源于良东大地岗而入区村；水浪洞之水，源自良西之麒麟山经鹤咀、那面、凤山而入区村；凹洞之水，源出良东田螺坑而入区村。三条水道同时汇入区村，势如倒海，尽倾三洞。区村三洞，并有龟山，南有蛇山，西有獭山，成为锁水三峡，所以三洞水源充沛，利于耕种，使这里成为不可多得的鱼米之乡。但由于水源充沛，也曾积水成涝，成为水害。新中国成立后，经过土地改革，开展大规模农田基本建设，1968年，通过疏通和拓宽开平合山河，基本解除了区村积水成灾的隐患；1973年至1974年，又将拱桥坝扩大挖深，改旱埒水与之贯通，直通赤坡潭，实施引流。如今的三洞，真正做到排灌合理，旱涝保收，成为富饶而美丽的宝洞。

均安侨刊

《均安侨刊》是恩平市君堂镇均安地区创办的一份乡刊，创刊于 1989 年 12 月，刊号为 CN-44（Q）第 0118 号。创刊时社长郑文富，主编郑炳光，栏目主要有《县镇新闻》《均安新闻》《乡镇往来》《人物介绍》《教育园地》《地方史料》《百花园》等。曾获“广东省侨刊乡讯评比”三等奖。

均安圩位于君堂镇羊栏村背，地处旧称均和乡及安和乡之间，故起初命名为均安市，1950 年改为均安墟。

《均安侨刊》创刊号（1989.12）

均和乡（琅哥、石潭）和安和乡（清湖、杨屋、牛皮塘、横冈头、六斗田）等村地处恩平东部边陲，以前，当地乡民集市买卖都要到离乡 10 多里的君堂圩、圣堂圩、船角圩或东成圩，极为不便。同时，这里一带村庄在海外谋生的人多，书信投递和外汇兑换诸多困难，因此于民国十八年（1929 年），两乡父老根据群众意愿酝酿建设新圩，首先成立“均安市筹建委员会”，推选黎瑞荣为名誉主席、黎玉衡为主席，委员若干名；随后立即开展立墟选址与筹建工作。

安和乡羊栏村背有一片30多亩的朗地，缺水瘦瘠，常丢荒不种。这片地除有小块是鹅六村郑厚畅的，余下的都是连塘乡东头村冯福隆的祖尝地。两乡父老认为这片地地处两乡中心地带，交通条件也好，在此建圩极为合适，与业主协商，业主同意有偿出让土地为建墟用。

为筹款建墟，筹建委发动两乡的富商巨贾与各姓祖尝和旅居中国港澳地区及旅美、加等地乡亲认股，每股双毫银币10元，分期偿还。琅哥牛庵坦村唐正簪是香港南北行街纶章绸缎铺的经理，主要负责联系海外乡亲集股，几经筹集，成绩显著，但资金仍匮乏。县财政委员郑泽秤将自己的积蓄先行借垫，才使建墟速度加快。

建墟时，随着工地全面施工，大批从业人员涌来，简陋的小食店和杂货铺应运而生。

均安市墟规划为回字形，南北向铺位各30间，东西向铺位各8间，各方位皆设有出入口；所建的店铺门面长阔高低统一规格，铺前设有约4米阔的骑楼，外形整齐美观；中央为墟廊，盖有简易四通八达的砖瓦房，作为墟日流动商贩摆卖农副产品和其他物品的地方。

民国二十年（1931年）年底，已有65间铺位进驻开铺，计有米机、茶楼、布匹、百货、油、糖、酒、米、饼、药、当铺、医务所等各类型商店，建墟期定为每逢农历的一、四、六、九日。每逢墟日，车水马龙、热闹非凡。

均安市墟陆路有企南公路（后改为恩君公路）经过，上至恩平，下至开平赤坎；水路有锦江河，船运货至马髻，再用鸡公车或人挑驳运6公里到达均安。均安货物大部分从赤坎和三埠进货，有众多水陆客穿梭来往，专营采购和货运业务，也有来往港澳的水客常带进洋货，使当时的均安市货色多、品种全，吸引远近众多乡民。抗战时期，各墟市经济不景气，因均安市位处边陲，未受战事影响，兴旺如故。台、开两县相继沦于敌手，两县的邮政、银行等机构陆续搬迁到均安市避战祸，使均安市一时商贾云集，人口骤增至四五百人，剩余的商铺被租赁一空，市场交易非常活跃。

抗战胜利后，侨汇畅通，经济复苏，均安市进入鼎盛时期，各行各业的开设如雨后春笋，盛极一时。

新中国成立后，所有店铺改为国营或公私合营，商品供给更加充足。1986年，得到海内外乡亲的热心捐助，在均安墟北面兴建均安中学。均安墟日趋繁荣。

鹤山市

鹤山乡讯

《鹤山乡讯》是鹤山市侨联会主办的一份县市级侨刊。它的前身为《鹤山侨刊》，创刊于 1962 年，出至十多期后因故停刊。

《鹤山乡讯》复刊号（1983.1）

改革开放后，鹤山各行各业飞速发展，城乡面貌为之一新。旅外乡亲纷纷回国观光、探亲或访友。同时，有的投资办厂，有的捐输公益，对家乡建设做出各自贡献。可是，旅外乡亲或因事务羁身，来去匆匆，或因年事已高，不方便经常回乡，所以对梓里发生的日新月异的变化，未尽了了。有鉴于此，鹤山侨联会为方便旅外乡亲及时了解乡中情况，加深海内外乡亲之间的联谊，于是提出复办侨刊倡议。最后，在各方力量的积极协助下，尤其是在港澳同胞和海外侨胞的大力支持下，《鹤山侨刊》于 1983 年 1 月正式复刊，并改名为《鹤山乡讯》，刊号为 CN-44（Q）第 0089 号。复刊时主任吕宝和，主编李耀明，栏目主要有《侨乡通讯》《侨乡史话》《本邑掌故》

《谈杂》《邑人佳作》《诗词》等。曾获“广东省侨刊乡讯评比”二等奖。

在五邑地区各县市中，鹤山置县时间较晚。据鹤山市人民政府介绍：

清雍正十年（1732 年）从新会划出古劳、新化、遵名三个都及开平的双桥都全部，古博都的部分地方，新置鹤山县，在大官田筑城为治所，治所称鹤城，隶属肇庆府。民国二年（1913 年）县城迁至沙坪。中华人民共和国成立初，鹤山县属粤中专区。1952 年 5 月与高明合署办公，至 1954 年两县恢复建制。1956 年鹤山县属佛山专区。1958 年 11 月 16 日，鹤山县与高明县合并，称高鹤县，仍属佛山专区。1959 年改隶属江门专区，1961 年 10 月改属肇庆专区。1963 年划归佛山专区。1981 年 12 月 16 日，恢复鹤山、高明两县建制，鹤山属佛山地区。1983 年 6 月 1 日，实行市管县，鹤山县隶属江门市。1993 年 11 月 8 日，经国务院批准，同意撤销鹤山县，设立鹤山市（县级市）。①

鹤山撤县改市后，由江门市代管，县政府驻沙坪街道。现辖 1 个街道和 9 个镇，总面积 1082.73 平方公里，户籍人口 38.66 万人（2020 年），港澳台同胞、海外侨胞约 36 万多人。

鹤山市先后跨入“全国 80 个小康县（市）”“全国综合实力百强县（市）”，连续四年上榜“全国投资潜力百强县市”，荣获“全国绿化百佳县（市）”“广东省卫生城市”“广东省县级文明城市”“全国文明城市提名城市”等称号。2019 年 12 月 28 日入选“2019 年全国营商环境百强县（市）”，2020 年 6 月 30 日入选“第二批革命文物保护利用片区分县名单”。

鹤山市城市建设分为北、南、西三个经济组团。北部组团以城区为中心，古劳、龙口、桃源、雅瑶四镇协调分工、共同发展。南部组团以共和—址山镇为中心，西部组团以宅梧镇为中心，分别带动周边城镇发展。其中，址山镇和共和镇是广东省中心镇。

---

① 鹤山市人民政府网：《建置沿革》，2021 年 4 月。

鹤山市是珠江三角洲一座新兴的工业城市，中国印刷产业基地、中国男鞋生产基地，目前已形成纺织制衣、印刷、制鞋、电子电器、化工、五金不锈钢制造等六大支柱产业，形成具有一定规模的工业生产体系。美雅集团公司成为世界最大的毛毯生产企业，银雨灯饰有限公司为世界较大的灯饰生产企业，雅图仕印刷有限公司是中国最大的印刷企业之一。美雅拉舍尔毛毯、华山泉矿泉水、比力奇电热水器、鹤山电机、明可达台灯、东古酱油、胜利厨具及鞋类、灯饰、制伞、时装等一大批优质产品饮誉中外市场，近 200 个产品荣获省级以上名优新产品称号。

鹤山市历来是广东省商品粮基地，并在稳定粮食生产的基础上，大力发展“三高”农业，加快推进农业产业化进程，使传统农业向商品化、基地化、现代化方向发展。现已初步建成优质粮、蔬菜、西瓜、粉葛、水果、生猪、三鸟、水产、花卉苗木、木薯十大农产品基地。

清朝中叶至 20 世纪 80 年代，“红烟”在鹤山曾红极百年，是鹤山经济支柱产业之一，鹤山著名土产，响当当的名片。红烟原产于南美洲，明代由菲律宾输入闽粤两省。清乾隆十九年（1754 年）至嘉庆年间，鹤山已大面积种植，产量居全省之冠。雅瑶、桃源、龙口一带逐步成为红烟主产地，年产量高达 5000 吨。《广东通志稿》有“鹤山县以产烟驰名，每年出口在百万金（白银）外”记载。到 20 世纪 30 年代，为鹤山红烟产销鼎盛期。新中国成立后，鹤山红烟的生产又有新发展。至 1986 年，鹤山县成为全国 31 个烟叶出口生产基地之一。鹤山红烟有上南、下南、上西、下西（指地域）之分。其中以上南红烟为最佳，而上南红烟又以芸蓼红烟著称。芸蓼红烟乃指今雅瑶芸蓼村黄坑猪公袍（土名）所种植的红烟。上南红烟以烟质黄净、肉厚，烟味香醇而驰名中外，远销至南洋群岛等地。著名品牌有“黄坑烟”“云蓼烟王”等。新中国成立初期，上南村民每年种植红烟达 173.3 公顷，是经济收入的主要来源。1951 年，著名民主人士司徒美堂先生视察上南“李义兰烟厂”时，村民托他将数扎顶级黄坑红烟送给毛主席品尝，毛主席收到后曾来信表示感谢，此事在当地成为美谈。近年来，由于种植红烟效益较低，多数村民已改种其他经济作物，只有少数烟农少量种植用于自吸。

鹤山景色秀丽，拥有雁山风景区、马山、仙鹤湖、古劳水乡、大凹关帝庙等旅游景点和东坡亭、铁夫画阁等旅游度假胜地和人文景观。其中，铁夫画阁位于鹤山市雅瑶镇陈山村，是为纪念著名爱国画家李铁夫先生于1983年而建的。李铁夫先生是一位富于正义感而有节操骨气的爱国者，早年投身革命，曾先后加入兴中会和同盟会，并亲自担任同盟会纽约分会书记达六年之久。孙中山先生曾撰文称他为“东南亚巨擘”。他为推翻封建帝制、建立共和国做出了杰出的贡献。

址山乡情

《址山乡情》是鹤山市址山镇侨务办、侨联会联合主办的一份镇级侨刊，创刊于1989年12月。创刊时主办邓家乐，主编周志贤，主要栏目有《侨乡辑要》《乡土情》等。

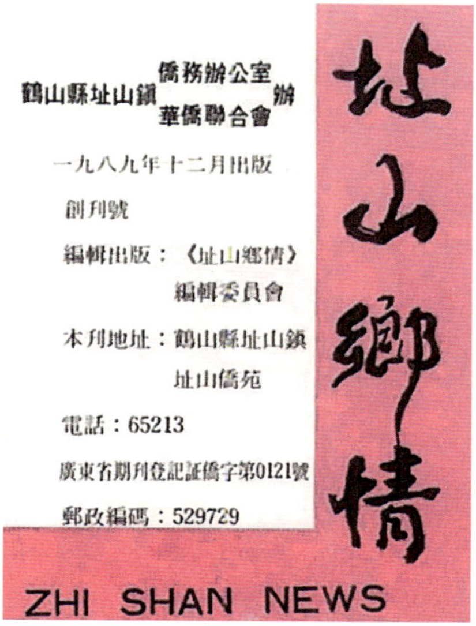

《址山乡情》创刊号（1989.12）

址山镇位于鹤山市南端，与新会区司前镇，台山市公益镇，开平市水口镇、月山镇接壤，是全国重点镇，广东省省级中心镇之一。

据悉，清乾隆元年（1736年）设址山。民国时改第四区。新中国成立初期改第三区，1953年改址山乡，1958年改公社，1983年改区，1987年建镇。现辖13个村（居）委会，总面积98.22平方公里，人口46500人（2017年）。

近年来，址山镇已初步形成以先进装备制造业、新材料、金属制品、电子电器等为主体的现代工业体系，把握“双区驱动”“双城联动”重大发展机遇，紧紧围绕鹤山市建设“湾区现代化创业之城”总体定位，“三带三心”城市格局，全力打造“产业优、生态美、文旅兴”的鹤山南部强镇。

址山镇是中国水暖卫浴五金产业基地和出口基地，现已形成“原材料供应—核心部件生产—卫浴机械制造—名牌产品产销”这一完备的五金卫浴产业链，全镇共有五金卫浴企业200多家，投资规模超10亿元。2020年12月，信义玻璃正式落户址山镇。信义玻璃集团作为全国规模最大、效益最佳的玻璃行业先进企业，计划投资20亿元打造址山玻璃产业基地。该项目的建设，标志着址山镇新材料产业发展开启了新篇章，将为鹤山市高质量转型发展厚植新的优势、注入新的动力。以此为契机，鹤山市将引进世界上先进高端的玻璃深加工配套产业，加速提升节能环保玻璃产品的上下游产业链，打造年产值超200亿元的节能玻璃特色产业园，进一步推动该市玻璃深加工产业的发展。

在农业生产方面，址山镇也有其大手笔的一面，划出1万亩水田规划为优质农业生产基地，种植“址山米”，其中，“恒香米”荣获广东省无公害农产品质量认证，成为五邑地区最畅销的米品牌之一。

址山镇有两个地方值得游人一去。一是神秘莫测的铜鼓潭，二是红色教育基地张怀楼和云清楼。

铜鼓潭位于址山河段，乌鸦山下，以声响与旋涡而称著，曾被誉为鹤山传统八景之一。

张怀楼坐落于址山镇云中村，由当地华侨张怀建于民国初年。该楼坐西北向东南，楼高四层，西式钢筋混凝土结构，占地面积342平方米。时至今日，其外墙的累累弹痕依然清晰可见，铭刻着70多年前云乡人民的一场伟大壮举。

云清楼也建于民国初年，楼高二层，占地面积379平方米。

1945年春，国民党顽军疯狂地“扫荡”新高鹤抗日根据地。3月6日，国民党顽军“挺三”纵队、“挺五”纵队纠集鹤山、开平两县反动自卫队共1000余人，兵分六路大举“围剿”鹤山云乡抗日根据地。此时，驻云乡的广东人民抗日解放军第二团到外线作战，只有部分战士和抗日自卫队队员、乡民主政权干部10余人留守云乡。战斗打响时，云乡乡务委员会副主席樊仲威、自卫队副队长张志德镇定指挥应战。他们兵分两路，樊仲威带领部分战士坚守云清楼，保护楼内群众安全，张志德率6名战士于张怀楼迎击敌人。

国民党顽军攻入云乡拳头山村（现称云中村）时，即向张怀楼发起猛烈进攻。云乡抗日自卫队队员张志德、张乔龙、张泽林、刘宝霞（女）、李名扬、张帝荣英勇反击，连续打退敌人多次冲锋，毙敌多名。顽军久攻不下，便在楼下堆放干柴，浇上煤油，纵火焚烧张怀楼。战士们临危不惧，一面顽强迎击，一面用水冷却烧红的铁门。在与顽军的战斗中，张帝荣由于开窗查看情况被击中身负重伤。至深夜，张帝荣强烈要求留下做掩护，母亲彭氏由于年迈留下照看张帝荣，其余五人趁敌不备，用被单拧绳，趁黑夜从四楼悬绳而下，成功突围。翌日，顽军爬入楼内，逐层搜索，张帝荣落入敌手，英勇就义时年仅33岁。

战斗至7日中午，顽军直逼云清楼，也准备用火攻杀害楼内的群众和战士。为保护他们的生命安全，据守云清楼的乡务委员会副主席樊仲威和抗日自卫队战士樊纪云主动开门出楼，被顽军当场杀害。

2016年，张怀楼被中共江门市委党史研究室确定为“江门市中共党史教育基地”。

2018年，张怀楼、云清楼被广东省委宣传部确定为“首批广东省红色革命遗址重点建设示范点”。

2019年11月15日，鹤山第三届梁赞咏春文化节暨“相会云乡山水弘扬红色旋律”址山镇首届红色文化·客家风情旅游嘉年华活动在址山镇云中三村及学张公祠正式拉开帷幕，旨在将红色文化与优质乡村生态旅游资源充分融合，以红色旅游为抓手带动乡村振兴发展，努力把址山建设成为“工贸强镇、旅游新镇、宜居小镇”。

2020年7月6日，址山云乡革命史迹陈列馆正式启用，成为址山镇进行爱国主义教育的最佳场所。

古劳乡音

《古劳乡音》创刊号（1997.12）

《古劳乡音》是鹤山市古劳镇侨联会主办的一份镇级侨刊，创刊于1997年12月，刊号为CN-44（Q）第0151号。创刊时主任任振安，主编吴少驹，栏目主要有《乡音拾萃》《桑梓情浓》《教育芳丛》《环宇风情》《侨乡通讯》《侨乡人物》《侨乡风物》《艺苑繁花》等。

1997年，古劳镇经过改革开放后近20年的发展，各级经济跃上了一个新台阶，镇容镇貌发生了翻天覆地的变化。此时，镇委镇政府意识到对外宣传的重要性，主要领导亲自挂帅，积极支持创办这份侨刊。最后，在旅外乡贤鼎力支持，冯学洪、吕卓平两位乡亲免费赠印，古劳建筑工程公司以及古劳恒达鞋业公司等热心捐助下，《古劳乡音》于同年底创刊。

古劳镇位于鹤山市北部的西江河畔，毗邻鹤山城区，与佛山市南海区隔江相望，水陆交通便利，是珠江三角洲较原始的“美丽水乡”，也是鹤山市的经济重镇。清雍正十年（1732 年）建古劳都，1913 年改第一区，1953 年改古劳乡，1958 年改公社，1983 年改区，1987 年建镇。现辖 13 个村（居）委会，总面积 68.22 平方公里，总人口 3.25 万人（2017 年），港澳台同胞、海外侨胞 3.5 万人。

古劳镇先后获得“江门市强镇富民先进镇”“江门市文明村镇”“江门市发展经济先进单位”“广东教育强镇”“全国亿万农民体育先进乡镇”等称号。这里有历史悠久、内涵丰富的中国咏春拳一代宗师梁赞故居，香港东亚银行创始人李石朋故居，中国一代影星蝴蝶故居，清末起义军首领陈开、现代粤剧名伶吕玉郎等人的纪念遗址，其深厚的文化底蕴和美丽的自然风光，吸引着八方来客。

古劳由于地处西江河畔，滔滔的西江从上游流到这里后，河面变得宽阔，水流由急转缓，水中夹杂的泥沙慢慢沉积下来，成为沙洲，形成一个个的冲积滩。在生产力水平十分低下的古代，每遇洪峰来袭，古劳人总免不了洪灾之害。为防范洪水，古劳人从明代开始，就先后在这里大规模修筑堤围。新中国成立后，特别是经过近 30 年来的努力，古劳的堤围已比以前加宽加高了很多。例如古劳大堤，又称“大水围”，是古劳水乡众多堤围之中最长的一道，也是珠江三角洲修筑得最为坚固的堤围之一。它可以抵御 50 年，甚至百年一遇的西江洪水，保卫堤内几十万人口、十几万亩良田的安全。它还是一条长 15.86 公里、高 10 米、宽 8 米的堤路，可通行汽车，成为古劳水乡一条主要的陆路交通干线，促进了城乡经济的发展。

自古以来，古劳人利用堤内冲积滩固有地貌，开挖出一口口鱼塘，鱼塘间形成一个个小土墩。鱼塘以养鱼为主，小土墩上则种桑种蔗，有的还建有民居。习惯上，西江边上的大堤称作“围”，堤围内鱼塘之间的小土墩称作“围墩”。就这样，古劳人经过数百年来的辛勤付出，“无心插柳柳成荫”，现古劳堤内水网纵横交错，小艇穿行如梭，两岸蕉林摇曳，万亩鱼塘耀似明镜，千顷桑地绿海翻波，好一派旖旎的南国水乡风光。

近十多年来，古劳镇委镇政府更顺势而为，以古劳的升平、双桥、新星、坡山等“围墩”为区域，大力拓展水乡旅游。这里有鱼塘和耕地共14300多亩，人口1.5万，是典型的湿地生态地貌。那一口口的鱼塘，一条条的“围墩”，以及状如蜘蛛网一样密密麻麻的大小河涌，构成了一幅幅如诗如画的美景，被人们誉为威尼斯般的水乡风光。

在古劳，每逢端午节都举办龙舟比赛。该盛事起源于清乾隆年间，因主要举办地在古劳升平河二度桥至三夹桥1100米地段，故称“三夹腾龙”。比赛当日，古劳水乡十里堤围人山人海，好不热闹。

在古劳，有数种著名土特产，其中“古劳银针”清洌醇甘，行销海内外；“古劳素馨花”以茶为伴，争妍斗丽；“古劳面豉”美味可口，驰名省港澳。

鹤山茶叶是鹤山市著名的土特产，而“古劳银针”则是鹤山茶叶的代表产品。鹤山人种茶始于宋代，到清道光初年，种茶种植面积达5333.3公顷，年产毛茶8.5万担，出口茶叶6万担，远销欧美、南洋、大洋洲等地。鹤山茶叶以其条索紧细，成色油润，汤色鲜亮，清香味浓，滋味甘滑，清热消滞而著称。其中以古劳茶山、宅梧白水带、鹤城马耳山三个产地的最佳。“古劳银针”为古劳茶叶的雅称，因其产于古劳镇丽水石岩头，又名岩头茶。其形似寿眉，状若银针，叶背显毫如银，叶色青翠，汤色清澈而略带浅绿，回甘力醇和；其味芳香浓烈，浅饮即舌滑喉凉，极感舒适；多饮止渴生津，全身爽快。一向被誉为茶中妙品，蜚声遐迩，驰名中外。晚清时期已极受推崇，成为中国名茶品牌之一。乾隆年间《鹤山县志》云：“古劳茶味还武夷而带芳，邑中物产唯此可以甲诸郡。”原古劳、鹤城、白水带三地茶农以茶为活，鹤城的主街被命名为“茶行街”。20世纪30年代后期，由于战乱，茶叶生产衰落。新中国成立后，积极恢复茶叶生产。20世纪70年代至80年代，在合成农场建立大型的茶叶生产基地和在桃源马山成立茶叶科学研究所。1998 年，全市茶叶收获面积 153.9 公顷。

素馨花也是鹤山著名土特产之一，主产地为古劳茶山。种植历史近 50 年，引进人叫球长伯，后遍及各家各户。现种植面积约 1.5 公顷，年产量 7.5 吨。素馨，草本植物，春季种植，花开于夏，雪白芬芳。采摘却于花蕾未绽之时。摘后经过蒸晒或烘干程序；蒸晒或烘干后，色泽金黄，成针状，称素馨针。据医书记载，素馨针有疏肺解郁、清热去毒功效，故一般用于制药。若将素馨针与青茶混冲，其茶清香甘凉，既解渴又清热，茶山人向有此习，且作为待客佳品。

相传清代以来，古劳民间一向有酿制面豉风俗习惯，“古劳面豉”已成为一种乡土特产，大规模制作出售约在清朝道光年间，其中包括当时著名的调珍酱园。清朝道光三十年（1850 年），鹤山县宅梧人杨氏商人因西江水澈，民间酿造面豉之盛行，于是在现古劳镇东宁街创办调珍酱园，经营面豉、酱油。直至新中国成立前的数十年里，古劳镇制造古劳面豉的作坊众多，但杨氏后人杨其泮所独创的面豉却独占鳌头，最为家喻户晓。由于杨其泮独创的面豉特殊的制作工艺和选料包装上的精益求精，所生产的古劳面豉风靡一时，远近闻名，一些华侨还将面豉带往美洲，作为怀念家乡的特产，他也因此一举成名，发家致富，成为古劳面豉这独特品牌的代表人物，调珍酱园也作为重要作坊传承不衰。

讲起古劳名人，免不了要提起咏春拳的一代宗师梁赞。梁赞（1826—1901 年），原名梁德荣，古劳龙溪东便村人。少时在家乡读书，后随父到佛山。咏春拳是梁赞一生武学的精华，晚年回乡居住时传给古劳乡中后人。然而，梁赞并不公开授徒，始终以行医为业，因店务缠身，他只收了几个关门弟子，除其二子梁春及梁壁外，仅陈华顺一人而已。陈华顺于 1901—1907 年间授徒，传人共有 16 人，而得陈华顺之技者，有吴仲素、何汉侣、雷汝济、其子陈汝棉及封门弟子叶问。

1949 年，57 岁的叶问离开佛山赴香港定居。此后 20 多年里，他先后在港九饭店职工总工会、九龙汝州街、李郑屋村、通菜街等地设馆授徒。叶问在社会上和武术界很有威望，跟其习武者遍及社会各阶层，其中不乏外国留学生。1971 年，叶问弟子成立了“咏春体育会”，集教授、研究、交流咏春拳术为一体，并以此为中心，将咏春传播至世界。

叶氏门下高徒辈出，其中就有凭着非凡的中国功夫扬威世界的李小龙。李小龙幼年因体弱而拜名师叶问习咏春拳术，18 岁去往美国留学，毕业后在美国西雅图开设振藩国术馆传授中国武术。他悉心研究、吸收中外技击精华，创截拳道。1971 年，返港从事影视业工作，拍摄了多部轰动世界影坛的中国功夫片，其本人被誉为“功夫之王”。他早年所习的佛山咏春拳也因此在世界各地大受欢迎。

2008 年，鹤山市古劳咏春拳成功申报为“广东省第二批非物质文化遗产”。

附　录

其他侨刊乡讯创复刊号知见录

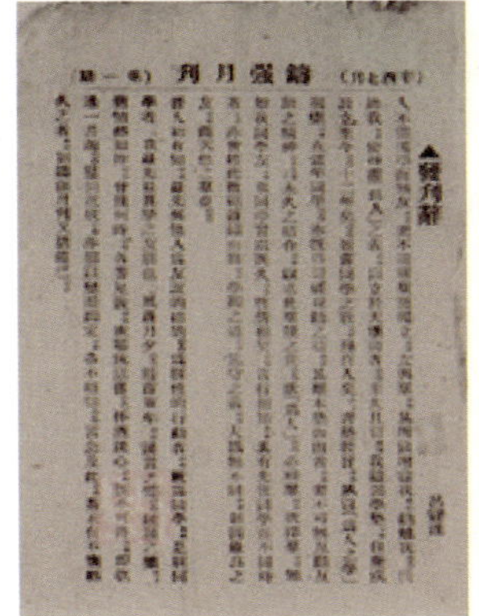

《铸强月刊》创刊号（1921.7）

《新四邑》创刊号（1928）

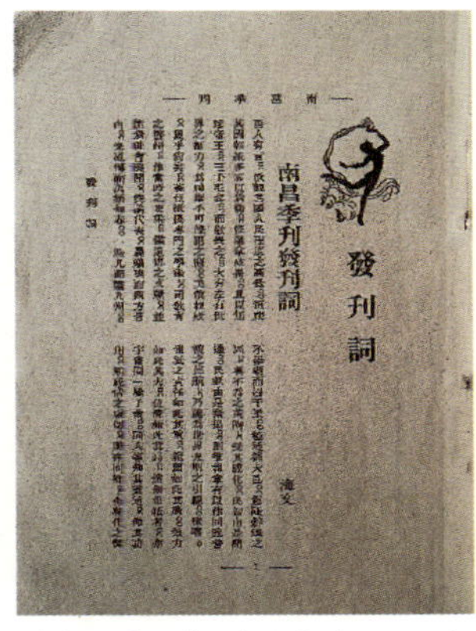

《南昌季刊》创刊号（1930.4）

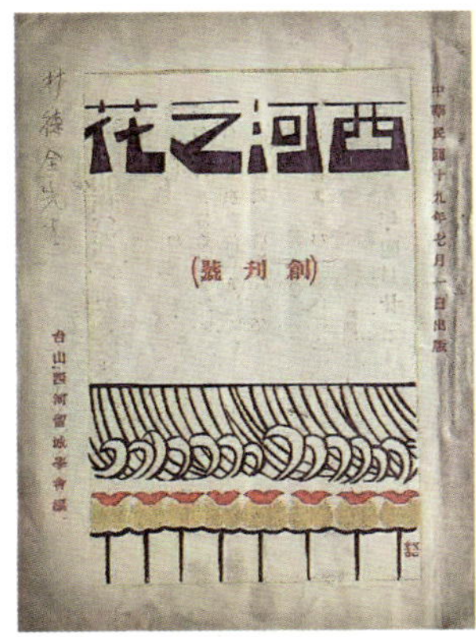

《西河之花》创刊号（1930.7）

《昌明青年》创刊号（1930.12）

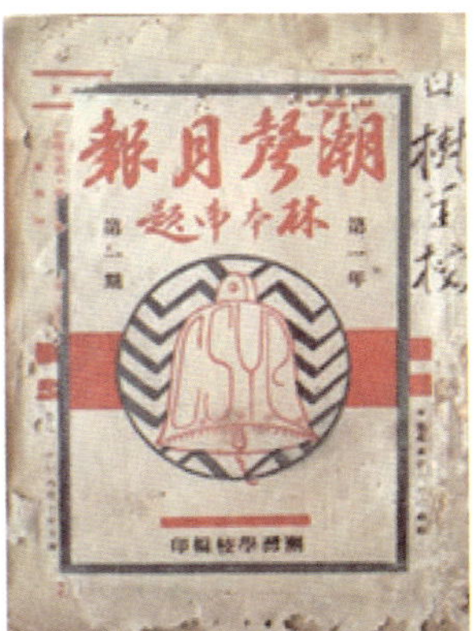

《潮声月报》创刊号（1931.8）

《新安青年》创刊号（1931.12）

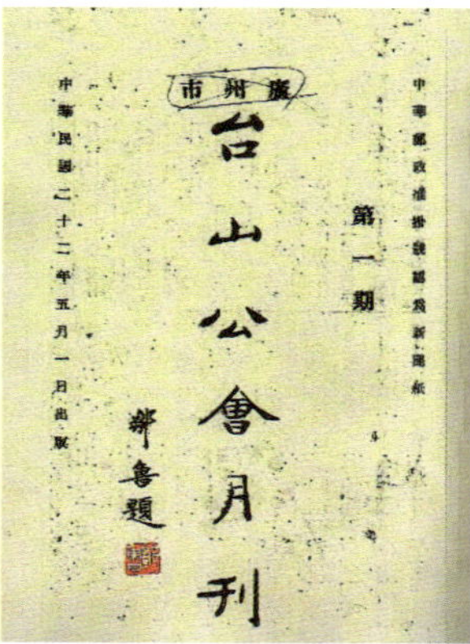

《台山公会月刊》创刊号（1933.5）

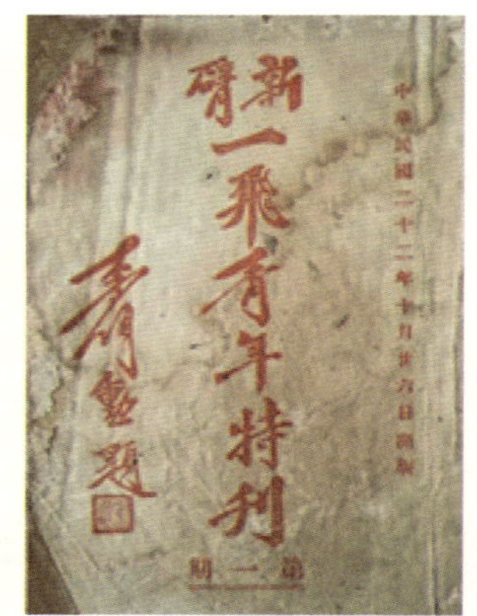

《新劈一飞青年特刊》创刊号（1933.10）

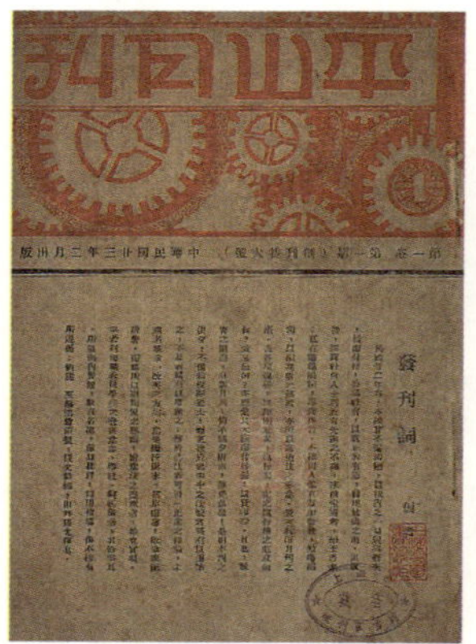

《平山月刊》创刊号（1934.2）

《国民中学校刊》创刊号（1935.10）

《忠诚半年刊》创刊号（1936.8）

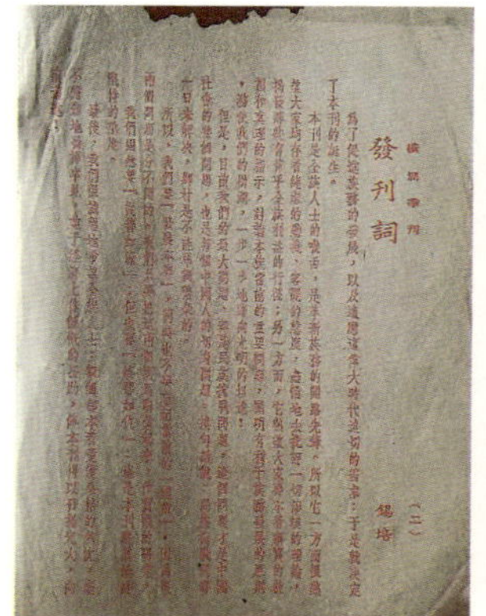

《横湖季刊》创刊号（1938）

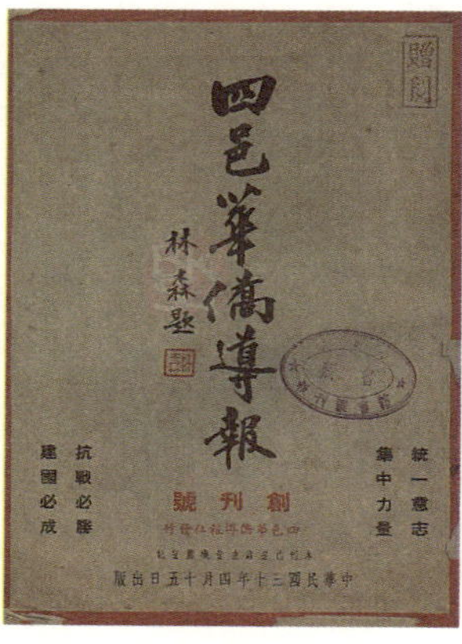

《四邑华侨导报》创刊号（1941.4）

《联青季刊》创刊号（1946.10）

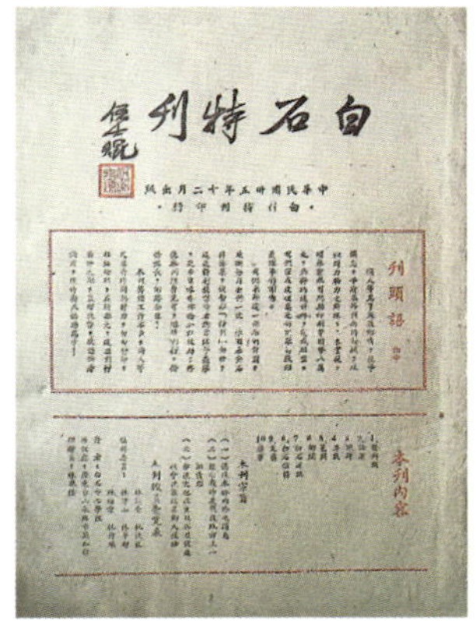

《白石特刊》创刊号（1946.12）

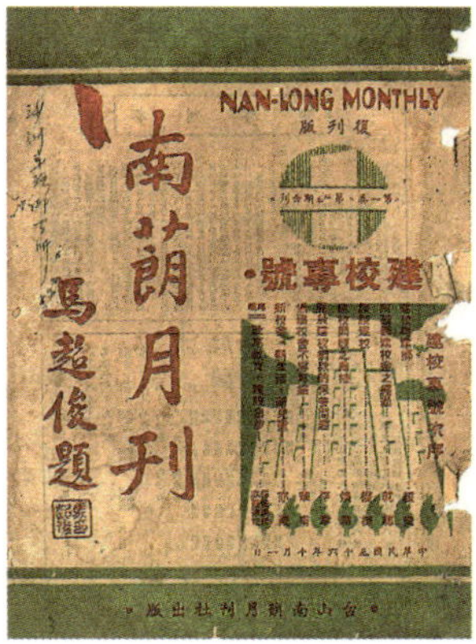

《南葫月刊》复刊号（1947.10）

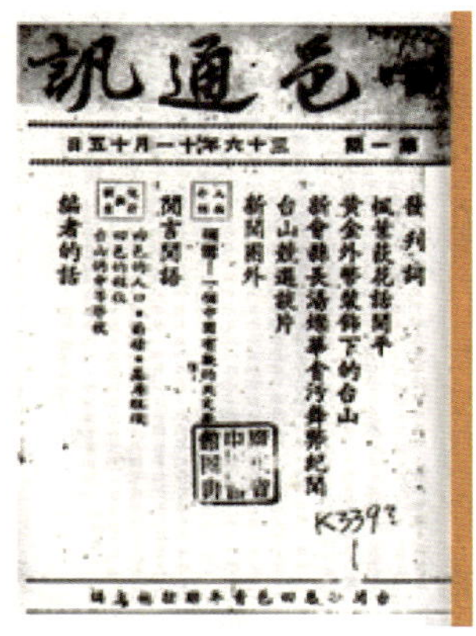

《四邑通讯》创刊号（1947.11）

《大岭青年》创刊号（1949.4）

《新敦思报》创刊号（1950.2）

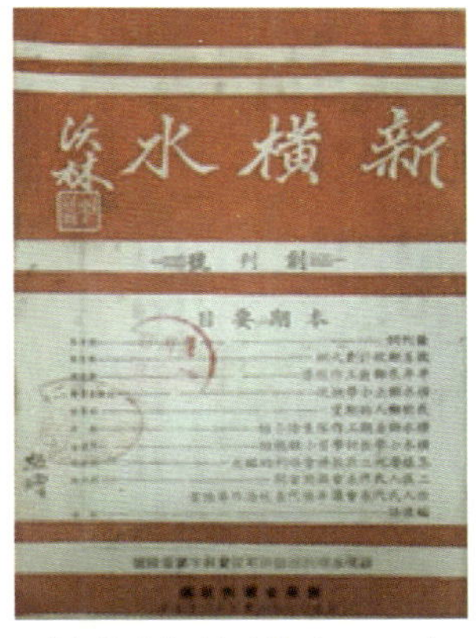

《新横水》创刊号（1950.9）

《东坑月刊》复刊号（1957.1）

《山背季刊》创刊号（1957.5）

《南村通讯》复刊号（1957.9）

本书所引侨刊乡讯创复刊号来源表

序号	刊物名称	属地	属性	刊别	发刊时间	刊物来源
1	江门侨报	市直	地市刊	试刊号一	1984 年 2 月	笔者自藏
2	江门侨报	市直	地市刊	试刊号二	1984 年 3 月	笔者自藏
3	江门侨报	市直	地市刊	试刊号三	1984 年 4 月	笔者自藏
4	江门侨报	市直	地市刊	试刊号四	1984 年 5 月	笔者自藏
5	江门侨报	市直	地市刊	试刊号五	1984 年 7 月	笔者自藏
6	江门侨报	市直	地市刊	创刊号	1984 年 8 月	笔者自藏
7	五邑侨史	市直	地市刊	创刊号	1985 年冬	笔者自藏
8	江门画报	市直	地市刊	创刊号	1987 年 9 月	笔者自藏
9	五邑乡情	市直	地市刊	创刊号	1989 年 9 月	笔者自藏
10	炎黄天地	市直	地市刊	创刊号	1997 年 1 月	笔者自藏
11	中国侨都	市直	地市刊	创刊号	2007 年 4 月	李国明赠
12	棠下侨刊	蓬江	乡镇刊	创刊号	1987 年 9 月	笔者自藏
13	杜阮乡情	蓬江	乡镇刊	创刊号	1992 年 8 月	笔者自藏
14	江海侨刊	江海	县区刊	创刊号	2011 年 2 月	笔者自藏
15	新会侨刊	新会	县区刊	创刊号	1958 年 12 月	新会区档案馆
16	新会侨刊	新会	县区刊	复刊号	1962 年 6 月	新会区景堂图书馆
17	新会侨刊	新会	县区刊	复刊号	1980 年 12 月	笔者自藏
18	新会画刊	新会	县区刊	创刊号	1984 年 10 月	新会区景堂图书馆
19	新会画报	新会	县区刊	改刊号	1992 年 5 月	新会区档案馆
20	沙堆侨刊	新会	乡镇刊	复刊号	1981 年 9 月	笔者自藏

续表

序号	刊物名称	属地	属性	刊别	发刊时间	刊物来源
21	古井月报	新会	乡镇刊	创刊号	1955 年 7 月	新会区档案馆
22	古井侨刊	新会	乡镇刊	复刊号	1982 年 12 月	笔者自藏
23	罗坑侨刊	新会	乡镇刊	创刊号	1987 年 12 月	笔者自藏
24	葵城乡音	新会	乡镇刊	创刊号	1989 年 9 月	笔者自藏
25	三江侨刊	新会	乡镇刊	创刊号	1989 年 12 月	笔者自藏
26	大泽侨刊	新会	乡镇刊	创刊号	2003 年 8 月	笔者自藏
27	文楼乡音	新会	乡族刊	创刊号	1985 年 1 月	笔者自藏
28	霞路侨讯	新会	乡族刊	试刊号	1987 年 6 月	笔者自藏
29	霞路侨讯	新会	乡族刊	复刊号	1988 年 3 月	笔者自藏
30	三村乡音	新会	乡族刊	创刊号	1988 年 2 月	笔者自藏
31	独联侨刊	新会	乡族刊	复刊号	1988 年 9 月	笔者自藏
32	冈州陈氏文化	新会	族刊	创刊号	2015 年 6 月	笔者自藏
33	古井校友	新会	校刊	创刊号	1984 年 5 月	笔者自藏
34	冈中校友通讯	新会	校刊	复刊号	1985 年 12 月	笔者自藏
35	新宁杂志	台山	县市刊	创刊号	1909 年 2 月	台山市档案馆
36	新宁杂志	台山	县市刊	复刊号	1949 年 1 月	台山市档案馆
37	新宁杂志	台山	县市刊	复刊号	1957 年 3 月	笔者自藏
38	新宁杂志	台山	县市刊	复刊号	1978 年 12 月	笔者自藏
39	侨刊文摘	台山	县市刊	创刊号	1989 年 1 月	台山市档案馆
40	侨刊文摘	台山	县市刊	改刊号	1990 年 6 月	台山市档案馆
41	台山侨史学报	台山	县市刊	创刊号	1989 年 11 月	笔者自藏
42	广海通讯	台山	乡镇刊	复刊号	1981 年 3 月	台山市档案馆
43	汝南之花	台山	乡镇刊	复刊号	1957 年 4 月	台山市档案馆
44	汝南之花	台山	乡镇刊	复刊号	1981 年 3 月	台山市档案馆
45	白沙月刊	台山	乡镇刊	创刊号	1924 年 6 月	笔者自藏
46	新白沙月报	台山	乡镇刊	创刊号	1946 年 11 月	笔者自藏

续表

序号	刊物名称	属地	属性	刊别	发刊时间	刊物来源
47	白沙侨刊	台山	乡镇刊	复刊号	1959 年 7 月	台山市档案馆
48	白沙侨刊	台山	乡镇刊	复刊号	1981 年 9 月	台山市档案馆
49	冲蒌月刊	台山	乡镇刊	改刊号	1966 年 4 月	台山市档案馆
50	冲蒌侨刊	台山	乡镇刊	复刊号	1981 年 12 月	台山市档案馆
51	沙浦月刊	台山	乡族刊	创刊号	1925 年 10 月	书友私藏
52	大江侨刊	台山	乡镇刊	创刊号	1982 年 3 月	笔者自藏
53	康和月刊	台山	乡镇刊	复刊号	1946 年 7 月	台山市档案馆
54	康和月刊	台山	乡镇刊	复刊号	1984 年 9 月	笔者自藏
55	汶村侨情	台山	乡镇刊	创刊号	1984 年 12 月	笔者自藏
56	宴都侨情	台山	乡镇刊	改刊号	1985 年 6 月	台山市档案馆
57	宴都侨情	台山	乡镇刊	复刊号	2018 年 12 月	李国明赠
58	海宴侨刊	台山	乡镇刊	复刊号	1985 年 9 月	笔者自藏
59	海宴导报	台山	乡镇刊	创刊号	1950 年 7 月	台山市档案馆
60	水步侨刊	台山	乡镇刊	创刊号	1985 年 12 月	笔者自藏
61	赤溪月报	台山	县市刊	创刊号	1932 年 12 月	台山市档案馆
62	曹峰侨刊	台山	乡镇刊	复刊号	1987 年 9 月	笔者自藏
63	赤溪侨刊	台山	乡镇刊	改刊号	2007 年 1 月	台山市档案馆
64	都斛侨刊	台山	乡镇刊	创刊号	1990 年 1 月	笔者自藏
65	田头侨刊	台山	乡镇刊	创刊号	1992 年 7 月	笔者自藏
66	岭风	台山	乡族刊	复刊号	1981 年 3 月	台山市档案馆
67	光大季刊	台山	族刊	复刊号	1946 年	台山市档案馆
68	光大季刊	台山	族刊	复刊号	1981 年 9 月	笔者自藏
69	浮山月报	台山	乡族刊	复刊号	1940 年 3 月	台山市档案馆
70	浮山月报	台山	乡族刊	复刊号	1982 年 1 月	台山市档案馆
71	风采月刊	台山	族刊	创刊号	1925 年 1 月	荻海风采堂
72	风采月刊	台山	族刊	复刊号	1982 年 3 月	荻海风采堂

续表

序号	刊物名称	属地	属性	刊别	发刊时间	刊物来源
73	密冲通讯	台山	乡族刊	复刊号	1982 年 3 月	笔者自藏
74	光裕月刊	台山	族刊	复刊号	1982 年 12 月	笔者自藏
75	提领月报	台山	族刊	复刊号	1983 年 1 月	笔者自藏
76	三省月刊	台山	族刊	复刊号	1983 年 3 月	笔者自藏
77	居正月报	台山	族刊	复刊号	1983 年 12 月	笔者自藏
78	战时莘村	台山	族刊	创刊号	1939 年 9 月	台山市档案馆
79	新莘村	台山	族刊	创刊号	1950 年 5 月	台山市档案馆
80	莘村族刊	台山	族刊	复刊号	1983 年 12 月	台山市档案馆
81	溯源月刊	台山	族刊	复刊号	1984 年 9 月	笔者自藏
82	玉怀双月刊	台山	乡族刊	复刊号	1985 年 2 月	台山市档案馆
83	水南族刊	台山	乡族刊	复刊号	1964 年 12 月	书友私藏
84	水南侨刊	台山	乡族刊	复刊号	1985 年 7 月	台山市档案馆
85	紫阳月刊	台山	族刊	复刊号	1986 年 5 月	笔者自藏
86	胥山月刊	台山	族刊	复刊号	1986 年 10 月	笔者自藏
87	敦睦乡刊	台山	族刊	复刊号	1986 年 12 月	笔者自藏
88	敬修月报	台山	族刊	复刊号	1987 年 10 月	笔者自藏
89	金紫之声	台山	族刊	创刊号	1996 年 8 月	笔者自藏
90	颖川月刊	台山	族刊	创刊号	1926 年 2 月	台山市档案馆
91	颖川月刊	台山	族刊	复刊号	2000 年 12 月	笔者自藏
92	台山彭城	台山	族刊	创刊号	2012 年 6 月	笔者自藏
93	台山培英校友会会刊	台山	校刊	创刊号	1986 年 1 月	笔者自藏
94	康和校友通讯	台山	校刊	创刊号	1994 年 1 月	笔者自藏
95	开平明报	开平	县市刊	复刊号	1959 年 4 月	笔者自藏
96	开平明报	开平	县市刊	复刊号	1981 年 7 月	开平明报社
97	开平明报	开平	县市刊	改刊号	2005 年 1 月	开平市档案馆

续表

序号	刊物名称	属地	属性	刊别	发刊时间	刊物来源
98	百合侨刊	开平	乡镇刊	创刊号	1981年5月	开平市档案馆
99	儒良月报	开平	乡族刊	复刊号	1947年5月	笔者自藏
100	新民月报	开平	乡镇刊	复刊号	1981年9月	开平市档案馆
101	思义侨刊	开平	乡镇刊	复刊号	1988年12月	笔者自藏
102	苍城侨刊	开平	乡镇刊	创刊号	1993年1月	开平市档案馆
103	金鸡侨刊	开平	乡镇刊	创刊号	1998年1月	开平市档案馆
104	楼冈月刊	开平	乡族刊	复刊号	1957年3月	开平市档案馆
105	楼冈月刊	开平	乡族刊	复刊号	1980年8月	开平市档案馆
106	小海月报	开平	乡族刊	复刊号	1937年5月	开平市档案馆
107	小海月报	开平	乡族刊	复刊号	1981年7月	笔者自藏
108	护龙月刊	开平	乡族刊	复刊号	1981年7月	开平市档案馆
109	沙冈月刊	开平	乡族刊	复刊号	1981年9月	沙冈月刊社
110	沙冈新闻	开平	乡族刊	创刊号	1948年11月	开平市档案馆
111	潭溪月报	开平	乡族刊	复刊号	1950年12月	开平市档案馆
112	潭溪月报	开平	乡族刊	复刊号	1981年12月	笔者自藏
113	长塘月刊	开平	乡族刊	复刊号	1982年9月	开平市档案馆
114	光裕月报	开平	族刊	复刊号	1983年1月	开平市档案馆
115	澄溪双月刊	开平	乡族刊	复刊号	1959年7月	开平市档案馆
116	澄溪月刊	开平	乡族刊	复刊号	1983年3月	开平市档案馆
117	北炎通讯	开平	乡族刊	复刊号	1983年4月	北炎通讯社
118	里讴月刊	开平	乡族刊	复刊号	1984年5月	开平市档案馆
119	古宅月刊	开平	乡族刊	复刊号	1984年10月	开平市档案馆
120	茅冈月报	开平	乡族刊	复刊号	1984年10月	笔者自藏
121	龙塘侨刊	开平	乡族刊	创刊号	1985年8月	笔者自藏
122	五堡月刊	开平	乡族刊	复刊号	1988年4月	开平市档案馆
123	教伦月报	开平	族刊	复刊号	1989年8月	笔者自藏

续表

序号	刊物名称	属地	属性	刊别	发刊时间	刊物来源
124	舜河侨刊	开平	族刊	创刊号	1992 年 8 月	笔者自藏
125	恩平公报	恩平	县市刊	复刊号	1958 年 3 月	恩平市档案馆
126	恩平公报	恩平	县市刊	复刊号	1981 年 3 月	笔者自藏
127	江洲侨刊	恩平	乡镇刊	创刊号	1991 年 6 月	笔者自藏
128	圣堂侨刊	恩平	乡镇刊	创刊号	1996 年 12 月	恩平市档案馆
129	歇马侨刊	恩平	乡族刊	创刊号	1988 年 6 月	书友私藏
130	区村之音	恩平	乡族刊	创刊号	1988 年 10 月	笔者自藏
131	均安侨刊	恩平	乡族刊	创刊号	1989 年 12 月	笔者自藏
132	鹤山乡讯	鹤山	县市刊	复刊号	1983 年 1 月	鹤山市档案馆
133	址山乡情	鹤山	乡镇刊	创刊号	1989 年 12 月	书友私藏
134	古劳乡音	鹤山	乡镇刊	创刊号	1997 年 12 月	鹤山市档案馆
135	铸强月刊	鹤山	校刊	创刊号	1921 年 7 月	笔者自藏
136	新四邑	四邑	地区刊	创刊号	1928 年	笔者自藏
137	南昌季刊	台山	乡镇刊	创刊号	1930 年 4 月	许卫豪藏
138	西河之花	台山	乡族刊	创刊号	1930 年 7 月	书友私藏
139	昌明青年	台山	乡族刊	创刊号	1930 年 12 月	许卫豪藏
140	潮声月报	台山	乡族刊	创刊号	1931 年 8 月	许卫豪藏
141	新安青年	台山	乡族刊	创刊号	1931 年 12 月	许卫豪藏
142	台山公会月刊	台山	县市刊	创刊号	1933 年 5 月	笔者自藏
143	新臂一飞青年特刊	台山	乡族刊	创刊号	1933 年 10 月	许卫豪藏
144	平山月刊	新会	校刊	创刊号	1934 年 2 月	笔者自藏
145	国民中学校刊	新会	校刊	创刊号	1935 年 10 月	笔者自藏
146	忠诚半月刊	台山	乡族刊	创刊号	1936 年 8 月	许卫豪藏
147	横湖季刊	台山	乡族刊	创刊号	1938 年	许卫豪藏
148	四邑华侨导报	四邑	地区刊	创刊号	1941 年 4 月	笔者自藏

续表

序号	刊物名称	属地	属性	刊别	发刊时间	刊物来源
149	联青季刊	新会	乡族刊	创刊号	1946 年 10 月	笔者自藏
150	白石特刊	台山	乡族刊	创刊号	1946 年 12 月	许卫豪藏
151	南荫月刊	台山	校刊	复刊号	1947 年 10 月	台山市档案馆
152	四邑通讯	四邑	地区刊	创刊号	1947 年 11 月	笔者自藏
153	大岭青年	台山	乡族刊	创刊号	1949 年 4 月	许卫豪藏
154	新敦思报	台山	乡族刊	创刊号	1950 年 2 月	台山市档案馆
155	新横水	台山	乡族刊	创刊号	1950 年 9 月	台山市档案馆
156	东坑月刊	台山	乡族刊	复刊号	1957 年 1 月	书友私藏
157	山背季刊	台山	乡族刊	创刊号	1957 年 5 月	台山市档案馆
158	南村通讯	台山	乡族刊	复刊号	1957 年 9 月	书友私藏

主要参考资料

[1] 本书收录的所有侨刊创复刊号及其他期数侨刊数百本。

[2] 《江门市侨联大厦开幕纪念特刊》，江门市归国华侨联合会编，1981 年。

[3] 《江门土特产》，江门市暨属下各县档案馆合编，1985 年。

[4] 《江门风光》，江门市暨属下各县档案馆合编，1985 年。

[5] 《恩平文史》第 9 期，1986 年 1 月；第 11 期，1986 年 7 月；第 12 期，1986 年 8 月； 第 14 期，1987 年 4 月； 第 16 期，1987 年 10 月；第 17 期，1988 年 3 月。

[6] 《华侨之光》，中共江门市委宣传部编，1989 年 8 月。

[7] 《江门文史》第 23 期，江门市政协文史资料研究委员会编，1991 年 10 月。

[8] 《台山姓氏源流》，台山市政协文史资料委员会编，1998 年 4 月。

[9] 《历史文化集——侨刊乡讯》，梅伟强，中国华侨出版社，2007 年版。

[10] 《跨越——江门市改革开放三十年纪实》，王晓主编，南方日报出版社，2009 年版。

[11] 《五邑侨刊图志》，傅健、黄明亮，银河出版社，2010 年版。

[12] 《南方都市报》，2013 年 3 月 15 日。

[13] 《新会区凤台慈善公益联谊会创会〈特刊〉》，冈州陈凤台历史文化研究会编，2014 年 3 月。

[14] 《风采堂百年祖祠变迁史》，开平市政协文史委、荻海风采堂理事会编，2014 年版。

[15] 《侨情乡音》，何志恒主编，华夏文化出版社，2017 年版。

[16] 《侨乡独联》,《侨乡独联》编委会编，群言出版社，2018 年版。

[17] 《今日江门》，江门市人民政府新闻办公室编，2018 年版。

后 记

拙文《江门侨刊——中国侨乡文化的骄傲》自 2016 年 2 月 19 日在《江门日报》刊载后，我便开始着手对这本书的撰写，至今已有五年半的时间了。五年半时间才写 92 篇文章，着实有些慢。

我本是一个急性子，恨不得我的书早日脱稿，尽快出版，但无奈做文化研究不同于写散文、编故事，是快不了的事情。因为我深知，要写好这本书，最重要的是要掌握第一手材料——五邑侨刊乡讯的创复刊号。只有找到尽量多的物证，文章才有说服力。但是五邑侨刊乡讯的创复刊号有很多是民国时期出版的，这些侨刊乡讯出版的数量本来就不多，当时大部分又寄往海外，散失得非常严重，要找到这些物证谈何容易！即使是 20 世纪 80 年代后出版的创复刊号也不好找，甚至连个别侨刊社自己都没有留存。

以前，我搜集资料主要靠“淘”，江门市范罗冈花园古玩市场，广新路、紫沙路、梧岗小学侧、礼乐墟等一些旧书店是我常去的地方，孔夫子旧书网也是我必不可少的购书点。后来，我还走访了五邑各市（区）档案馆、图书馆，开平风采堂，以及《开平明报》《江海侨刊》《楼冈月刊》《沙冈月刊》《北炎通讯》《教伦月报》《五堡月报》《波罗侨刊》等十多家侨刊社，务必要找到相关侨刊乡讯的创复刊号。其中，台山市档案馆去过 4 次，开平市档案馆去过 3 次。

为写好这本书，采用了三个切入点。

一是以创复刊号为“材”。当掌握一定数量的侨刊乡讯创复刊号后，我便开始着手写作。但不少侨刊乡讯因历经数次停刊和复刊，理应有一本创刊号和数本复刊号，而我掌握的资料往往不足，有些文章写到一半就写不下去了，而有些文章原以为写好就可以搁在一边了，但不久后又发现了新的资料，故又要重新修改和补充。就这样，我不断地写下停下，停下写下，时间不知不觉间就溜走了。

二是以创复刊号为“证”。我对五邑侨刊乡讯创复刊的具体时间特别注重，尽量对每一个刊物的创复刊时间都进行一次严谨的考证。有创复刊号的，就以创复刊号所记录的时间为准；有的历经多次停刊和复刊，只找到其中一两本的，对未有找到实物部分，就以其前辈所写的回忆资料为准，厘清了一些历史资料和出版物的模糊甚至是错误的记载。同时，我还对五邑侨刊乡讯的创复刊过程进行深入探究，对在创复刊过程中做过努力的人，特别是创复刊的首任社长和总编都一一记录在内，以铭记他们对五邑侨刊乡讯创复刊工作所做出的积极贡献。

三是以创复刊号为“介”。创复刊号只是引子，以它为“介”，然后对创办者的人文历史、地方资源、家国情怀、社会贡献等进行叙写，以弘扬五邑乡土文化，宣传五邑侨乡建设，讴歌五邑侨乡自改革开放以来，在中国共产党的正确领导下，所取得的翻天覆地的变化，才是我写这本书的最终目的。

为写好这本书，进行了三次大修改。

2020 年 9 月，初稿完成后，我就托朋友约见五邑侨乡文化研究专家、五邑大学原副校长张国雄教授（已退休），当面向他征求意见。很荣幸张教授欣然接受，并即时认真地通览了我的书稿，提出了不少宝贵意见。根据张教授的意见，我进行了第一次大修改。

2021 年 3 月，我把修改稿再一次提请张教授审阅，得到了张教授的肯定。同时，他又介绍了五邑大学广东侨乡文化研究院副院长姚婷博士与我认识，并叮嘱她对我多予帮助。姚博士把我的书稿留下，利用一段时间进行详细审阅后，又向我提出了不少宝贵意见，根据姚博士的意见，我又进行了一次大修改。后来，姚博士还亲自为我的书稿写了序。

诚然，张教授和姚博士的意见，均是从宏观的角度提出的。我深知，自己水平有限，行文造句恐有谬误，为慎重起见，我于 2021 年 6 月又找到了市住建局的老同事，在语言学方面颇有造诣的吴文清科长，请她多提宝贵意见。吴科长也利用一段时间对我的书稿进行了一次详细阅读。在吴科长的建议下，我又做出了多处改动，并修正了不少错漏的地方。

为出版这本书，得到了中共江门市委宣传部和江门市社科联的大力支持。

当这两个单位得知我正在撰写此书后，对我给予了莫大的关心和帮助，把我这本书的出版事宜纳入 2021 年度工作计划。特别是中共江门市委常委、宣传部部长陈冀，江门市社科联主席陆黛云两位领导，认真地倾听我的意见，及时解决我这本书在出版过程中出现的各种问题，使之得以顺利出版。

在此，对曾经为我写作和出版这本书做过大力支持和帮助的陈冀常委、陆黛云主席、吕华海副主席、张国雄教授、姚婷博士、吴文清科长、石岩科长（中共江门市委宣传部）、蔡俊彬科长（江门市社科联），我的好朋友余国钦、李国明、吴兆俊、许卫豪，五邑各地档案馆、图书馆、侨刊社等致以衷心的感谢！

由于笔者水平有限，本书一定还存在许多不足之处，希望读者们多批评指正。同时，由于个别侨刊乡讯至今尚未找到其创复刊号，故未能一一收入本书以介绍给大家，实在有点遗憾，希望日后有机会可以补充完善。

作　者

2021 年 7 月 19 日